과학도 공부하고, 스크래치도 함께 배워요!

스크래치야! 과학이랑 놀자

김미의, 김현정, 이미향 지음

입문편

스크래치야! 과학이랑 놀자_입문편

ISBN 978-89-314-5476-5

독자님의 의견을 받습니다.
이 책을 구입한 독자님은 영진닷컴의 가장 중요한 비평가이자 조언가입니다. 저희 책의 장점과 문제점이 무엇인지, 어떤 책이 출판되기를 바라는지, 책을 더욱 알차게 꾸밀 수 있는 아이디어가 있으면 팩스나 이메일, 또는 우편으로 연락주시기 바랍니다. 의견을 주실 때에는 책 제목 및 독자님의 성함과 연락처(전화번호나 이메일)를 꼭 남겨 주시기 바랍니다. 독자님의 의견에 대해 바로 답변을 드리고, 또 독자님의 의견을 다음 책에 충분히 반영하도록 늘 노력하겠습니다.

이메일 : support@youngjin.com
주 소 : (우)08505 서울시 금천구 가산디지털2로 123 월드메르디앙벤처센터2차 10층 1016호 (주) 영진닷컴 기획1팀
파본이나 잘못된 도서는 구입하신 곳에서 교환해 드립니다.

STAFF
저자 김미의, 김현정, 이미향 | **총괄** 김태경 | **진행** 정소현 | **내지 디자인** 고은애 | **표지 디자인** 고은애

머리말

'과학'과 '스크래치' 교육 두 마리 토끼잡기

1 코딩을 가르치는 것이 아니라 경험하게 합니다.
블록 하나하나의 기능만을 익히도록 하는 것이 아니라 과학 교과와 코딩이 적용된 부분을 직접 발견하고 체험할 수 있습니다.

2 서술적인 지식을 명령하는 지식으로 실행하게 합니다.
교과서에서 배우는 서술적인 지식을 명령하는 지식으로 학생 스스로가 발전시킬 수 있도록 연계하였습니다.

3 컴퓨팅적 사고를 하는 창의적인 융합형 인재를 양성합니다.
문제가 주어졌을 때 스스로 논리적으로 생각하는 컴퓨팅적 사고를 통해 창의적으로 문제를 해결해나가는 습관을 기를 수 있습니다.

4 게이머가 아닌 개발자와 CEO가 되는 꿈을 꾸게 합니다.
대부분의 학생들이 게임을 사용자 입장에서 소비하는데, 우리는 사용자를 넘어 개발자로 더 나아가 빌게이츠 , 스티브 잡스, 저커버그와 같은 기업의 CEO를 꿈꾸게 합니다.

이 책을 통해 과학과 스크래치로 누구나 쉽고 재미있게 프로그래밍의 개념을 익히고, 생각의 영역을 확장하여 창의적이고 논리적인 사고 능력으로 큰 꿈을 꾸기를 바랍니다.

저자 소개 ○○○

김미의
곤지암 초등학교 특기적성 강사
곤지암 초등학교 SW동아리 강사
(전)서울대곡초등학교 특기적성 강사
(전)용인대학교 ITQ자격증 외부 강사
안랩샘 아카데미 1기 수료(코딩 심화과정)

김현정
(전)프로그래머
금융계 CRM센터 구축 프로젝트 개발 참여
안랩샘 아카데미 1기 수료(코딩 심화과정)

이미향
숭실대학교 미디어 공학 박사
동양미래대학교 외래교수
주니어 CEO 코딩클럽 대표
플레이코딩 이사/대표강사
아세아연합신학대학교 외래교수
안랩샘 아카데미 1기 수료(코딩 심화과정)

목차

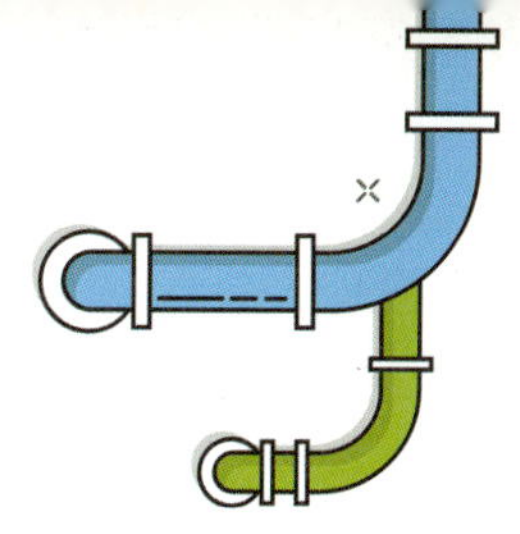

스크래치 소개하기

스크래치의 화면 구성과 기능을 알아보고, 배경과 스프라이트를 삽입, 삭제, 이름을 변경하여 저장하는 방법을 배워봅니다.

- 예제 파일 l 없음
- 완성 파일 l 1강–스크래치 소개하기_완성.sb2

스크래치의 화면 구성

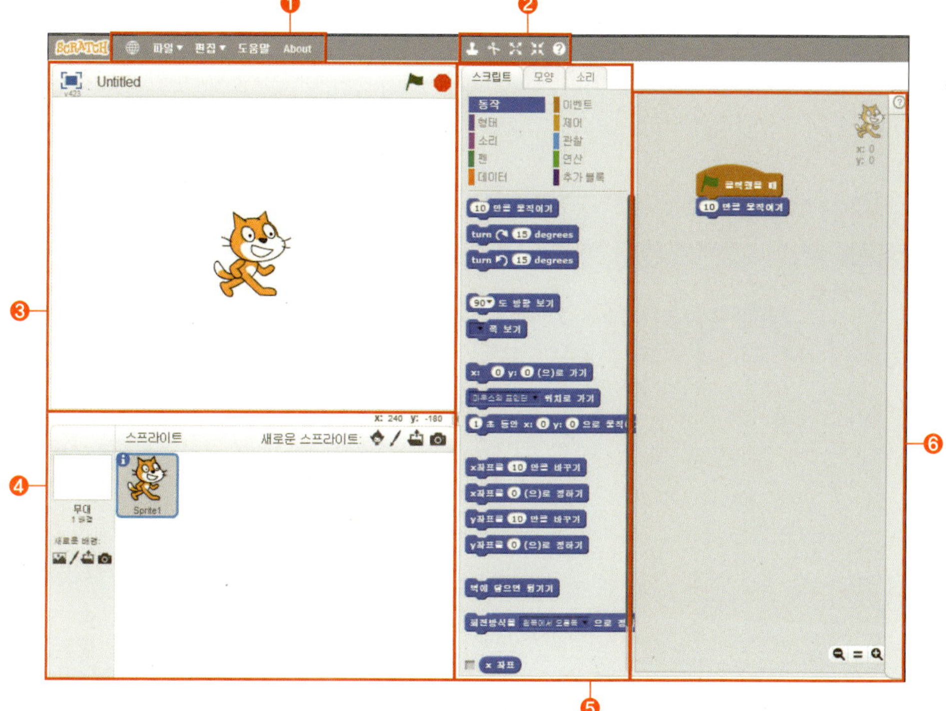

❶ 메뉴 : 언어 선택, 파일, 편집, 도움말, 스크래치 설명 메뉴입니다.

❷ 툴바 : 스프라이트를 복사, 삭제, 확대, 축소할 수 있는 도구모음입니다.

❸ 무대 영역 : 프로젝트의 실행을 확인하는 곳입니다.

 – 화면 확대(▣) 버튼 : 무대를 전체 화면으로 표시합니다.

 – 실행(▶) 버튼 : 프로젝트를 실행합니다.

 – 정지(●) 버튼 : 프로젝트를 정지합니다.

❹ 스프라이트 영역 : 무대에 삽입할 배경과 스프라이트가 표시됩니다.

 – 무대 : 프로젝트의 배경이 되는 공간입니다.

 – 새로운 배경(▣/▲▣) : 저장소에서 배경 선택, 배경 새로 그리기, 배경 파일 업로드하기, 웹 캠으로 배경 찍기를 사용할 수 있습니다.

 – 새로운 스프라이트(◆/▲▣) : 저장소에서 스프라이트 선택, 새 스프라이트 색칠, 스프라이트 파일 업로드, 카메라로부터 새로운 스프라이트 만들기를 사용할 수 있습니다.

❺ 팔레트 영역 : 스크립트를 작성하기 위한 명령 블록이 보이는 공간입니다.

 – [스크립트] 탭 : 명령 블록들이 있습니다.

 – [배경/모양] 탭 : 배경이나 스프라이트에서 사용할 그림을 편집할 수 있습니다.

 – [소리] 탭 : 배경이나 스프라이트에서 사용할 소리를 편집할 수 있습니다.

❻ 스크립트 영역 : 스크립트를 작성하는 공간입니다.

1 | 배경과 스프라이트 삽입하기

(1) 배경을 삽입하기 위해 스프라이트 영역에 새로운 배경의 [저장소에서 배경 선택(🖼)]을 클릭합니다.

(2) [배경 저장소] 창이 나타나면 'room2'를 선택한 다음 [확인] 버튼을 클릭합니다.

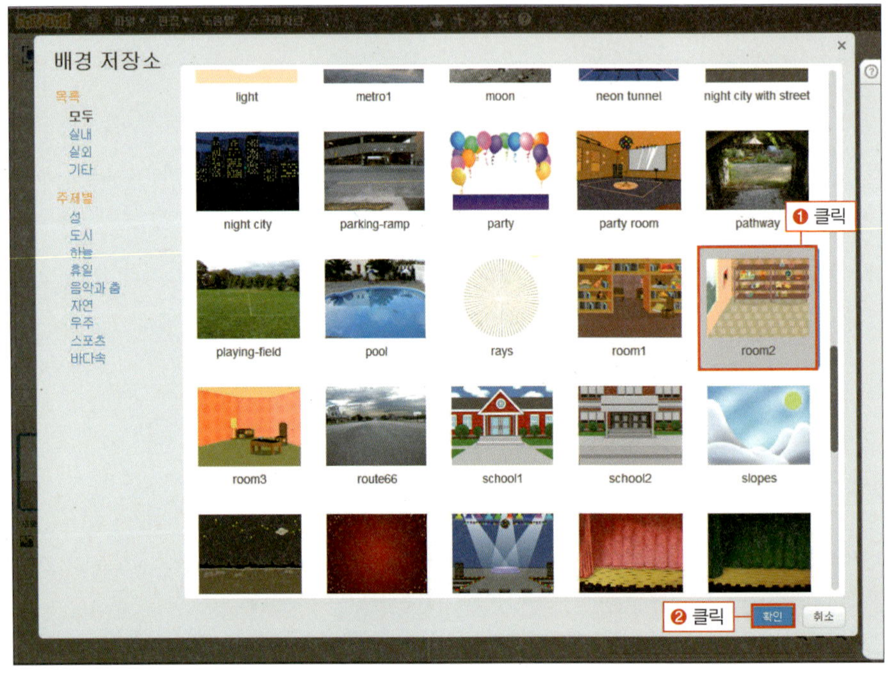

(3) 스프라이트를 삽입하기 위해 스프라이트 영역의 [저장소에서 스프라이트 선택(🔹)]을 클릭합니다.

(4) [스프라이트 저장소] 창이 나타나면 목록에서 [판타지]를 선택하고 **Shift**를 누른 상태로 'Wizard1'과 'Wizard2'를 선택한 다음 [확인] 버튼을 클릭합니다.

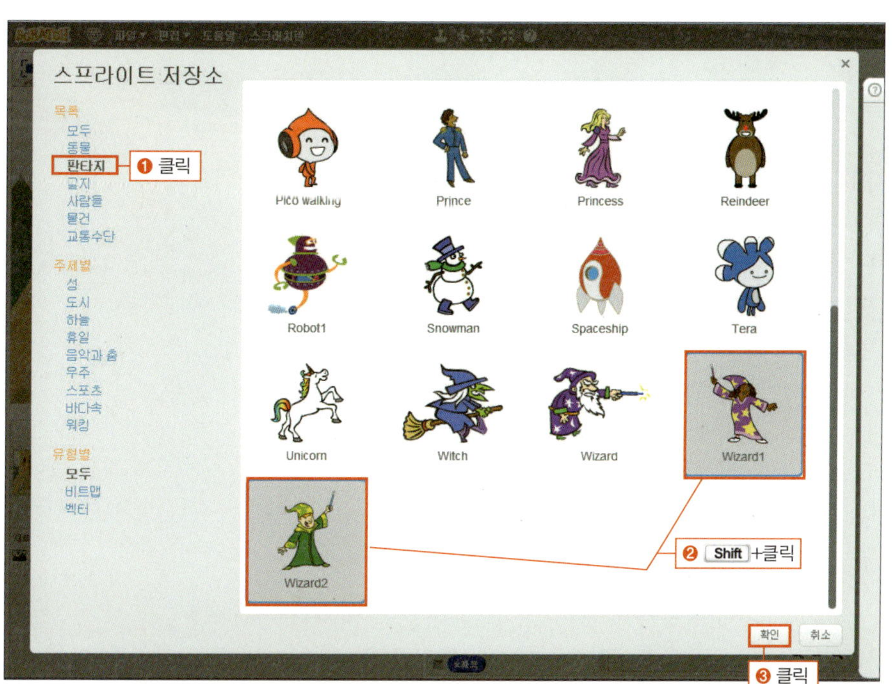

> **TIP**
>
> **Shift**를 누르고 여러 개의 파일을 선택하면 다중 선택이 됩니다.

2 | 배경과 스프라이트 삭제하기

(1) 배경을 삭제하기 위해 스프라이트 영역에 무대를 선택한 후 팔레트 영역에 [배경] 탭을 클릭하고, 삭제할 배경의 [닫기(✖)] 버튼을 클릭합니다.

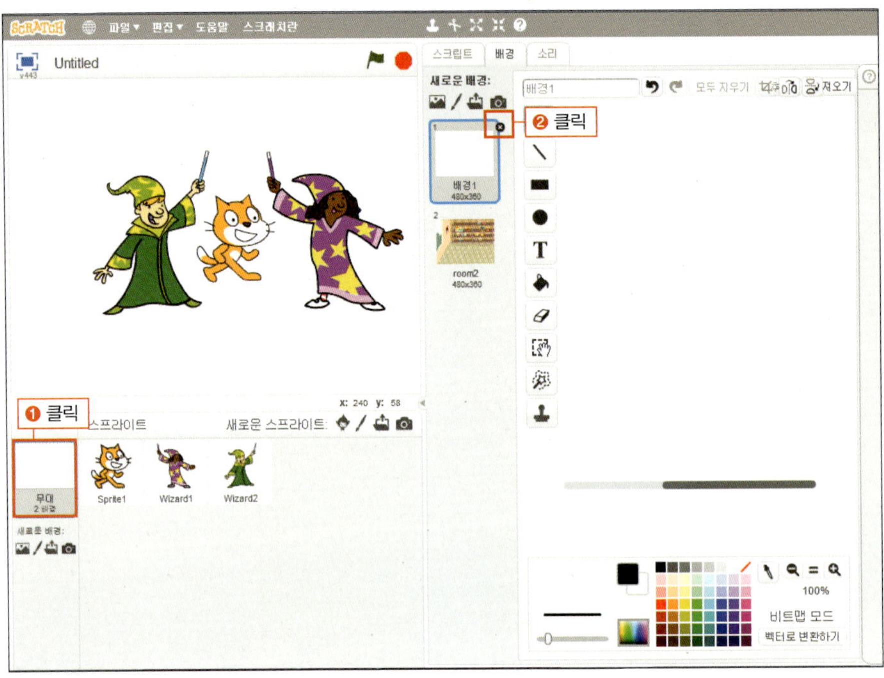

(2) 스프라이트를 삭제하기 위해 스프라이트 영역에 삭제할 스프라이트의 마우스 오른쪽 버튼을 클릭한 후 [삭제] 메뉴를 클릭합니다.

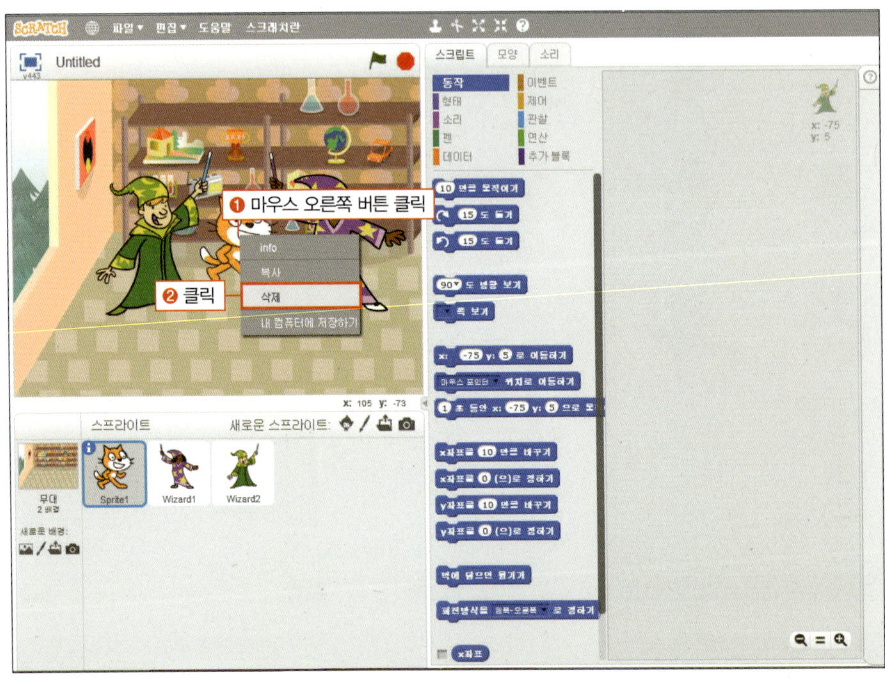

3 | 스프라이트 이름 변경하기

(1) 스프라이트 영역에서 'Wizard1' 스프라이트를 마우스 오른쪽 버튼을 클릭한 후 [info] 메뉴를 클릭합니다.

(2) 'Wizard1' 스프라이트의 이름을 '마술사1'로 변경한 후 [창 전환(◀)] 버튼을 클릭하고, 'Wizard2' 스프라이트도 '마술사2'로 변경합니다.

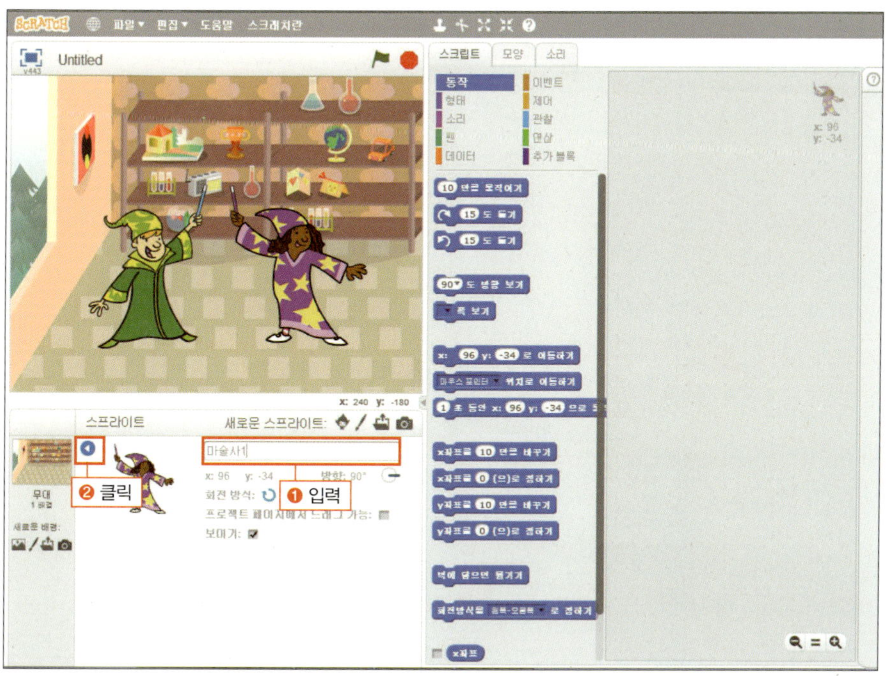

4 | 프로젝트 저장하기

(1) [파일] – [저장하기] 메뉴를 클릭합니다.

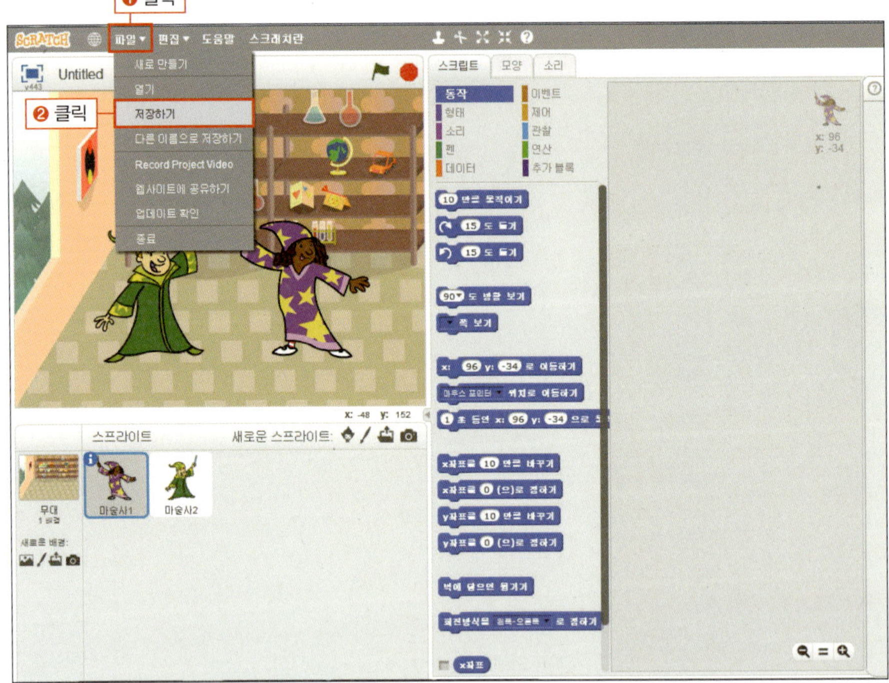

(2) [프로젝트 저장] 대화상자가 나타나면 저장할 폴더를 선택한 후 파일 이름을 입력하고 [저장] 버튼을 클릭합니다.

사고력 향상 문제

○ 예제 파일 I 없음
○ 완성 파일 I 1강–스크래치 소개하기_사고력향상_완성.sb2

1 배경과 스프라이트로 바다 속을 꾸며보세요.

2 '바다 이야기'로 저장해보세요.

HINT

[스프라이트 저장소]에서 배경은 'underwater3', 스프라이트는 'fish1', 'starfish'를 선택합니다.

02 달의 모양 변화 동작 블록1

동작 블록은 스프라이트를 움직이는 블록입니다. 동작 블록을 사용
해서 모양에 맞는 위치로 달을 이동하는 방법을 배워봅니다.

- **예제 파일 |** 달1.png, 달2.png, 달3.png, 달4.png, 달5.png, 달6.png, 달7.png, 달8.png, 지구.png, 배경.png
- **완성 파일 |** 2강-달의 모양 변화_완성.sb2
- **사용 방법 |** 각 달 모양을 클릭하여 모양에 해당하는 위치로 달을 움직여봅니다.

교과 내용 파악하기

1ㅣ교과 연계 : 6학년 과학 [지구와 달의 운동]

2ㅣ교과 핵심 내용 :

(1) 달의 공전 : 달이 지구를 중심으로 약 30일 동안 한 바퀴 회전하는 것을 말합니다.

(2) 달은 약 30일을 주기로 모양이 변합니다.

3ㅣ교과 핵심 확인 문제

다음 설명에 가장 알맞은 것은 무엇일까요? (　　　　　)

- 달이 며칠 전에는 보름달이었는데 오늘은 반달 모양이다.
- 달의 모양과 달이 뜨는 위치가 다르다.

① 지구의 자전　② 지구의 공전　③ 달의 자전　④ 달의 공전

블록 이해하기

동작 팔레트는 스프라이트를 움직이고, 원하는 위치로 보내고, 움직이는 방향도 바꿀 수 있습니다.

❶ x: ● y: ● 로 이동하기 : 스프라이트의 위치를 한 번에 이동시킬 수 있는 블록입니다. 스프라이트를 보내고 싶은 곳의 좌표를 확인한 후에 x: ● y: ● 로 이동하기 블록에 값을 입력하고 블록을 실행시키면 스프라이트를 이동시킬 수 있습니다.

❷ ● 초 동안 x: ● y: ● 으로 움직이기 : 스프라이트를 일정 시간 동안 정해진 위치로 이동시키는 블록입니다. x: ● y: ● 로 이동하기 블록과 비슷한 것 같지만 ● 초 동안 x: ● y: ● 으로 움직이기 블록은 시간 값이 있어서 정해진 시간 동안 이동하고 따라서 이동하는 과정을 확인할 수 있습니다.

❸ 회전방식을 왼쪽-오른쪽 ▼ 로 정하기 : 스프라이트의 회전방식을 바꾸어주는 블록입니다.

생각하기

1ㅣ알고리즘

(1) [실행(▶)] 버튼을 클릭하면 여러 모양의 달(◖◗●◐◑◒◓)이 배경 아래쪽에 정렬됩니다.

(2) 각 모양의 달(◖◗●◐◑◒◓)을 클릭하면 해당하는 위치로 달이 움직입니다.

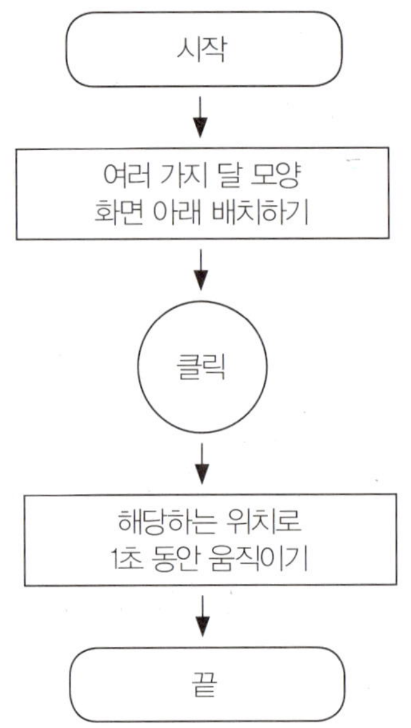

Point 04 프로젝트 시작하기

1 | 달과 지구 스프라이트 업로드하기

(1) 배경 파일을 불러오기 위해 무대 영역의 [배경 파일 업로드하기()]를 클릭합니다. [업로드 할 파일을 선택] 대화상자가 나타나면 '배경.png' 파일을 선택하고 [열기] 버튼을 클릭합니다. 새로운 배경이 삽입됩니다.

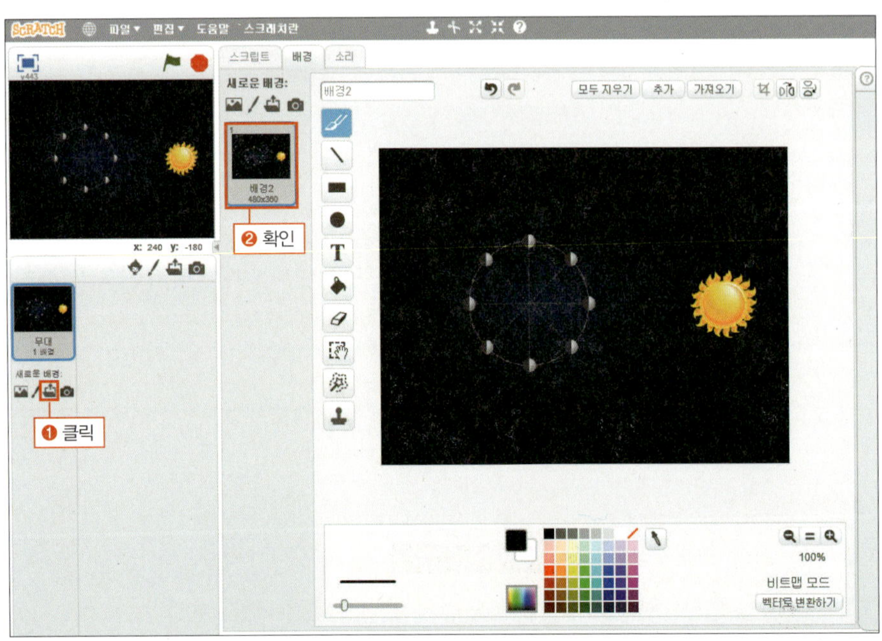

(2) 새로운 스프라이트를 업로드하기 위해 스프라이트 영역의 [스프라이트 파일 업로드하기 (🖿)]를 클릭합니다. [업로드할 파일을 선택] 대화상자가 나타나면 '달1.png' 파일을 선택하고 [열기] 버튼을 클릭하면 '달1' 스프라이트(🌑)가 삽입됩니다.

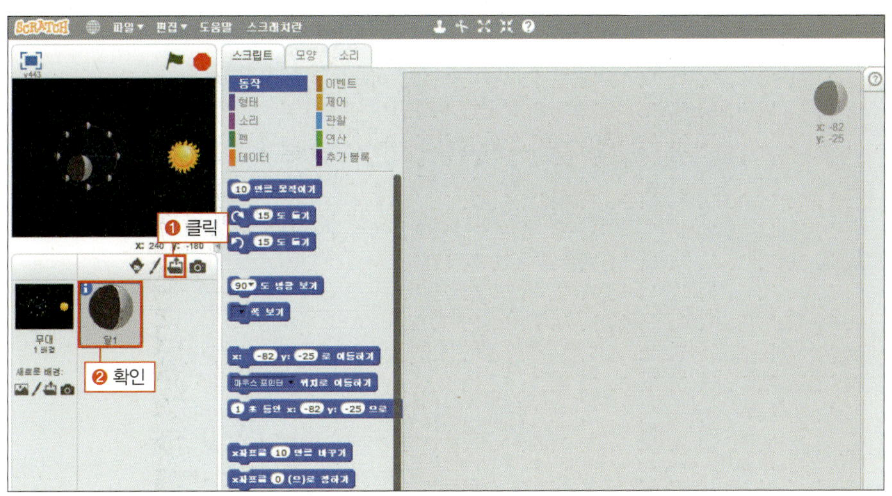

(3) [스크립트] 탭을 클릭한 다음 이벤트 팔레트의 클릭했을 때 블록을 드래그합니다. 형태 팔레트의 크기를 100 % 로 정하기 블록을 클릭했을 때 블록 아래에 연결하고, 크기를 '60%'로 변경합니다. 동작 팔레트의 x: 0 y: 0 로 이동하기 블록을 드래그하여 크기를 100 % 로 정하기 블록 아래에 연결하고 'x: -163', 'y: -132'를 입력합니다.

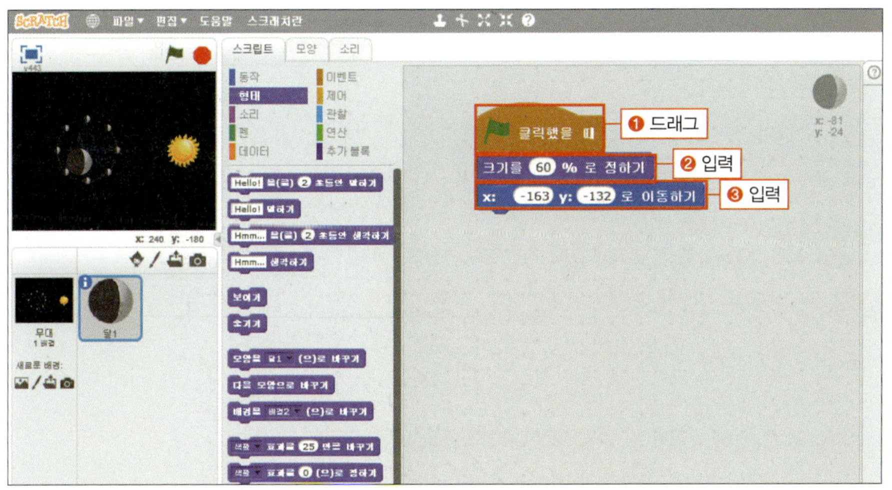

: TIP :

스프라이트 크기 변경하기

형태 팔레트의 크기를 100 % 로 정하기 블록을 사용할 경우 원래 크기를 100%로 하여 '100%보다 작은 값'은 스프라이트가 작아지고 '100%보다 큰 값'은 스프라이트가 커집니다.

(4) 동작 팔레트의 회전방식을 왼쪽-오른쪽▼ 로 정하기 블록을 x: -163 y: -132 로 이동하기 블록 아래에 연결하고, ▼를 클릭하여 [회전하지 않기]를 선택합니다. '달2' 스프라이트에서 '달8' 스프라이트까지 '달1' 스프라이트와 같은 방법으로 스프라이트를 추가하고 스크립트를 작성합니다.

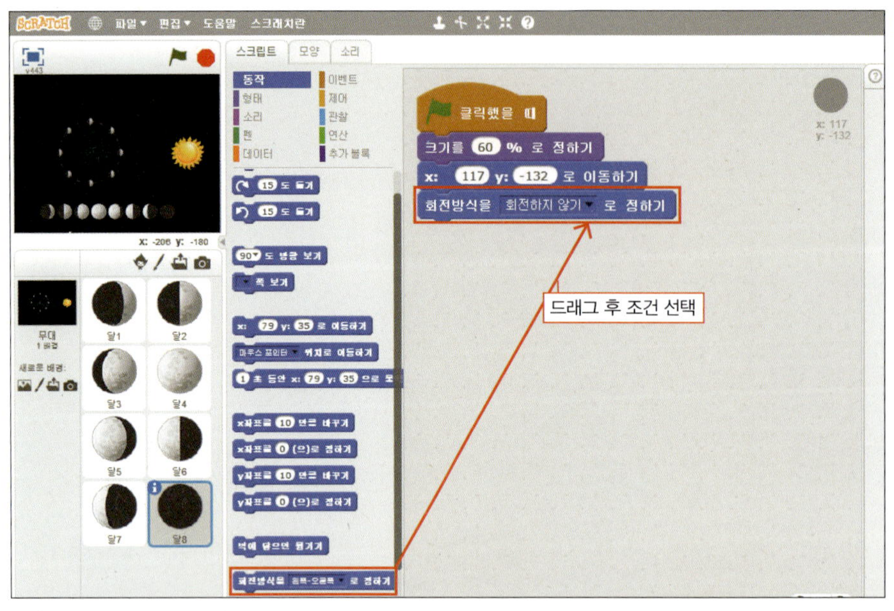

TIP

'달' 스프라이트의 x, y 값은 다음과 같습니다.
- 달2 : 'x: -123', 'y: -132' • 달3 : 'x: -83', 'y: -132' • 달4 : 'x: -43', 'y: -132' • 달5 : 'x: -3', 'y: -132'
- 달6 : 'x: 37', 'y: -132' • 달7 : 'x: 77', 'y: -132' • 달8 : 'x: 117', 'y: -132'

---

(5) 스프라이트 영역의 [스프라이트 파일 업로드하기(🔼)]에서 '지구.png' 파일을 선택하여 '지구' 스프라이트(🌍)를 업로드합니다. 이벤트 팔레트의 🏳클릭했을 때 블록을 드래그한 후 형태 팔레트의 크기를 100 % 로 정하기 블록을 드래그하여 크기를 '60'%로 변경합니다. 동작 팔레트의 x: 0 y: 0 로 이동하기 블록을 드래그하여 크기를 100 % 로 정하기 블록 아래에 연결하고, 'x: -60', 'y: 3'을 입력합니다. [실행(🏳)] 버튼을 클릭합니다.

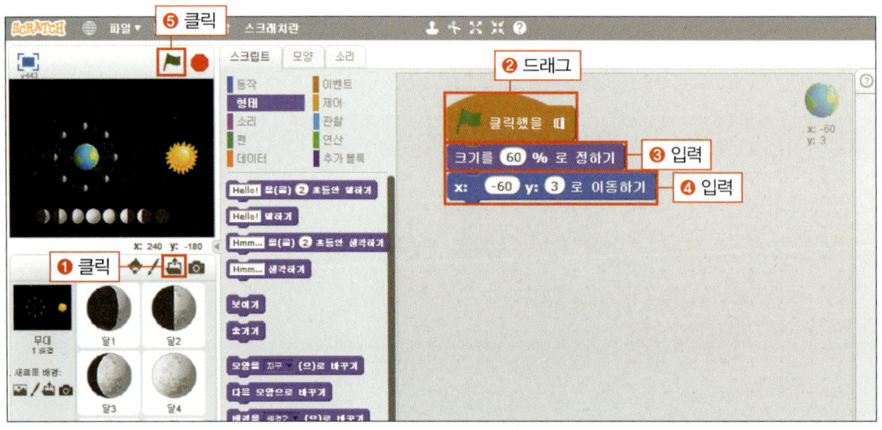

(1) '달1' 스프라이트(●)를 클릭한 다음 [이벤트] 팔레트의 [이 스프라이트를 클릭했을 때] 블록을 드래그합니다. [동작] 팔레트의 [1 초 동안 x: 0 y: 0 으로 움직이기] 블록을 드래그하여 [이 스프라이트를 클릭했을 때] 블록 아래에 연결한 다음 '1초', 'x: 29', 'y: 99'를 입력합니다.

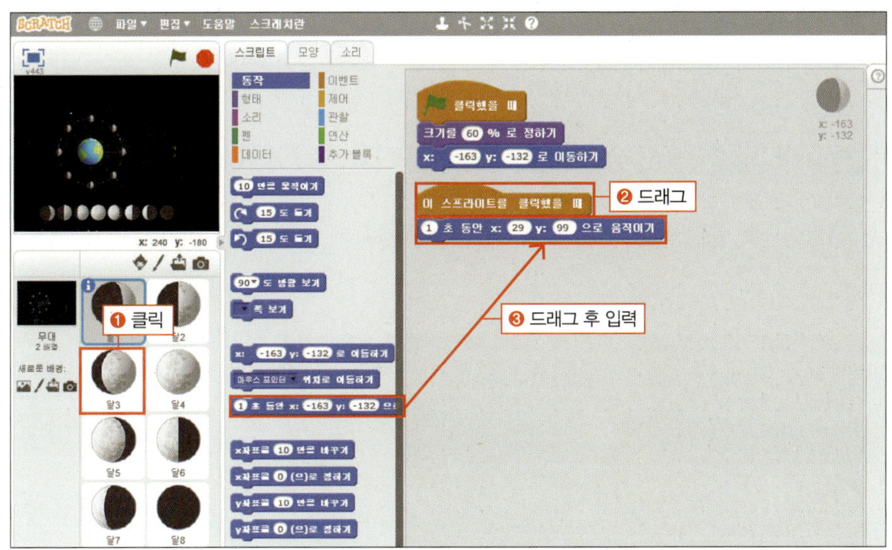

(2) '달2' 스프라이트에서 '달8' 스프라이트까지 '달1' 스프라이트와 같은 방법으로 스크립트를 작성합니다. [실행(▶)] 버튼을 클릭하고 '달1' 스프라이트에서 '달8' 스프라이트를 클릭합니다.

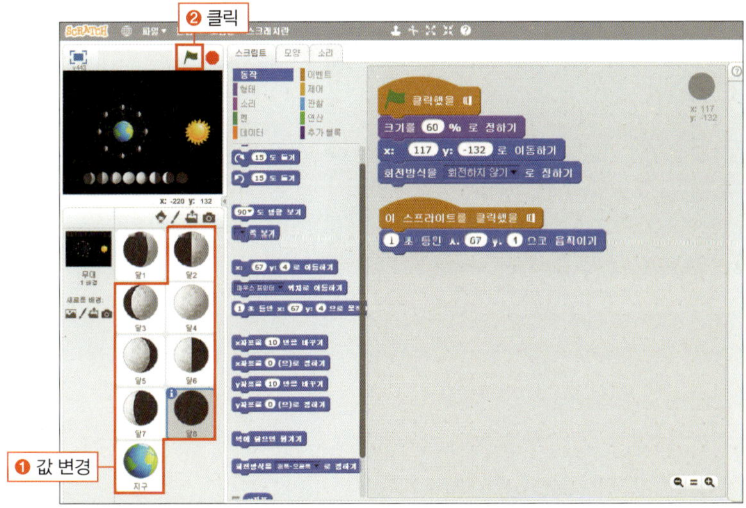

: TIP :

'달' 스프라이트의 x, y 값은 다음과 같습니다. 이때 '달' 스프라이트는 '1초 동안 움직이도록 지정합니다.

- 달2 : 'x: –61', 'y: 136',   - 달3 : 'x: –151', 'y: 104',   - 달4 : 'x: –187', 'y: 4',   - 달5 : 'x: –155', 'y: –88',
- 달6 : 'x: –61', 'y: –136',   - 달7 : 'x: 41', 'y: –84',   - 달8 : 'x: 67', 'y: 4'

사고력 향상 문제

- 예제 파일 | 2강-달의 모양 변화_완성.sb2
- 완성 파일 | 2강-달의 모양 변화_사고력향상_완성.sb
- 추가 이미지 | 사고력향상배경.png

1 태양의 위치가 바뀌었을 때 '달1'~'달8' 스프라이트의 크기를 '50'%로 줄이세요.

2 '달1'~'달8' 스프라이트를 '2'초 동안 움직이도록 지정하세요.

| HINT |

[배경 파일 업로드하기(⬆)]에서 '사고력향상배경.png' 파일을 업로드합니다.

03 물의 상태 변화 동작 블록2

스프라이트를 움직이는 동작 블록을 사용해서 물의 상태가 변화되는 모습을 표현해봅니다.

- **예제 파일 l** 3강–물의 상태 변화_예제.sb2
- **완성 파일 l** 3강–물의 상태 변화_완성.sb2
- **사용 방법 l** 상태 변화를 나타내는 화살표를 클릭하여 변화되는 과정을 표현해봅니다.

 **교과 내용 파악하기**

1 | 교과 연계 : 4학년 과학 [물과 우리 생활]

2 | 교과 핵심 내용

(1) 물은 고체, 액체, 기체 상태로 존재합니다.

(2) 물의 세 가지 상태

❶ 얼음은 고체 상태이고, 부피와 모양이 일정합니다.

❷ 물은 액체 상태이고, 부피는 일정하고, 모양은 변합니다.

❸ 수증기는 기체 상태이고, 부피와 모양이 일정하지 않습니다.

3 | 교과 핵심 확인 문제

우리 주변에서 고체 상태인 것은 무엇일까요? (　　　　　)

① 생수　② 수영장의 물　③ 비올 때　④ 얼음　⑤ 가습기

 **블록 이해하기**

동작 팔레트는 스프라이트를 움직이고, 원하는 위치로 보내고, 움직이는 방향도 바꿀 수 있습니다.

❶ : 스프라이트가 입력된 각도의 오른쪽으로 회전합니다.

❷ : 스프라이트가 입력된 각도의 왼쪽으로 회전합니다.

❸ : 스프라이트가 입력된 각도나 선택한 방향을 봅니다.

 **생각하기**

1 | 알고리즘

(1) [실행(▶)] 버튼을 클릭하면 상태 변화를 나타내는 '가열' 화살표(◀)가 배경 위쪽에 나타납니다.

(2) '가열' 화살표(◀)를 클릭하면 해당하는 위치로 방향을 보고 회전하여 움직입니다.

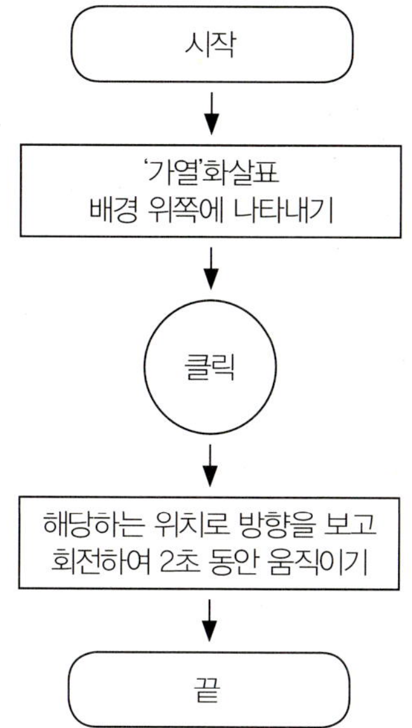

Point 04 | 프로젝트 시작하기

1 | 지정된 방향으로 이동하기

(1) '3강-물의 상태 변화_예제.sb2' 파일을 엽니다. '가열' 스프라이트(←)를 선택한 후, [스크립트] 탭을 클릭합니다. 이벤트 팔레트의 클릭했을 때 블록을 드래그하고, 동작 팔레트의 x: ◯ y: ◯ 로 이동하기 블록을 연결하여 'x: -160', 'y: 150'을 입력합니다.

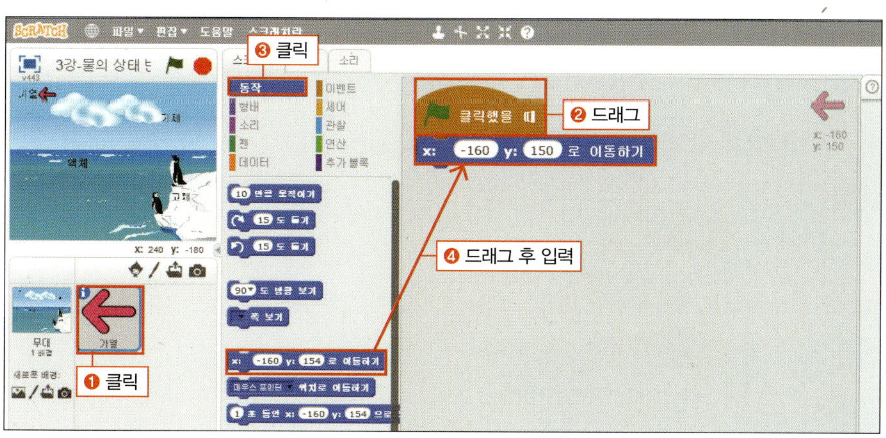

(2) 동작 팔레트의 `도 방향 보기` 블록을 연결하고 ▼를 클릭하여 [90(오른쪽)]을 선택합니다.

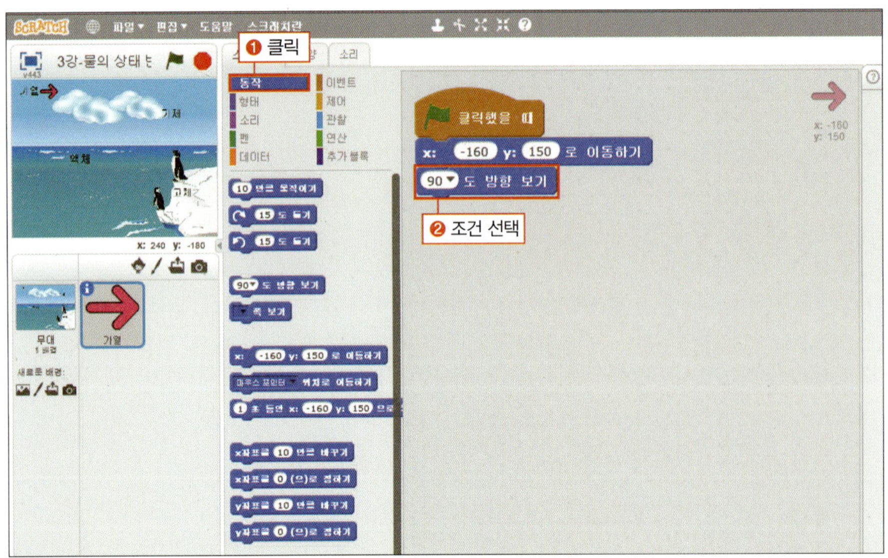

> **TIP**
>
> **x-y 좌표 값**
>
> ❶ 스프라이트의 위치는 좌표 값으로 표시합니다.
>
> ❷ x 좌표는 가로축으로 '-240(왼쪽 끝) ~ 240(오른쪽 끝)'을 나타내며, y 좌표는 세로축으로 '-180(아래쪽 끝) ~ 180(위쪽 끝)'을 나타냅니다.

2 │ 정해진 시간에 회전하여 이동하기

(1) '가열' 스프라이트를 클릭했을 때 이동하기 위해 이벤트 팔레트의 `이 스프라이트를 클릭했을 때` 블록을 드래그하고, 동작 팔레트의 `x: ● y: ● 로 이동하기` 블록을 연결한 다음 'x: 100', 'y: -70'을 입력합니다.

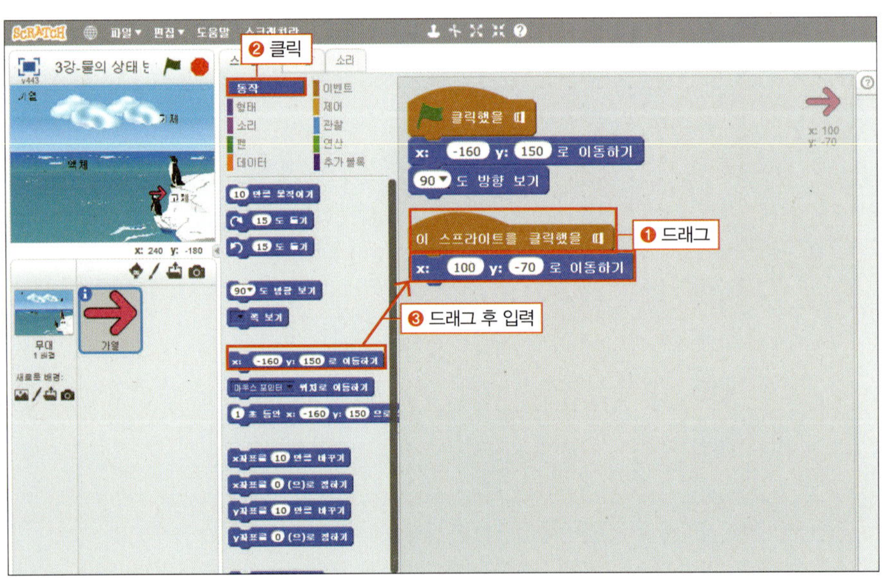

(2) 동작 팔레트의 ● 도 방향 보기 블록을 연결한 다음 ▼를 클릭하여 [0(위쪽)]을 선택하고, ● 도 돌기 블록을 연결한 다음 '60'도를 입력합니다. ● 초 동안 x: ● y: ● 으로 움직이기 블록을 연결한 다음 '2초', 'x: −30', 'y: −30'을 입력하고, x: ● y: ● 로 이동하기 블록을 연결한 다음 'x: −40', 'y: 10'을 입력합니다.

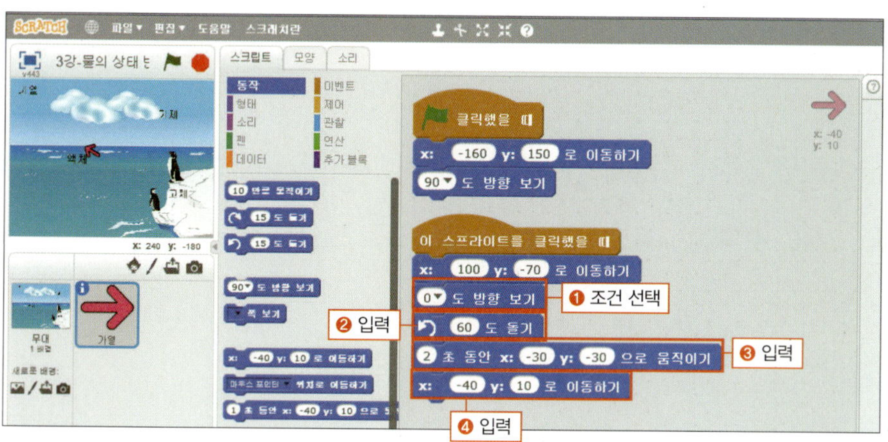

(3) 동작 팔레트의 ● 도 방향 보기 블록을 연결한 다음 ▼를 클릭하여 [0(위쪽)]을 선택하고, ● 도 돌기 블록을 연결한 다음 '60'도를 입력합니다. ● 초 동안 x: ● y: ● 으로 움직이기 블록을 연결한 다음 '2초', 'x: 110', 'y: 70'을 입력하고, [실행(▶)] 버튼을 클릭한 다음 '가열' 스프라이트를 클릭하면 해당하는 위치로 방향을 보고 회전하여 움직입니다.

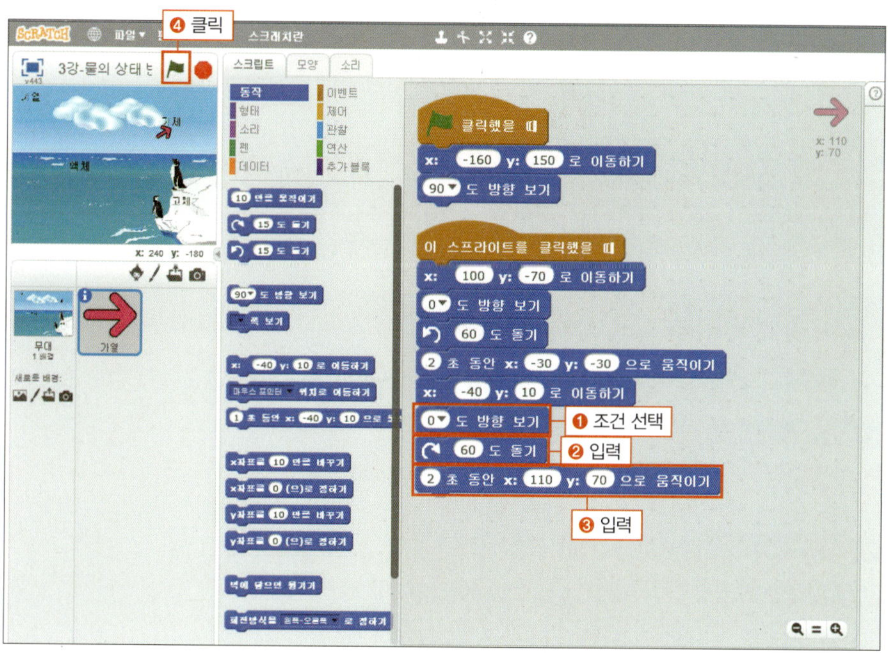

사고력 향상 문제

○ 예제 파일 I 3강–물의 상태 변화_완성.sb2
○ 완성 파일 I 3강–물의 상태 변화_사고력향상_완성.sb2

1 [실행( )] 버튼을 클릭하면 '냉각' 화살표가 배경 위쪽에 나타나게 해보세요.

2 '냉각' 스프라이트를 '기체 → 액체 → 고체' 방향으로 이동해보세요.

: HINT :

1 ❶ [저장소에서 스프라이트 선택( )]에서 새로운 '냉각' 스프라이트(→)를 불러옵니다.

❷ **동작** 팔레트의 `x: y: 로 이동하기` 블록으로 위치를 지정합니다.

❸ **동작** 팔레트의 `도 방향 보기` 블록으로 '오른쪽'으로 방향을 지정합니다.

2 ❶ **동작** 팔레트의 `x: y: 로 이동하기` 블록으로 '기체'로 이동합니다.

❷ **동작** 팔레트의 `도 방향 보기` 블록으로 '아래쪽'으로 방향을 지정합니다.

❸ '왼쪽'으로 방향 보기를 하여 '2'초 동안 '액체'로 움직이도록 합니다.

❹ 이와 같은 방법으로 '고체'로 움직이도록 합니다.

04 식물의 한살이 형태 블록1

형태 블록은 배경이나 스프라이트의 모양을 바꿀 수 있습니다. 식물의 한살이를 형태 블록을 이용하여 말하고, 생각하며 모양을 바꾸어 봅니다.

- **예제 파일 |** 4강–식물의 한살이_예제.sb2
- **완성 파일 |** 4강–식물의 한살이_완성.sb2
- **사용 방법 |** 식물의 한살이 과정을 말하기와 모양 바꾸기로 표현해봅니다.

1ㅣ교과 연계 : 4학년 과학 [식물의 한살이]

2ㅣ교과 핵심 내용

(1) 식물의 한살이 : 씨가 자라 꽃을 피우고 열매가 자라 다시 씨를 만들고 죽기까지의 과정
(2) 한살이 비교

❶ 한해살이 식물 : 한살이 기간이 1년인 식물로, 강낭콩, 옥수수, 벼, 해바라기, 코스모스 등이 있습니다.

❷ 여러해살이 식물 : 겨울을 지내며 여러 해를 살아가고, 비비추, 사과나무, 무궁화 등이 있습니다.

3ㅣ교과 핵심 확인 문제

한해살이 식물은 무엇일까요? (   )
① 사과나무   ② 강낭콩   ③ 진달래   ④ 비비추   ⑤ 무궁화

 블록 이해하기

[형태] 팔레트는 스프라이트에 말풍선을 달거나 보이기/숨기기 또는 크기나 색깔 등의 변화를 주어 스프라이트의 모양을 다양하게 바꿀 수 있습니다.

❶ Hello! 을(를) 2 초 동안 말하기 : 입력한 글자를 입력한 시간 동안 무대에서 말합니다.

❷ Hmm... 을(를) 2 초 동안 생각하기 : 입력한 글자를 입력한 시간 동안 무대에서 생각합니다.

❸ 보이기 : 스프라이트를 무대에서 보이게 합니다.

❹ 숨기기 : 스프라이트를 무대에서 숨깁니다.

❺ 모양을 모양2 (으)로 바꾸기 : 스프라이트 모양을 선택한 모양으로 바꿉니다.

❻ 배경을 배경1 (으)로 바꾸기 : 배경을 선택한 배경으로 바꿉니다.

 생각하기

1ㅣ알고리즘

(1) [실행(▶)] 버튼을 클릭하면 배경에 '선생님' 스프라이트( )와 '학생' 스프라이트( )를 보여줍니다.
(2) '선생님' 스프라이트( )가 말하고, '학생' 스프라이트( )가 생각한 후 한살이 과정 (씨 본잎 떡잎 꽃 열매)을 모양 바꾸기(씨 본잎 떡잎 꽃 열매)합니다.

2 | 순서도

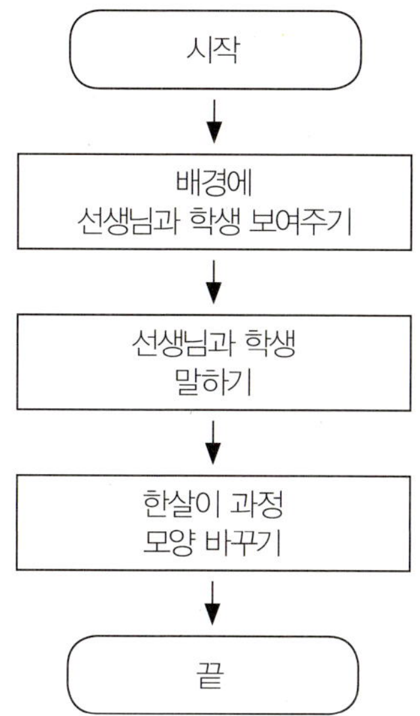

Point 04 | 프로젝트 시작하기

1 | 말하고 생각하기

(1) '4강–식물의 한살이_예제.sb2' 파일을 엽니다. '선생님' 스프라이트( )를 선택한 후, [스크립트] 탭을 클릭한 다음 이벤트 팔레트의 클릭했을 때 블록을 드래그하고, 형태 팔레트의 Hello! 을(를) ② 초동안 말하기 블록을 연결하고, '강낭콩은 어떻게 자랄까요?', '2'초로 변경합니다.

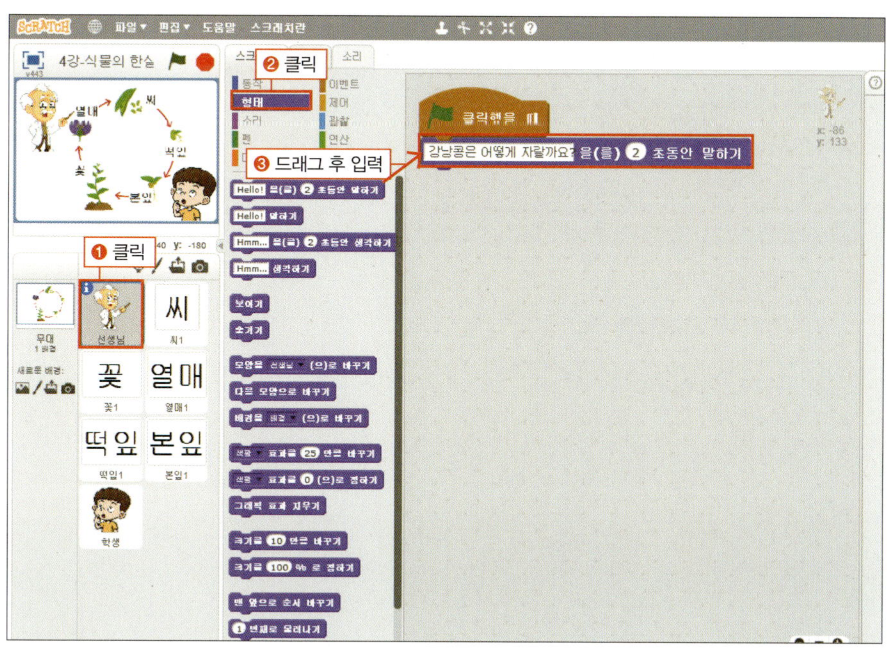

(2) 제어 팔레트의 1 초 기다리기 블록을 연결한 후 '4'초로 변경하고, 형태 팔레트의 Hello! 을(를) 2 초동안 말하기 블록을 연결하고, '강낭콩의 한살이에 대해 알아보아요.', '2'초로 변경합니다.

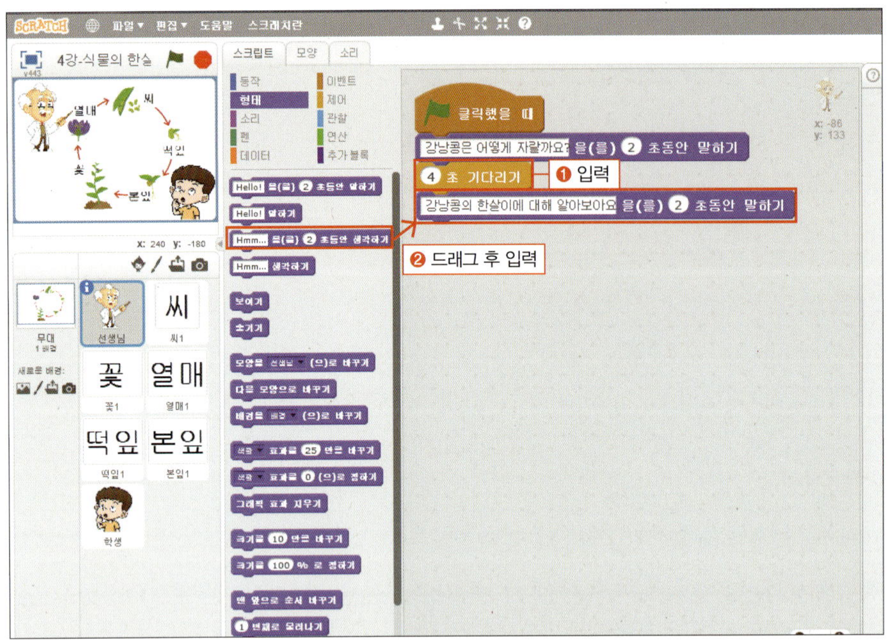

(3) '학생' 스프라이트( )를 선택한 후, [스크립트] 탭을 클릭한 다음 이벤트 팔레트의 클릭했을 때 블록을 드래그하고, 제어 팔레트의 1 초 기다리기 블록을 연결한 후 '3'초로 변경합니다. 형태 팔레트의 Hmm... 을(를) 2 초동안 생각하기 블록을 연결하고, '씨가 싹 트고...음', '2'초로 변경하고, 제어 팔레트의 1 초 기다리기 블록을 연결하고, '5'초로 변경합니다.

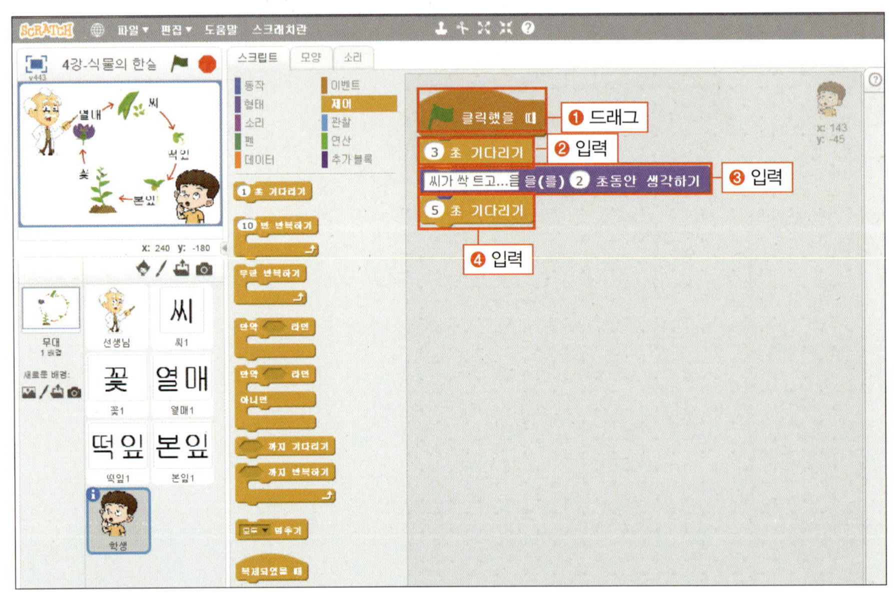

2 | 모양 바꾸기

(1) '씨1' 스프라이트(씨)를 선택한 후, [스크립트] 탭을 클릭한 다음 이벤트 팔레트의 클릭했을 때 블록을 드래그하고, 형태 팔레트의 숨기기 블록을 아래에 연결한 후 크기를 100 % 로 정하기 블록을 아래에 연결하여 '70%'로 입력합니다. 제어 팔레트의 1 초 기다리기 블록을 연결한 후 '10'초로 변경하고, 형태 팔레트의 보이기 블록을 아래에 연결합니다.

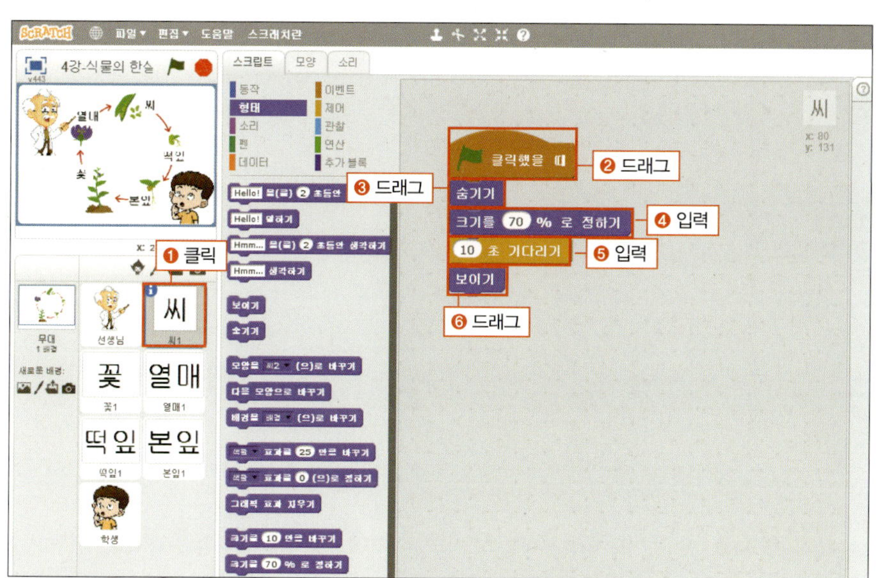

(2) [실행(▶)] 버튼을 클릭할 때마다 선택한 모양으로 표시하기 위해 형태 팔레트의 모양을 씨1 (으)로 바꾸기 블록을 아래에 연결하고 ▼를 클릭하여 [씨1]을 선택합니다. 제어 팔레트의 1 초 기다리기 블록을 연결하고, 글자 모양을 바꾸기 위해 형태 팔레트의 모양을 씨1 (으)로 바꾸기 블록을 아래에 연결하고 ▼를 클릭하여 [씨2]를 선택합니다.

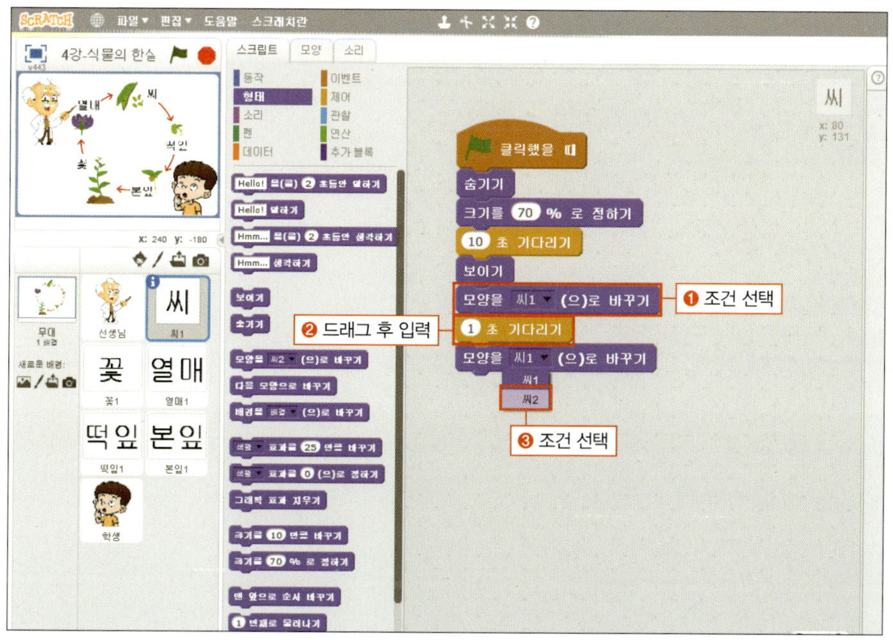

(3) '씨1' 스프라이트를 복사하기 위해 [클릭했을 때] 블록 위에 마우스 오른쪽 버튼을 클릭하고 [복사]를 선택한 후, 복사한 스크립트를 '떡잎1' 스프라이트 위에 드래그합니다.

(4) '떡잎' 스프라이트의 [10 초 기다리기] 블록에 '12'초로 변경하고, [모양을 씨1 (으)로 바꾸기] 블록의 ▼를 클릭하여 [떡잎1]을 선택합니다. [모양을 씨2 (으)로 바꾸기] 블록의 ▼를 클릭하여 [떡잎2]를 선택합니다. '씨1' 스프라이트를 복사한 후 '본잎1', '꽃1', '열매1' 스크립트를 아래와 같이 수정합니다. [실행(🏴)] 버튼을 클릭한 후 말하고, 생각하고, 글자 모양이 바뀌는지 확인합니다.

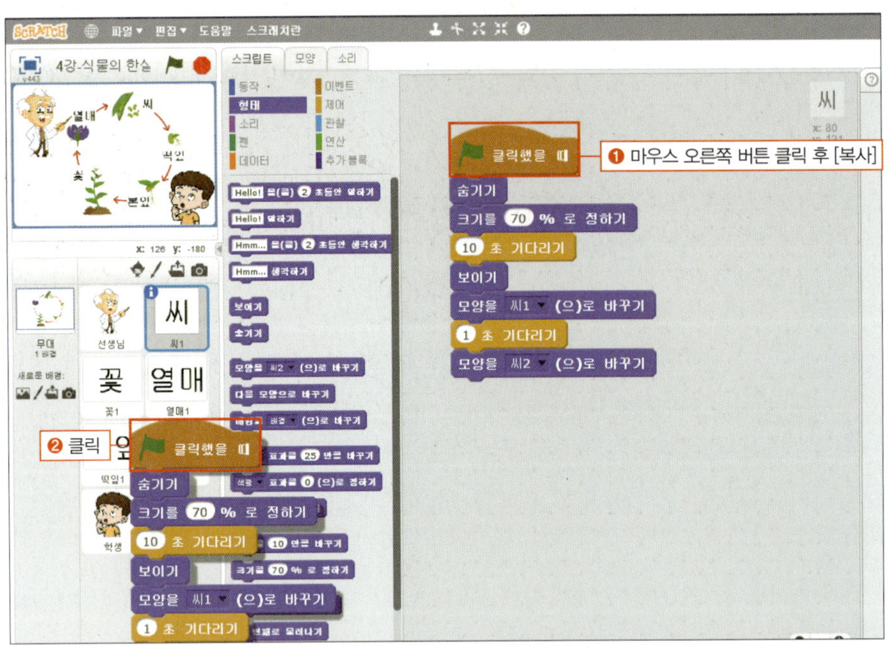

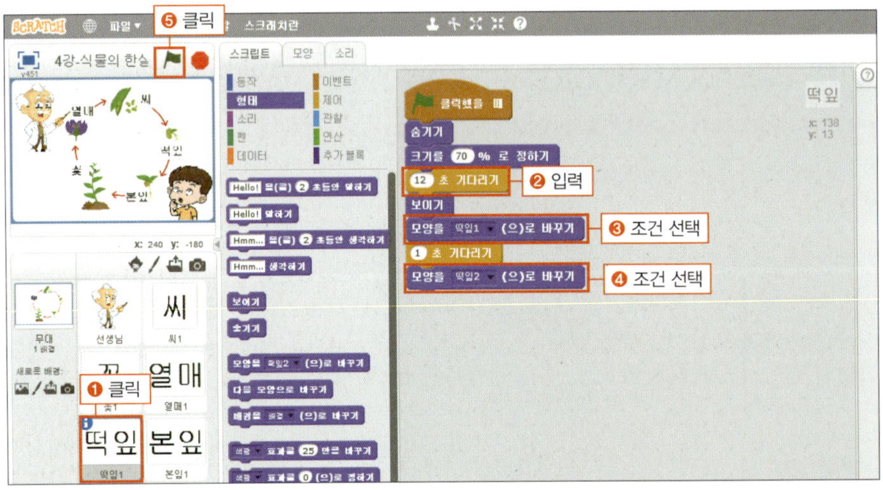

TIP

- '본잎1' 스프라이트 : '14'초, 모양 바꾸기 : '본잎1', '본잎2'
- '꽃1' 스프라이트 : '16'초, 모양 바꾸기 : '꽃1', '꽃2'
- '열매1' 스프라이트 : '18'초, 모양 바꾸기 : '열매1', '열매2'

사고력 향상 문제

- 예제 파일 | 4강–식물의 한살이_완성.sb2
- 완성 파일 | 4강–식물의 한살이_사고력향상_완성.sb2

1 '한살이 과정' 스프라이트에 각 특징을 '2초' 동안 말하도록 만들어 보세요.

2 '한살이 과정' 스프라이트가 나타날 때 '선생님', '학생' 스프라이트를 숨기기로 만들어 보세요.

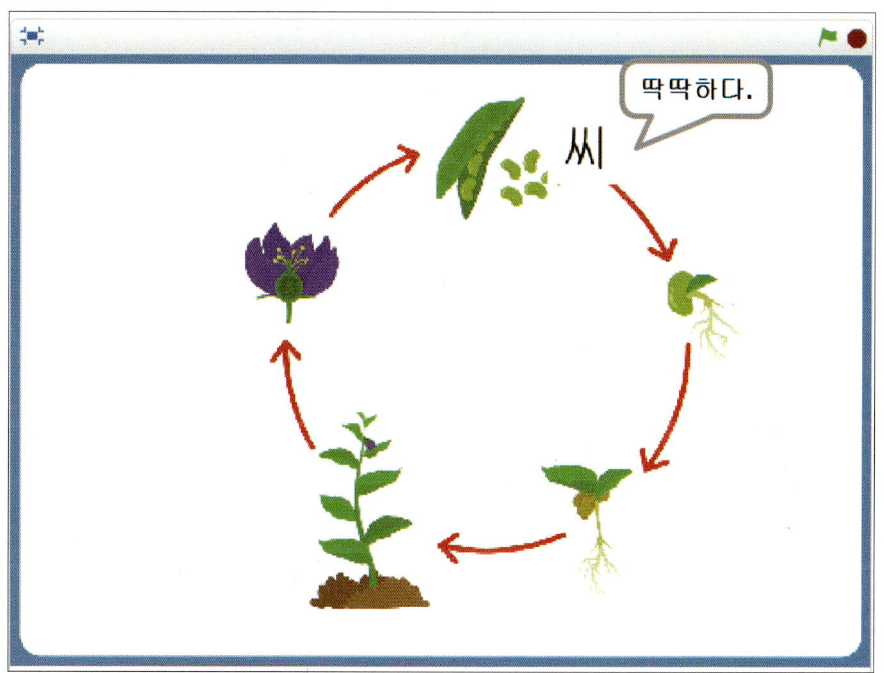

1 **형태** 팔레트의 `Hello! 을(를) 2 초동안 말하기` 블록에서 글자만 수정합니다.

– 한살이 과정 특징
- 씨 : 딱딱하다.
- 떡잎 : 부풀어진다.
- 본잎 : 껍질이 벗겨진다.
- 꽃 : 꽃이 핀다.
- 열매 : 열매가 자란다.

2 '선생님', '학생' 스프라이트에 `숨기기` 블록을 연결합니다.

05 생태계 피라미드 형태 블록2

형태 블록은 배경이나 스프라이트의 모양을 바꿀 수 있습니다. 스프라이트의 모양을 다양하게 바꿔보는 형태 블록을 사용해서 생태계 피라미드와 먹이 사슬을 표현해봅니다.

- **예제 파일 |** 5강–생태계 피라미드_예제.sb2
- **완성 파일 |** 5강–생태계 피라미드_완성.sb2
- **사용 방법 |** 생태계 피라미드를 구성한 뒤 생태계 먹이 사슬에 따라 해당 스프라이트가 사라집니다.

교과 내용 파악하기

1 | 교과 연계 : 6학년 과학 [생물과 환경]

2 | 교과 핵심 내용 :

(1) 생태계 : 어떤 장소에서 살면서 환경을 구성하는 생물적 환경 요인과 이를 둘러싼 비생물적 환경 요인이 상호 작용하는 것입니다.

(2) 먹이 사슬 : 생물 사이의 먹고 먹히는 관계가 사슬처럼 연결되어 있는 것을 의미합니다.

3 | 교과 핵심 확인 문제

다음 설명에 가장 알맞은 것은 무엇일까요? (　　　)

> 어떤 장소에 살면서 환경을 구성하는 생물적 환경 요인과 이를 둘러 싼 비생물적 환경 요인이 상호 작용하는 것을 '이것'이라고 한다.

① 먹이 사슬　② 먹이 그물　③ 생태계 피라미드　④ 생태계

블록 이해하기

[형태] 팔레트는 스프라이트에 말풍선을 달거나 보이기/숨기기 또는 크기나 색깔 등의 변화를 주어 스프라이트의 모양을 다양하게 바꿀 수 있습니다.

❶ [그래픽 효과 지우기] : 모든 그래픽 효과를 없애고 스프라이트 원래의 모습대로 되돌리는 블록입니다.

❷ [●번째로 물러나기] : 스프라이트가 겹쳐져 있을 때 입력한 숫자만큼 뒤로 물러나는 블록입니다.

❸ [크기를 ●% 로 정하기] : 스프라이트의 크기를 백분율 크기로 변화시키는 블록입니다. 이 블록을 사용할 경우 스프라이트의 원래 크기를 100%로 하여 100%보다 작은 값은 스프라이트가 작아지고 100%보다 큰 값은 스프라이트가 커집니다.

❹ [픽셀화 ▼ 효과를 ●만큼 바꾸기] : 스프라이트에 다양한 그래픽 효과를 주는 블록입니다.

❺ [크기를 ●만큼 바꾸기] : 스프라이트의 크기를 변화시키는 블록입니다. 0보다 큰 숫자를 넣으면 스프라이트의 크기가 누적되어 커지고, 0보다 작은 숫자를 넣으면 누적되어 작아집니다. 만약 '5'를 넣으면 5%만큼 스프라이트가 커지게 됩니다.

생각하기

1 | 알고리즘

(1) [실행(🏳)] 버튼을 클릭하면 '생산자' 스프라이트(🌱), '1차 소비자' 스프라이트(🦗), '2차 소비자' 스프라이트(🐸), '3차 소비자' 스프라이트(🐍)를 각 피라미드 단계에 맞게 5개, 3개, 2개, 1개씩 보여줍니다.

(2) 생태계 피라미드가 완성되면 생산자를 1차 소비자가 먹고, 1차 소비자를 2차 소비자가 먹고, 2차 소비자를 3차 소비자가 먹는 먹이 사슬을 표현합니다.

2 | 순서도

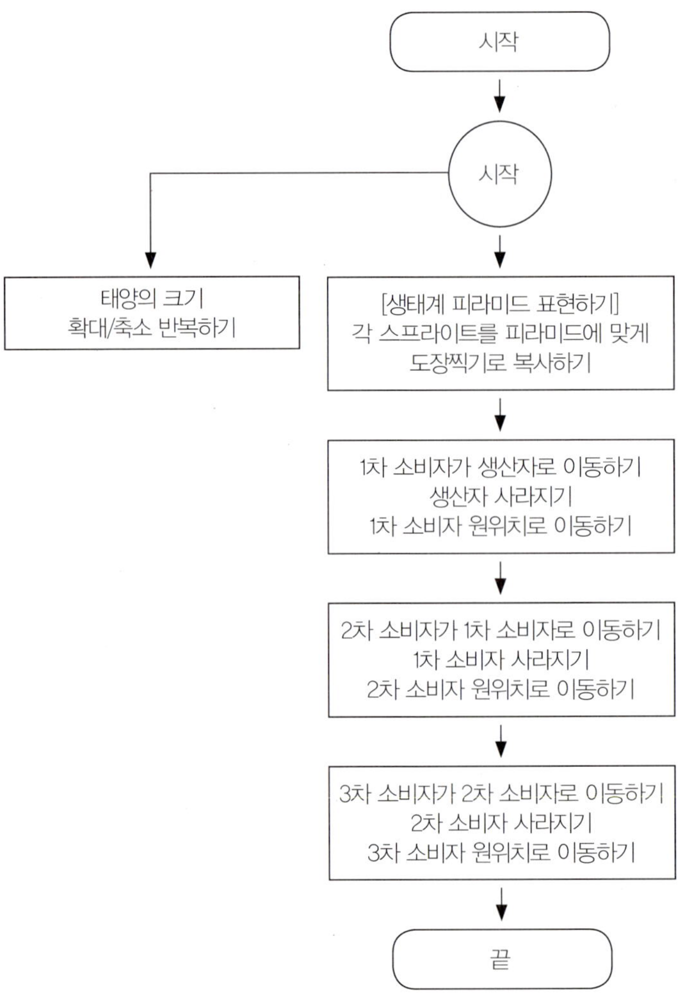

1 | 생태계 피라미드 : 생산자와 1차 소비자

(1) '5강－생태계 피라미드_예제.sb2' 파일을 엽니다. '생산자' 스프라이트(🌱)를 선택한 후, [스크립트] 탭을 클릭합니다. 이벤트 팔레트의 클릭했을 때 블록을 드래그하고, 펜 팔레트의 지우기 블록과 제어 팔레트의 1 초 기다리기 블록을 아래에 연결하고 '0.5'초로 변경합니다.

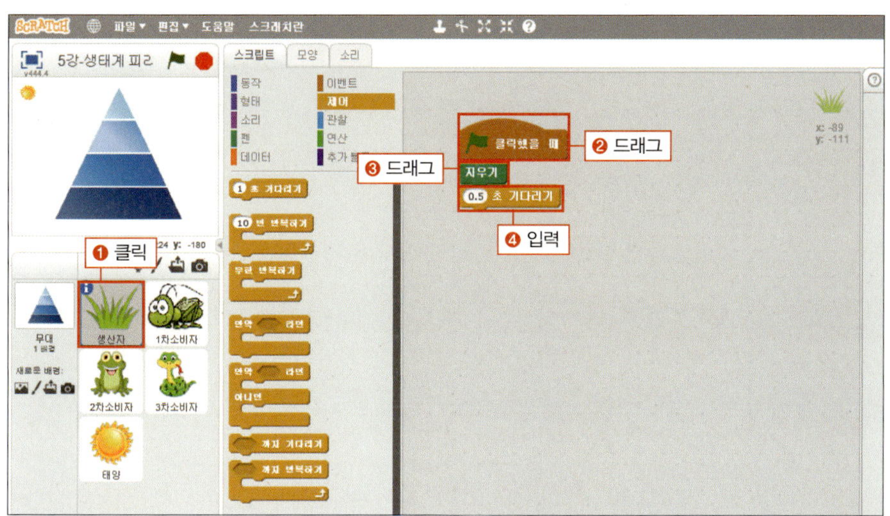

(2) 형태 팔레트의 그래픽 효과 지우기 블록을 연결하고 동작 팔레트의 x: 0 y: 0 로 이동하기 블록을 연결하고 'x: 111', 'y: －111'을 입력합니다. 형태 팔레트의 보이기 블록을 연결하고, 크기를 정하기 위해 크기를 100 % 로 정하기 블록을 연결한 후 '50%'로 변경합니다. 1 번째로 물러나기 블록을 연결합니다.

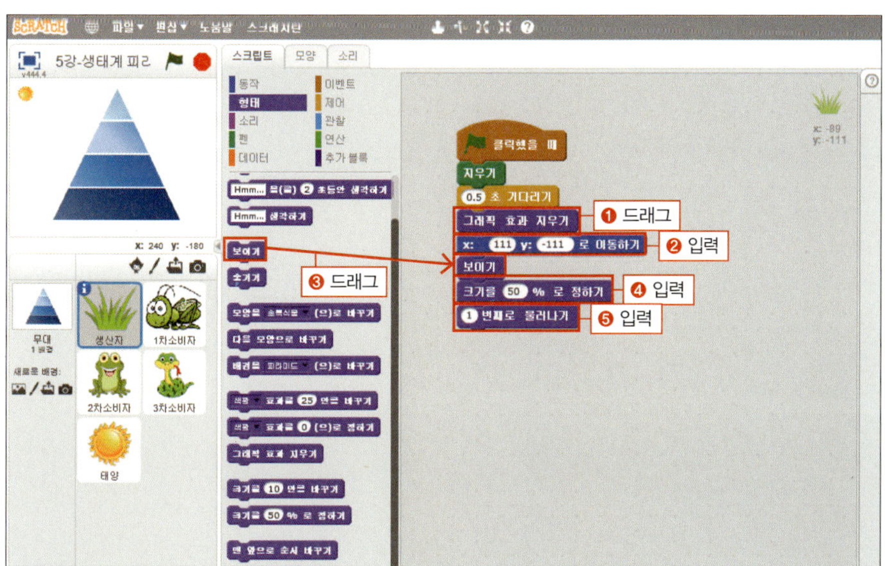

(3) 동작 팔레트의 90▼ 도 방향 보기 블록을 연결하고, ▼를 클릭하여 [−90(왼쪽)]을 선택합니다.
제어 팔레트의 10 번 반복하기 블록을 연결한 다음을 '4'번으로 변경하고 펜 팔레트의
도장찍기 블록을 연결합니다. 제어 팔레트의 1 초 기다리기 블록을 연결하고 50만큼 간격을
두기 위해 동작 팔레트의 10 만큼 움직이기 블록을 연결한 다음 '50'만큼으로 변경합니다.

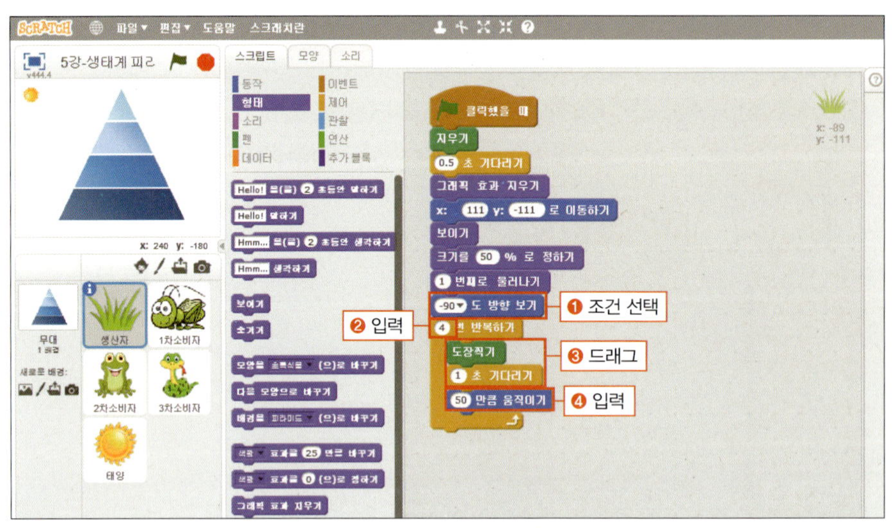

(4) 제어 팔레트의 1 초 기다리기 블록을 아래에 연결하고 '9'초로 변경합니다. 제어 팔레트의
10 번 반복하기 블록을 연결한 다음 형태 팔레트의 색깔▼ 효과를 25 만큼 바꾸기 블록을 연결하고,
▼를 클릭하여 [픽셀화] 효과를 선택하고 '5'만큼으로 변경합니다. 숨기기 블록을 연결하면
'생산자' 스프라이트(🌱)가 사라지게 합니다.

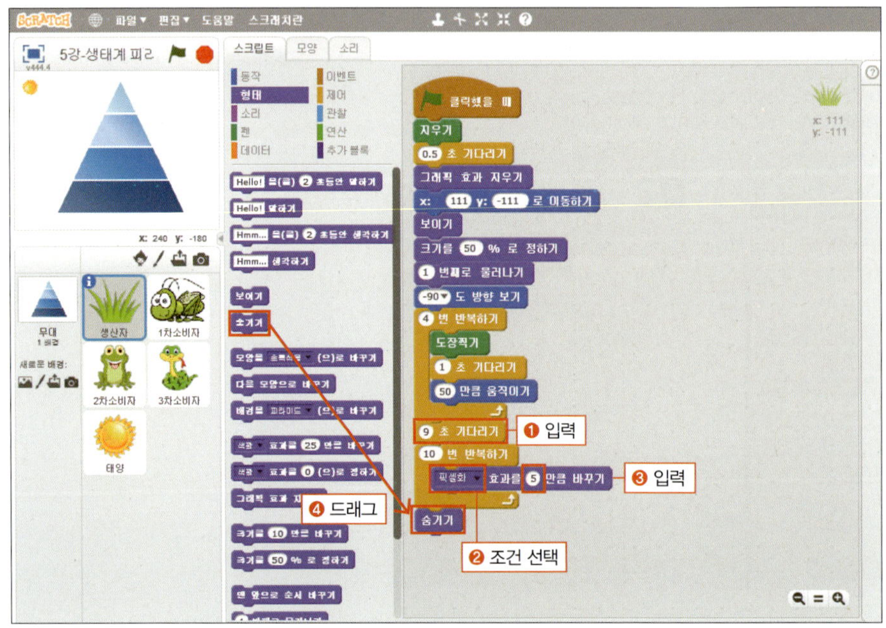

⑸ '1차 소비자' 스프라이트()를 선택한 후, 이전 그래픽 효과를 지우고 처음에 숨겨두고 '5'
초를 기다린 후 '50%'의 크기로 'x: 72', 'y: −31'에 위치에 보이도록 코딩합니다.

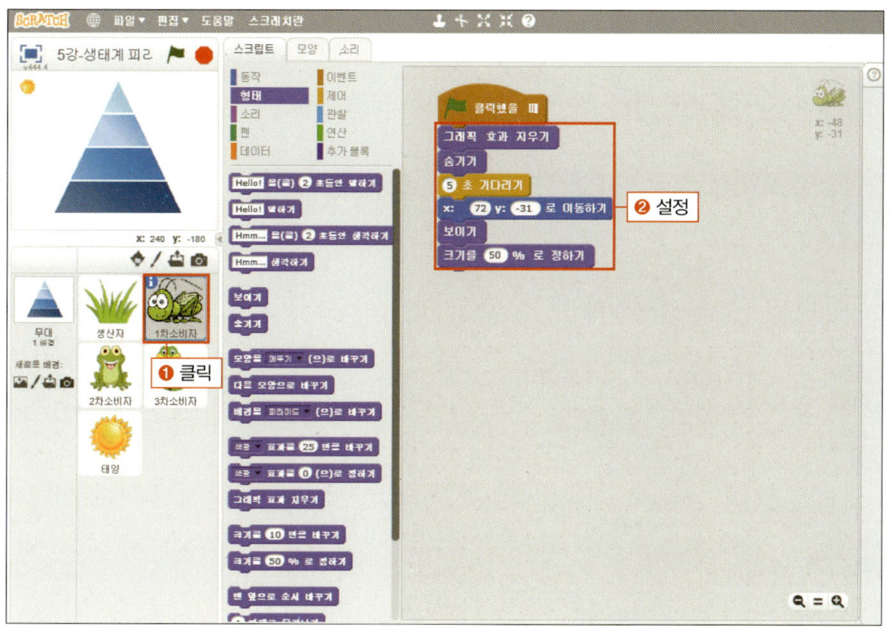

2 | 생태계 피라미드 : 2차 소비자와 3차 소비자

⑴ 동작 팔레트의 90▼ 도 방향 보기 블록을 연결하여 왼쪽에서 오른쪽으로 이동하도록 ▼를 클
릭하여 '−90'을 선택하고 동작 팔레트의 10 만큼 움직이기 블록을 연결한 다음 '60'만큼으로
변경하고 펜 팔레트의 도장찍기 블록을 이용하여 2개의 '1차 소비자' 스프라이트()를 만
듭니다.

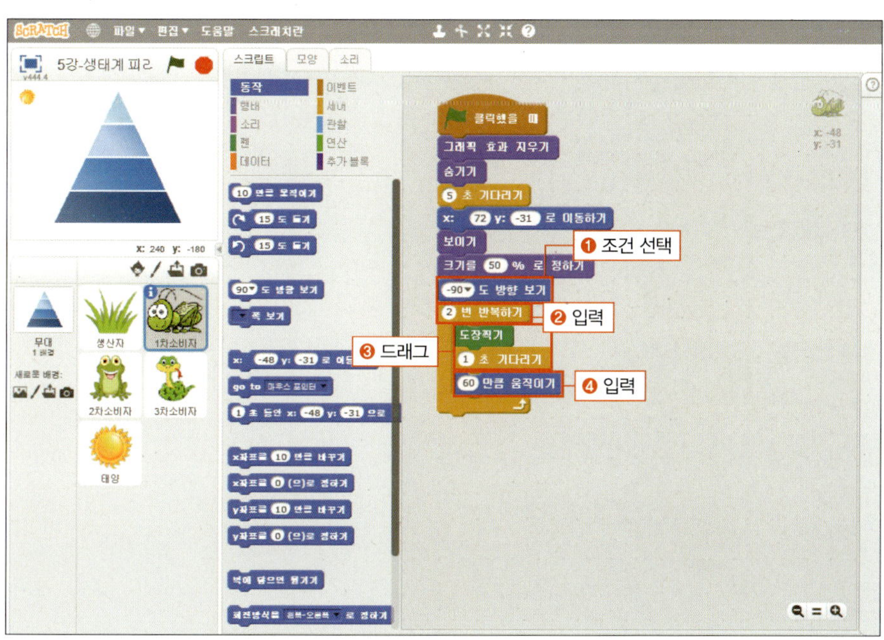

(2) 제어 팔레트의 1 초 기다리기 블록을 아래에 연결하고 '5'초로 변경합니다. '생산자' 스프
라이트( ) 쪽으로 움직이기 위해 제어 팔레트의 10 번 반복하기 블록을 연결한 다음 '5'번
으로 변경하고 동작 팔레트의 ▼쪽 보기 블록을 연결하여, ▼를 클릭하여 [생산자]를
선택하고, 10 만큼 움직이기 블록을 연결한 다음 '15'만큼으로 변경합니다.

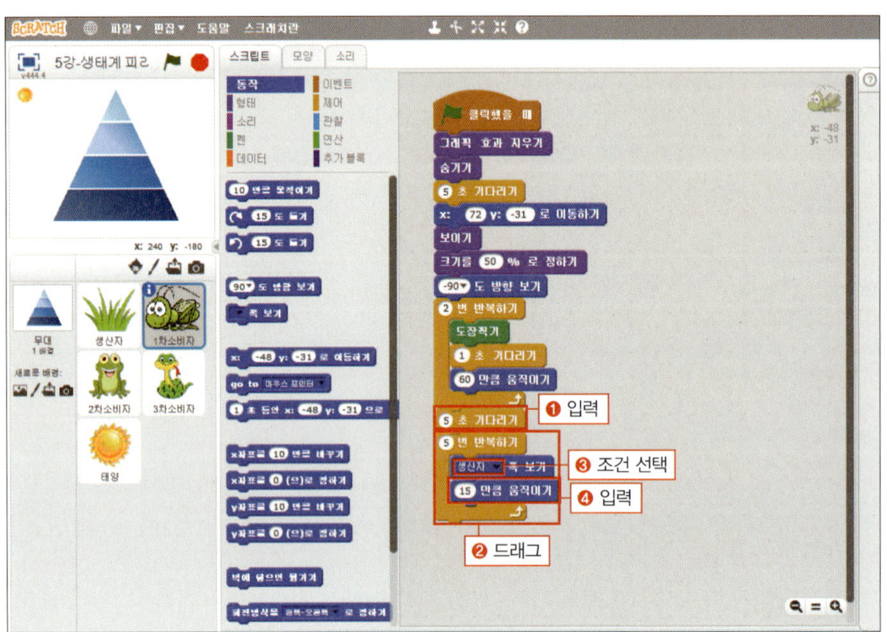

(3) '3'초 후 제자리로 돌아가고 '2'초 후 생산자와 동일하게 픽셀화 효과를 주어 '1차 소비자' 스
프라이트( )가 자연스럽게 숨겨지도록 합니다.

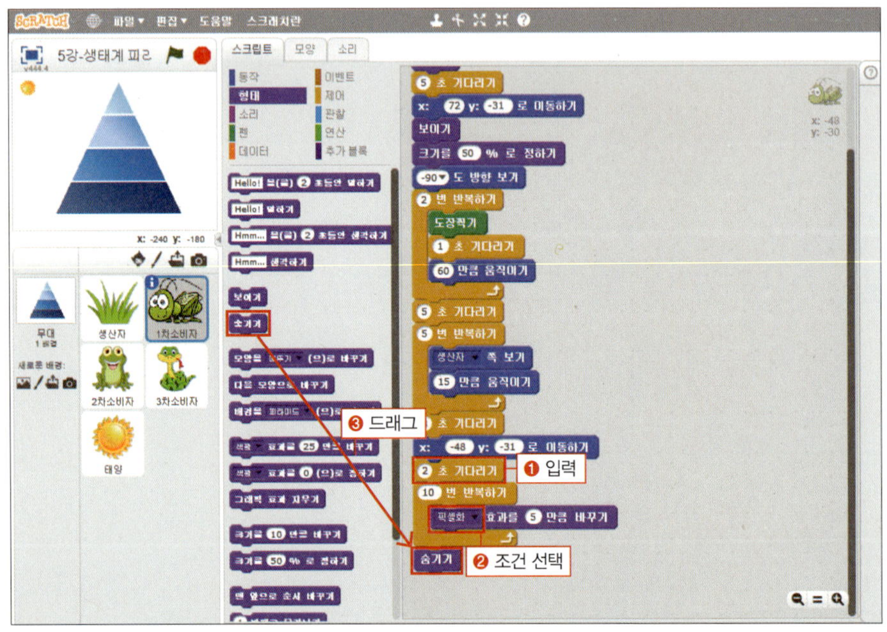

(4) '2차 소비자' 스프라이트(🐸)도 동일한 방법으로 스크립트를 작성합니다. 단, 도장찍기는
    1번만 합니다.

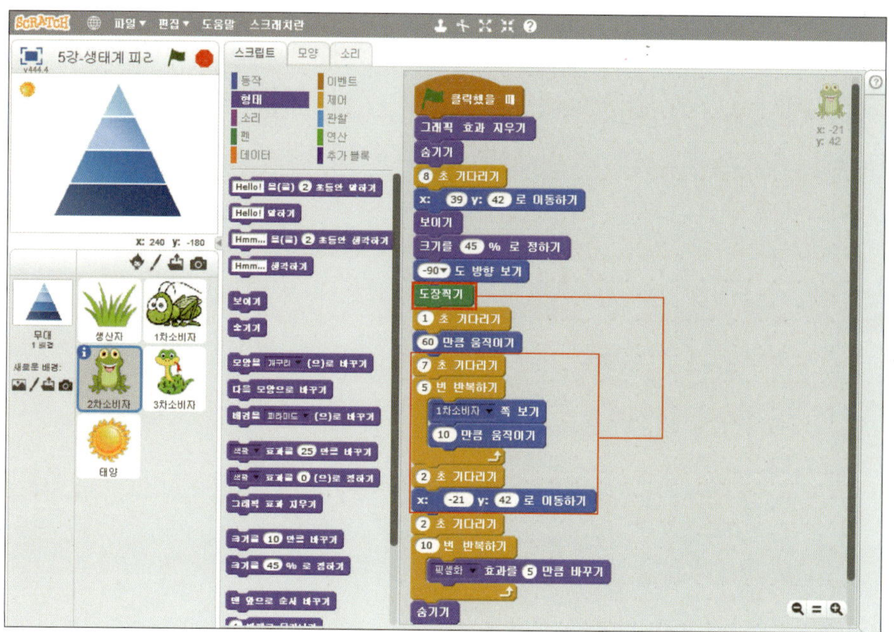

(5) '3차 소비자' 스프라이트(🐍)도 도장찍기와 픽셀화 효과, 숨기기를 제외하고 동일한 방법으
    로 스크립트를 작성합니다.

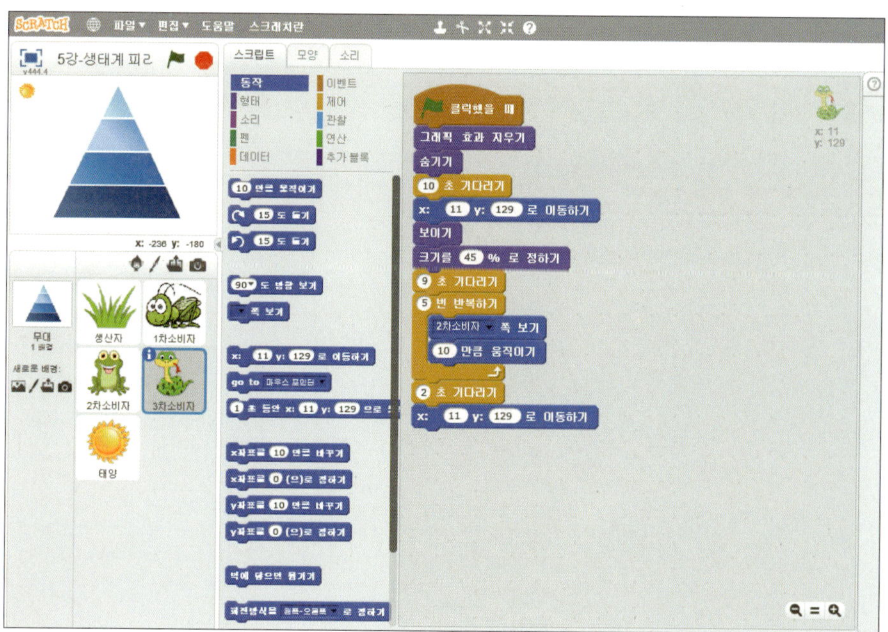

(6) '태양' 스프라이트(🌞)를 선택한 후 **이벤트** 팔레트의 **클릭했을 때** 블록을 드래그합니다. **형태** 팔레트의 **크기를 100 % 로 정하기** 블록을 연결한 후 '10'%로 변경합니다. **제어** 팔레트의 **10 번 반복하기** 블록을 **무한 반복하기** 블록 안에 연결하고 '10'번으로 변경한 다음 **형태** 팔레트의 **크기를 10 만큼 바꾸기** 블록을 연결하고 '0.1'만큼으로 변경하면 스프라이트의 크기가 0.1만큼 10 번 확대됩니다. [실행(▶)] 버튼을 클릭하면, 생태계 피라미드와 먹이 사슬이 표현됩니다.

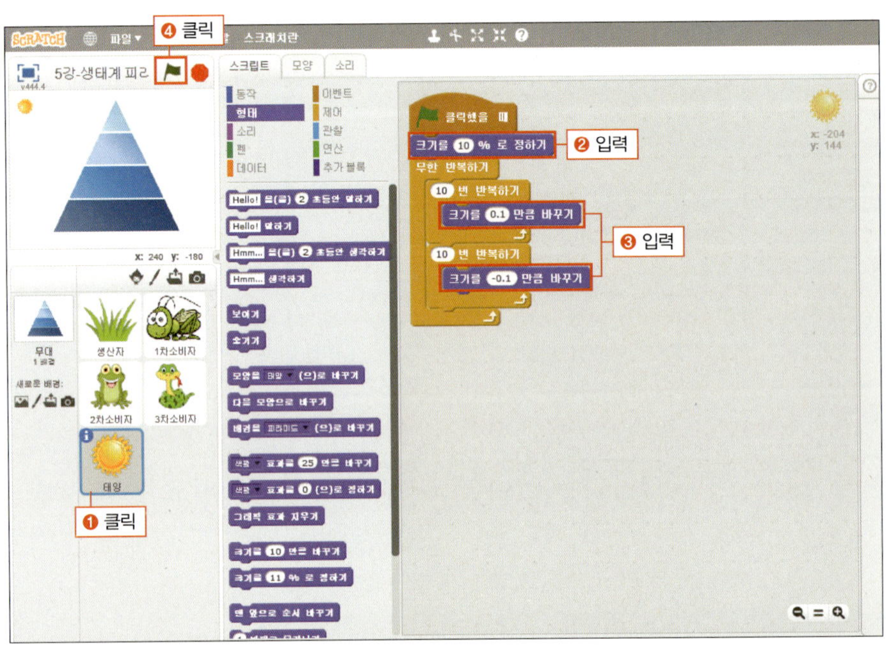

반대로 스프라이트의 크기를 축소하기 위해서는 **크기를 10 만큼 바꾸기** 블록의 값을 '-0.1'만큼으로 변경합니다.

사고력 향상 문제

- 예제 파일 l 5강–생태계 피라미드_완성.sb2
- 완성 파일 l 5강–생태계 피라미드_사고력향상_완성.sb2

1 `색깔▾ 효과를 25 만큼 바꾸기` 블록의 '픽셀화' 효과와 `숨기기` 블록을 사용하는 대신 '반투명' 효과 블록만으로 스프라이트가 사라지는 스크립트를 작성하세요.

2 `색깔▾ 효과를 ○ (으)로 정하기` 블록으로 스프라이트의 색을 변경하는 스크립트를 작성하세요.

HINT

1 반투명 효과의 범위는 '0~100'이며 '100'의 경우에는 보이지 않게 됩니다.

2 각 스프라이트의 `색깔▾ 효과를 ○ (으)로 정하기` 블록의 값(색깔의 범위는 '–100 ~ 100'입니다.)
  - '생산자' 스프라이트 : '–70'
  - '1차 소비자' 스프라이트 : '–30'
  - '2차 소비자' 스프라이트 : '30'
  - '3차 소비자' 스프라이트 : '70'

06 소리 자극과 반응 소리 블록1

소리 블록은 프로젝트에서 소리에 관련된 모든 기능을 가지고 있습니다. 우리 몸의 자극 중 청각 반응을 소리 블록을 이용하여 표현해봅니다.

- **예제 파일** I 6강-소리 자극과 반응_예제.sb2
- **완성 파일** I 6강-소리 자극과 반응_완성.sb2
- **사용 방법** I 악기를 누르면서 나는 소리에 대한 청각 반응을 표현해봅니다.

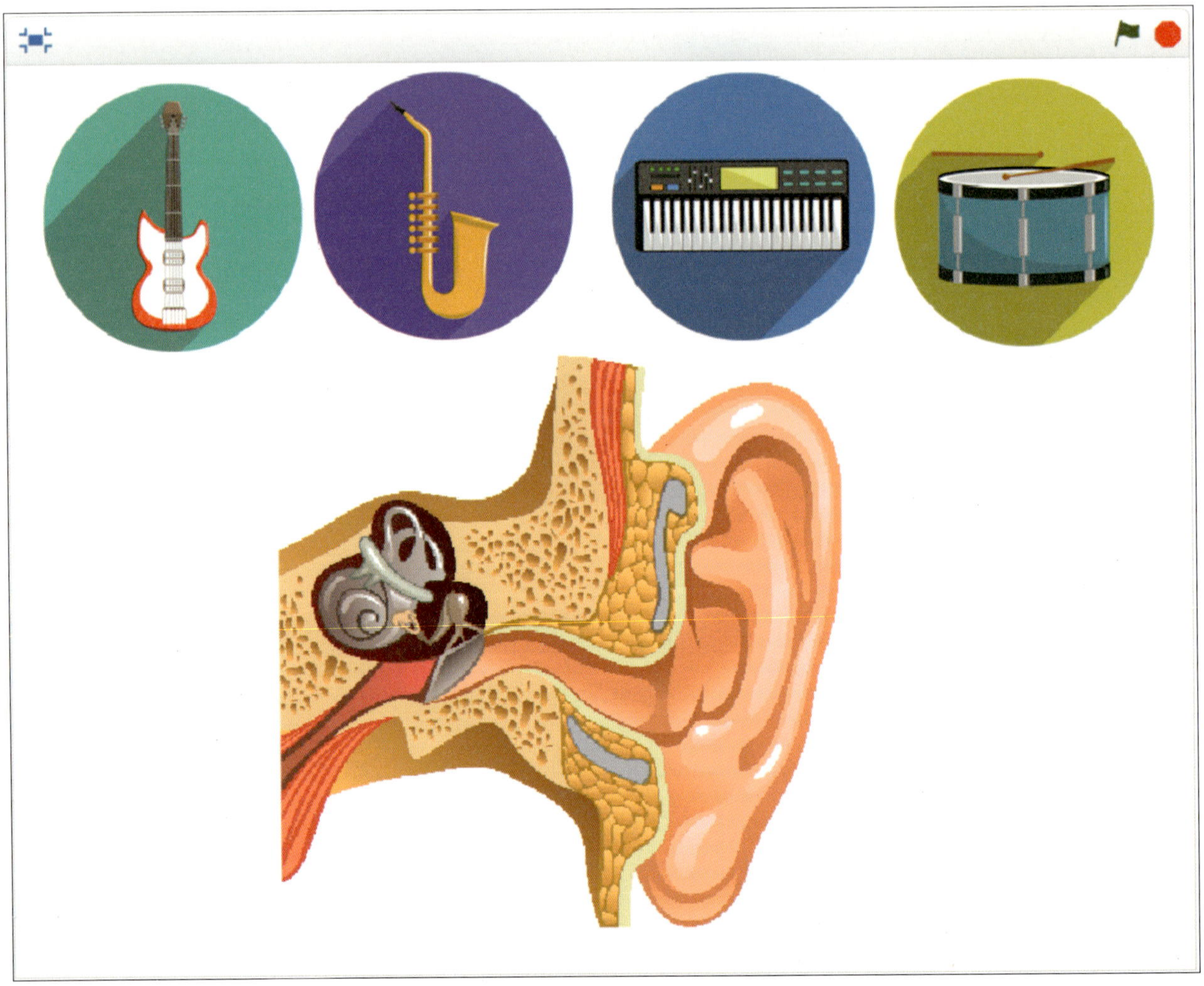

 **교과 내용 파악하기**

1 ㅣ 교과 연계 : 5학년 과학 [우리 몸의 구조와 기능]

2 ㅣ 교과 핵심 내용

귀의 기능 : 귀는 소리를 듣는 기능과 몸의 균형을 잡아 주는 역할을 합니다.

3 ㅣ 교과 핵심 확인 문제

다음 중 우리 신체 기관인 '귀'의 기능은 어느 것입니까? (　　　)
① 냄새를 맡는다.　② 소리를 듣는다.　③ 물건을 본다.　④ 균형을 잡는다.　⑤ 맛을 느낀다.

 **블록 이해하기**

소리 팔레트는 소리를 선택해서 재생하거나, 직접 녹음한 소리를 재생할 수 있습니다.

❶ `60 ▼ 번 음을 0.5 박자로 연주하기` : 숫자로 정해진 음계번호를 입력하거나 ▼를 클릭하여 피아노 건반에서 원하는 음을 선택 또는 코드로 찾아 지정합니다. 번호는 0~127까지 정할 수 있고, 60번 음은 '중간 C'인 '도' 음입니다. 박자는 연주하는 음의 빠르기를 결정합니다. 숫자가 클수록 길게 연주합니다.

> ┊ T I P ┊
>
> **음계 선택하기**
>
> 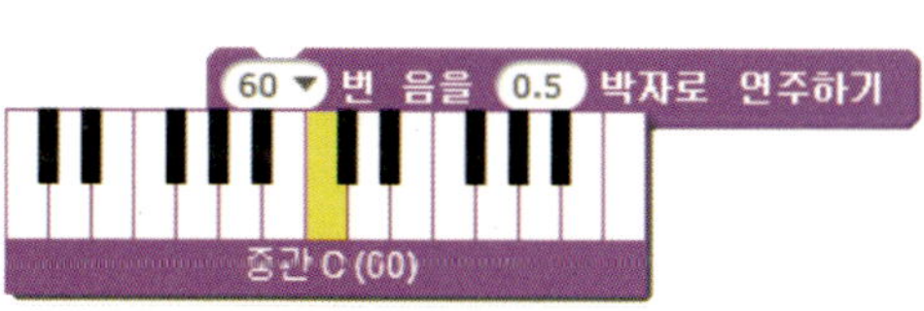
>

❷ `1 ▼ 번 악기로 정하기` : 연주할 악기를 정하는 블록입니다. 21가지의 악기마다 지정된 번호가 있어 ▼를 클릭하면 원하는 악기의 리스트를 보고 선택할 수 있습니다.

❸ `음량을 -10 만큼 바꾸기` : 현재 음량에서 입력한 수만큼 소리 음량을 바꾸는 블록입니다. 음량을 증가시킬 때는 숫자만 입력하고, 음량을 감소시킬 때는 숫자 앞에 '-'를 붙여 입력합니다.

❹ `음량을 100 % (으)로 정하기` : 음량을 %로 정하는 블록입니다. 숫자는 0~100 사이로 입력할 수 있고, 숫자가 작을수록 음량도 작고, 숫자가 클수록 음량도 커집니다.

❺ `■ 음량` : 선택한 스프라이트의 음량 크기를 가지고 있습니다. 앞의 체크박스를 체크하면 무대 위에 음량의 크기가 보입니다.

생각하기

1 | 알고리즘

(1) [실행(🏳)] 버튼을 클릭하면 소리를 낼 여러 악기 버튼과 감각 기관 '귀'를 보여줍니다.

(2) 악기 버튼을 하나 선택해서 클릭하면 악기 소리로 '도레미파솔라시도'를 연주하고, 소리가 나면 감각 기관 '귀'의 모양을 바꿉니다.

2 | 순서도

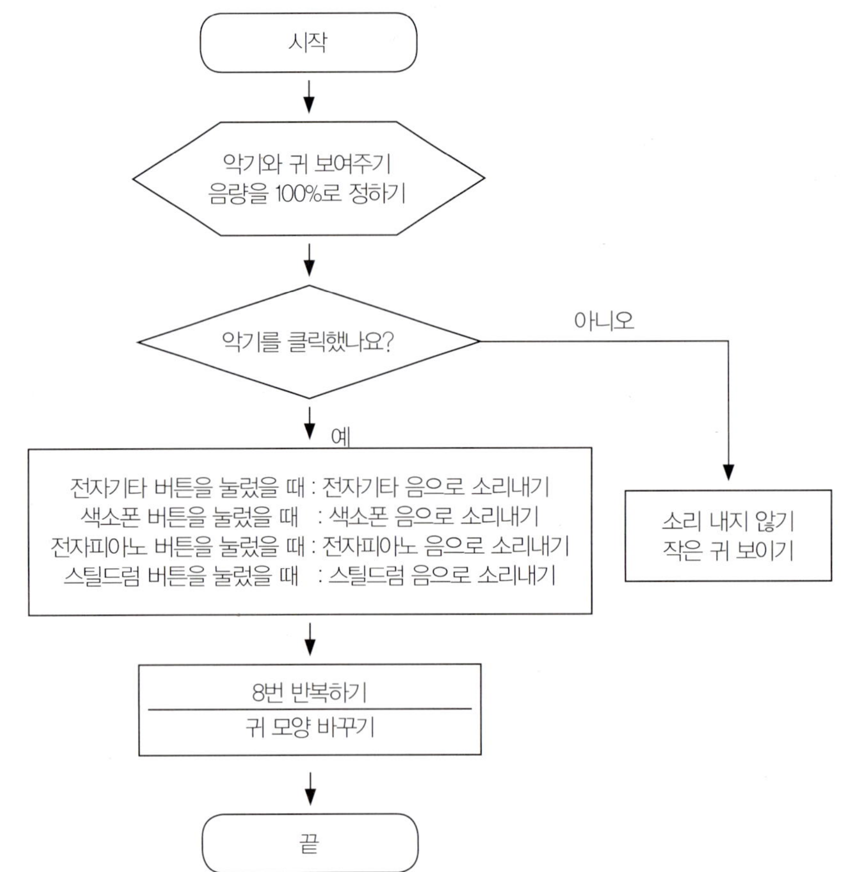

Point 04 프로젝트 시작하기

1 | 선택한 악기로 '도레미파솔라시도' 소리내기

(1) '6강–소리 자극과 반응_예제.sb2' 파일을 엽니다. '전자기타' 스프라이트()를 선택하고, [스크립트] 탭을 클릭한 후 이벤트 팔레트의 클릭했을 때 블록을 드래그합니다. 소리 팔레트의 음량을 100 % (으)로 정하기 블록을 드래그하여, 클릭했을 때 블록 아래에 연결합니다.

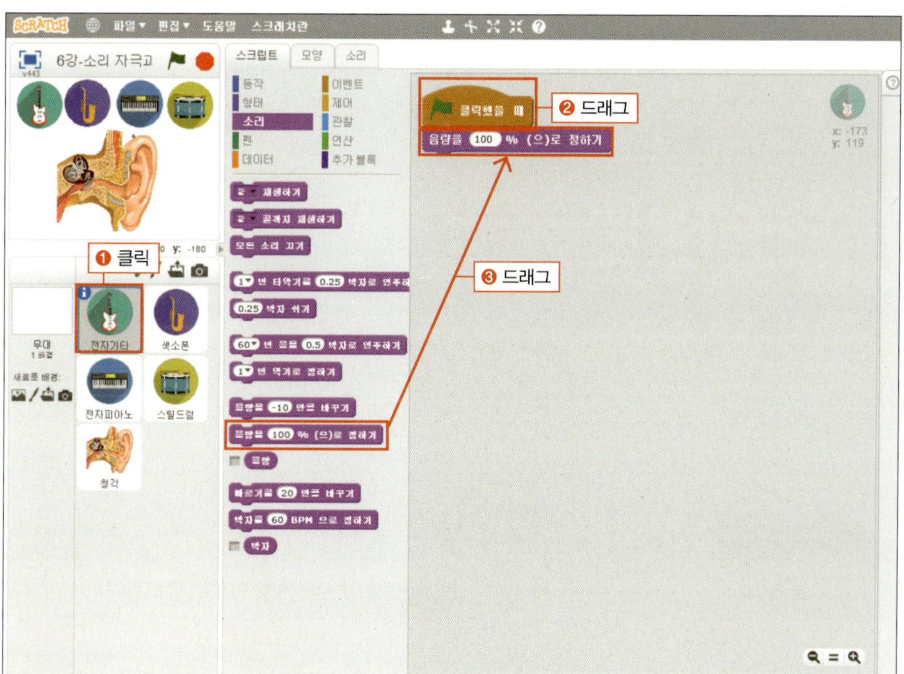

(2) 이벤트 팔레트의 이 스프라이트를 클릭했을 때 블록을 드래그합니다. 소리 팔레트의 1▼ 번 악기로 정하기 블록을 드래그하여 연결하고 ▼를 클릭하여 [(5)전자기타]를 선택합니다.

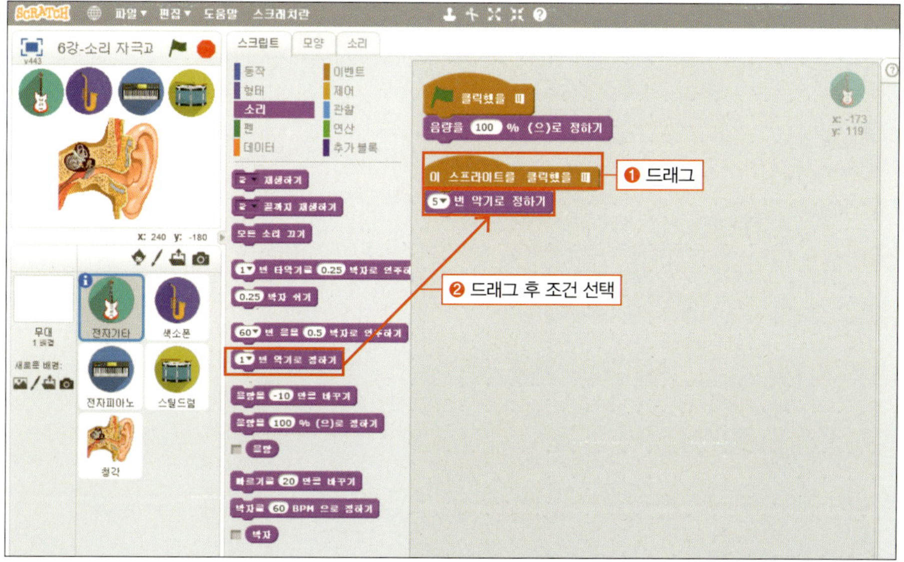

(3) 소리 팔레트의 60▼ 번 음을 0.5 박자로 연주하기 블록을 드래그하여 연결하고, '중간 C(도)' 음을 설정하기 위해 ▼를 클릭하여 [60]번을 선택하고, '0.3' 박자로 입력합니다. 이와 같은 방법으로 '레', '미', '파', '솔', '라', '시', '(높은)도' 음의 스크립트도 작성합니다.

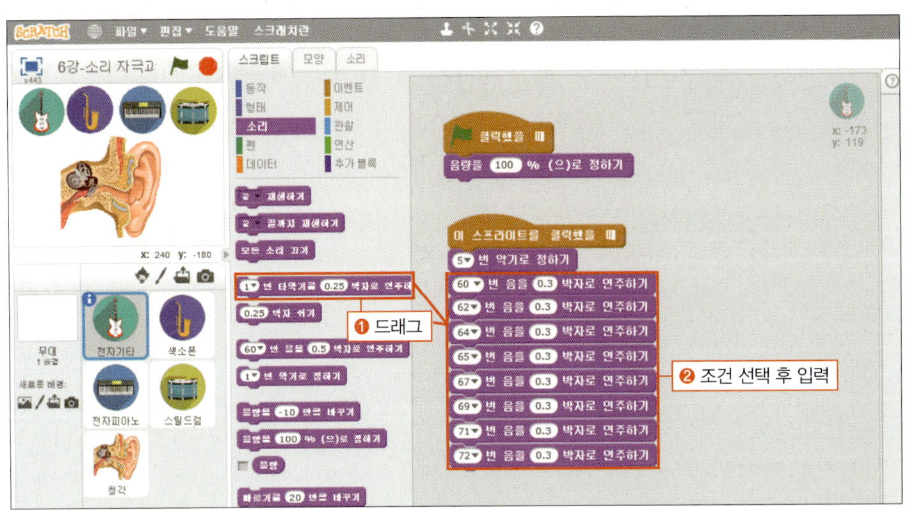

TIP

중간 C(도):60번, D(레):62번, E(미):64번, F(파):65번, G(솔):67번, A(라):69번, B(시):71번, 높은 C(도):72번

(4) 이벤트 팔레트의 메시지1▼ 방송하기 블록을 드래그한 다음, 소리 팔레트의 5▼ 번 악기로 정하기 블록과 60▼ 번 음을 0.3 박자로 연주하기 블록 사이에 연결하고, 메시지1▼ 방송하기 블록의 ▼를 클릭하여 [청각반응] 메시지를 만들고 선택합니다. '색소폰', '전자피아노', '스틸드럼'도 '전자기타'와 같은 방법으로 스크립트를 작성합니다.

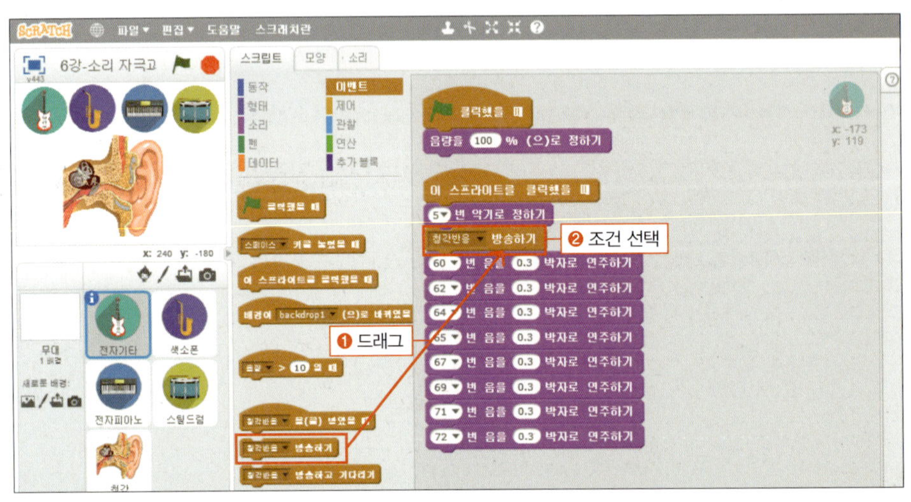

TIP

1▼ 번 악기로 정하기 블록의 악기별 지정 번호 전자기타 : 5번, 색소폰 : 11번, 전자피아노 : 2번, 스틸드럼 : 18번

2 | 소리 자극에 대한 청각 반응 표현하기

(1) '청각' 스프라이트( )를 선택하고, 이벤트 팔레트의 클릭했을 때 블록을 드래그합니다. 형태 팔레트의 모양을 귀1 (으)로 바꾸기 블록을 연결하고, ▼를 클릭하여 [귀1]을 선택합니다.

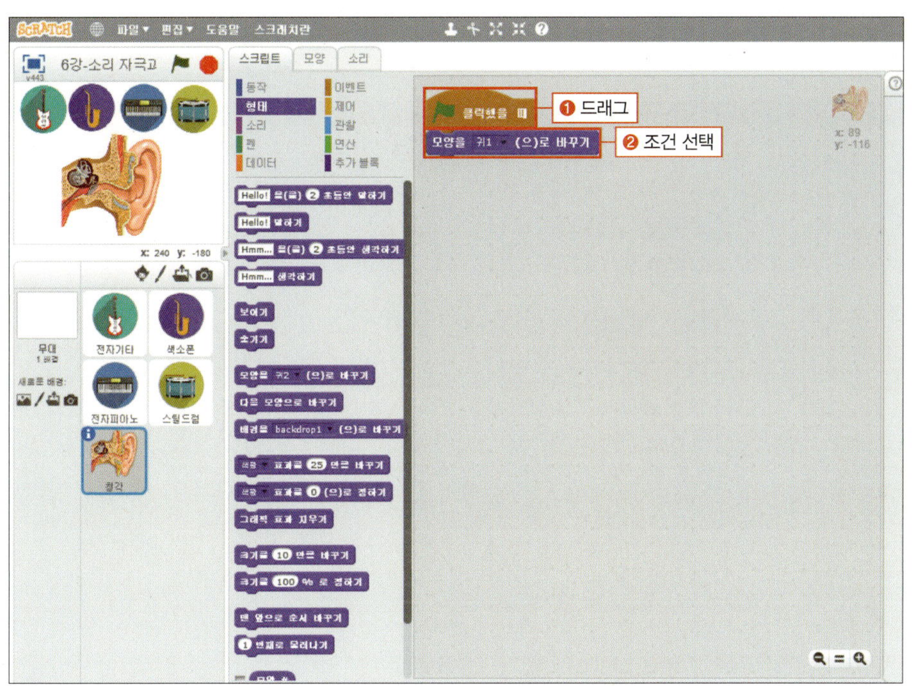

(2) '악기' 스프라이트를 클릭했을 때 청각반응 방송하기 블록을 사용하고, '청각' 스프라이트( ) 에서 방송을 받기 위해 이벤트 팔레트의 청각반응 을(를) 받았을 때 블록을 드래그하고, ▼를 클릭하여 [청각반응]을 선택합니다. 형태 팔레트의 다음 모양으로 바꾸기 블록을 드래그하여 청각반응 을(를) 받았을 때 블록 아래에 연결합니다.

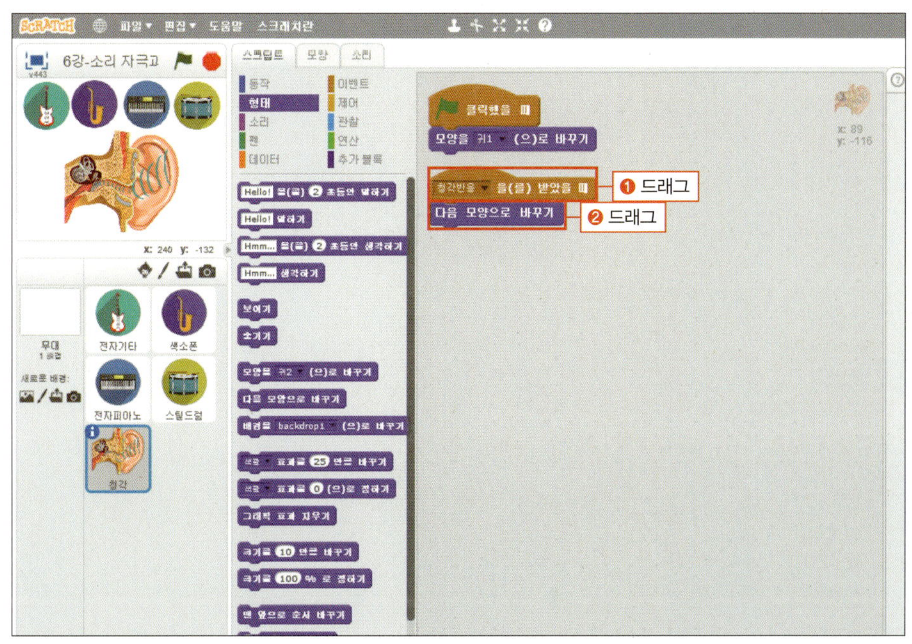

(3) 소리가 나는 동안 청각 반응을 표현하기 위해 제어 팔레트의 10번 반복하기 블록을 드래그 하여 다음 모양으로 바꾸기 블록의 밖으로 연결한 다음, '8'번으로 변경합니다. 소리가 나는 동안 '청각' 스프라이트( ) 모양이 바뀌는 과정을 보이기 위해 제어 팔레트의 1초 기다리기 블록 을 다음 모양으로 바꾸기 블록 아래에 연결한 다음, '0.3'초로 변경합니다.

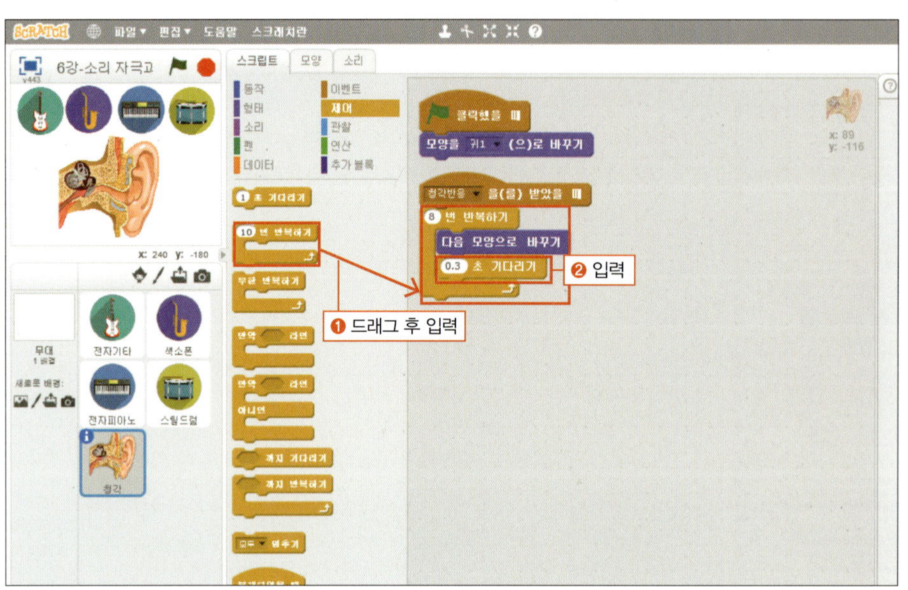

(4) 소리 자극이 멈춘 후 '청각' 스프라이트( )의 마지막 모양을 '귀1'로 보이기 위해 형태 팔레 트의 모양을 귀1 (으)로 바꾸기 블록을 연결하고, ▼를 클릭하여 [귀1]을 선택합니다. [실행( )] 버 튼을 클릭하고, 원하는 악기를 누르면 '도레미파솔라시도'가 선택한 악기 소리로 연주되고, 소리 자극을 받은 귀 모양이 변화되면서 청각 반응을 표현합니다.

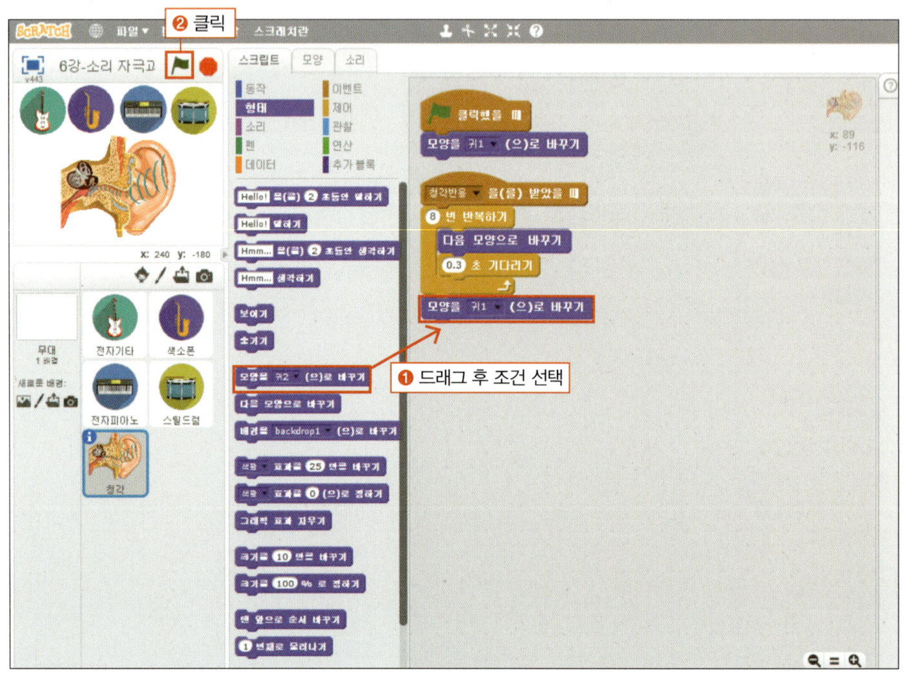

사고력 향상 문제

- 예제 파일 I 6강–소리 자극과 반응_완성.sb2
- 완성 파일 I 6강–소리 자극과 반응_사고력향상_완성.sb2
- 추가 스프라이트 I 음량증가.sprite2, 음량감소.sprite2

1 '음량증가' 스프라이트(◀+)와 '음량감소' 스프라이트(◀-)를 추가하고, [음량을 -10 만큼 바꾸기] 블록을 이용하여 소리의 음량을 '+20', '−20'씩 조절하는 기능을 넣어보세요.

2 음량이 '0'보다 작으면, 귀의 모양이 바뀌지 않도록 스크립트를 추가해 봅시다.

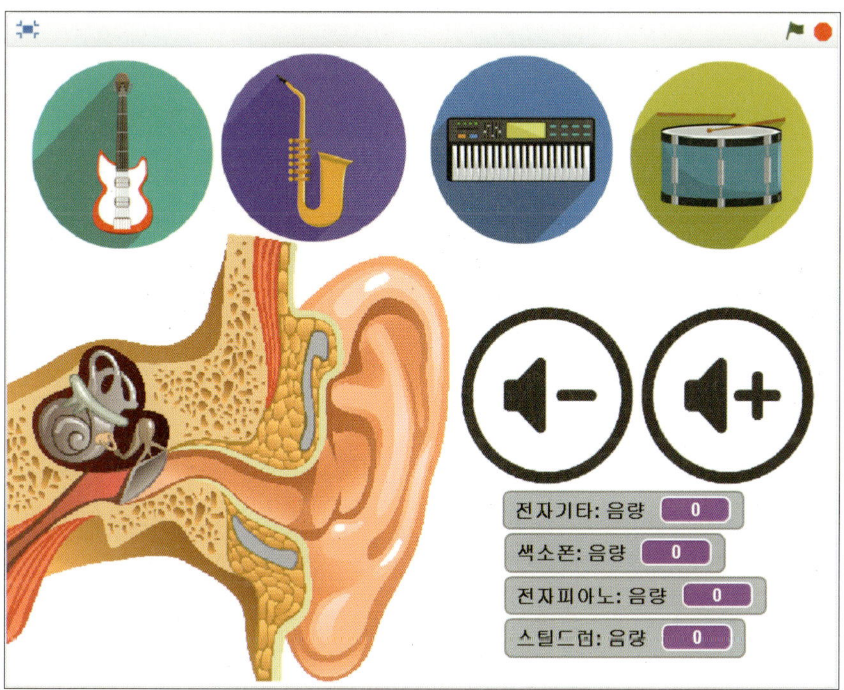

07 레이저 쇼 소리 블록2

소리 블록은 프로젝트에서 소리에 관련된 모든 기능을 가지고 있습
니다. 레이저 쇼를 소리 블록을 이용하여 표현해봅니다.

- **예제 파일 I** 7강-레이저 쇼_예제.sb2
- **완성 파일 I** 7강-레이저 쇼_완성.sb2
- **사용 방법 I** 배경에 다양한 색의 선이 그려지면서 소리를 재생해봅니다.

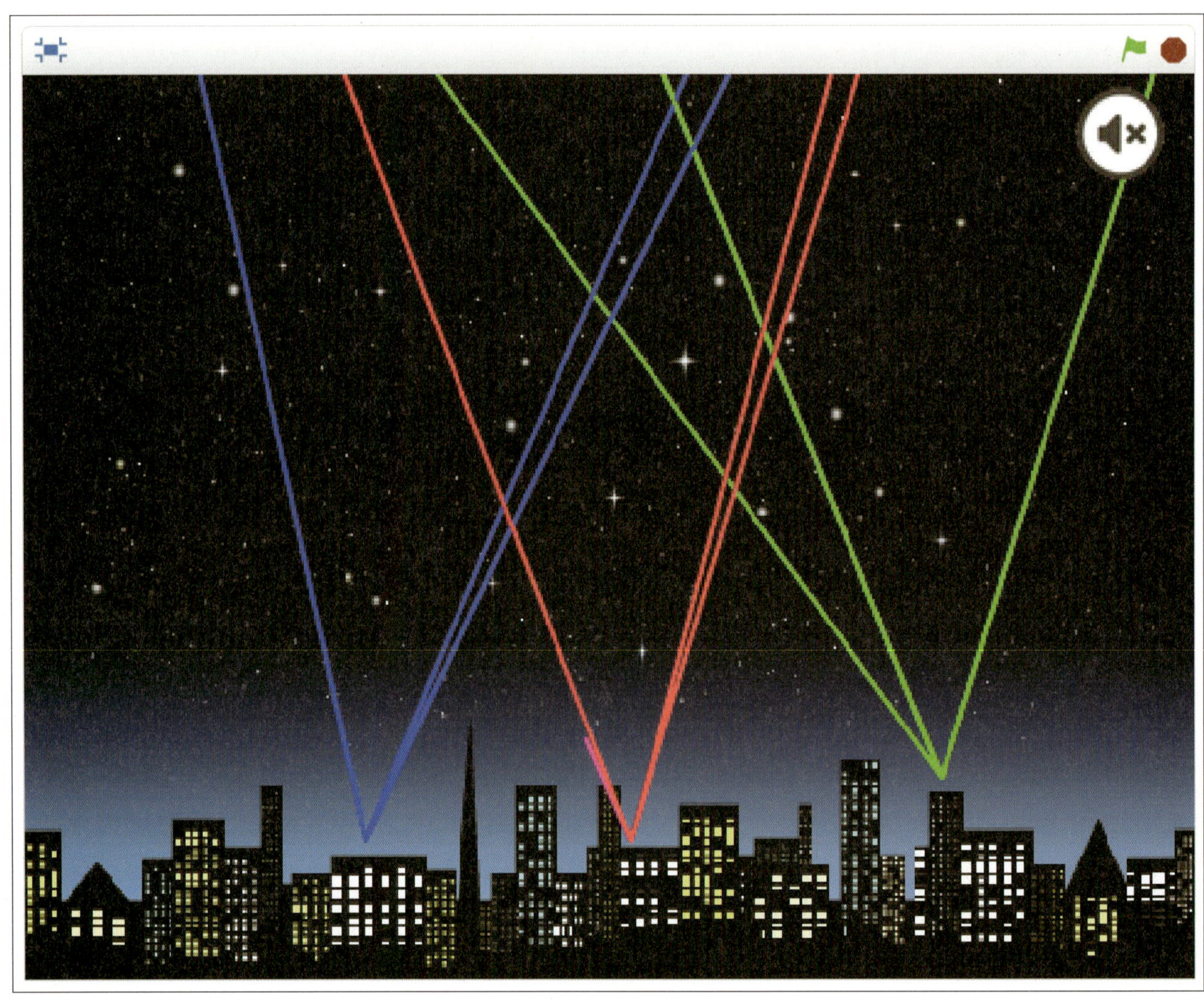

1 | 교과 연계 : 4학년 과학 [거울과 그림자]

2 | 교과 핵심 내용

(1) 광원 : 빛을 내는 것

(2) 공기 중에서 빛이 나아가는 모습

❶ 빛은 직진합니다.

❷ 물체와 눈 사이에 물체가 있으면 물체 뒤에 있는 물체는 볼 수 없습니다.

3 | 교과 핵심 확인 문제

다음은 무엇에 대한 설명인지 써보세요. (　　　　　)

> 빛을 내는 것으로 대표적으로 태양이 있습니다.

소리 팔레트는 소리를 선택해서 재생하거나, 직접 녹음한 소리를 재생할 수 있습니다.

❶ `야옹 ▼ 재생하기` : 지정된 소리를 재생합니다.

❷ `야옹 ▼ 끝까지 재생하기` : 지정된 소리를 끝까지 재생합니다.

❸ `모든 소리 끄기` : 모든 소리를 정지합니다.

1 | 알고리즘

(1) [실행(🏳)] 버튼을 클릭하면 배경에 소리 끄기 버튼(🔇)이 나타납니다.

(2) 다양한 색의 선을 그리면서 소리가 재생되고, 소리 끄기 버튼(🔇)을 클릭하면 모든 소리가 꺼집니다.

2 | 순서도

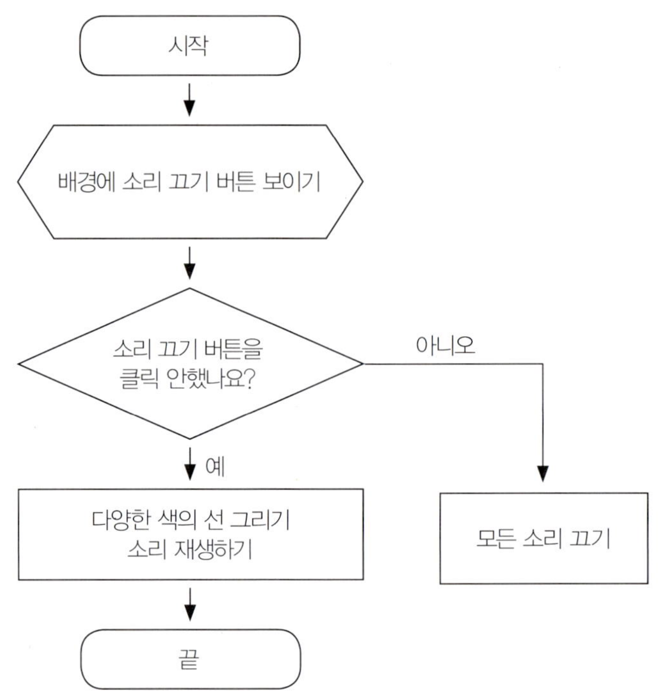

Point 04 · 프로젝트 시작하기

1 | 다양한 색의 선 그리기

(1) '7강-레이저 쇼_예제.sb2' 파일을 엽니다. '빨간레이저1' 스프라이트(✦)를 선택한 후, **이벤트** 팔레트의 [클릭했을 때] 블록을 드래그하고, **형태** 팔레트의 [숨기기] 블록을 연결합니다.

제어 팔레트의 [무한 반복하기] 블록을 연결하고, **펜** 팔레트의 [지우기] 블록을 연결하고, **동작** 팔레트의 [x: ● y: ● 로 이동하기] 블록을 연결하고, 'x: 10', 'y: −125'를 입력합니다.

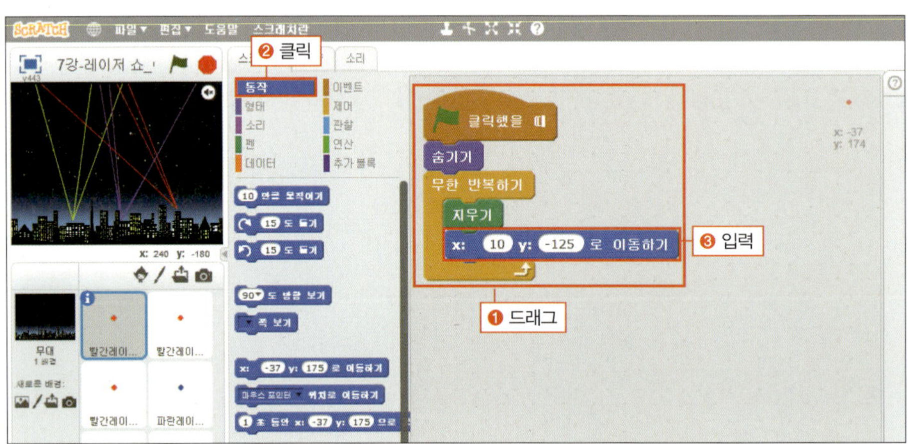

⑵ 다양한 색의 펜으로 그리기 위해 펜 팔레트의 펜 색깔을 10 만큼 바꾸기 블록을 연결하고, 펜 굵기를 1 (으)로 정하기 블록을 연결하여, 굵기를 '2'로 입력한 후 펜을 그리기 위해 펜 내리기 블록을 연결합니다.

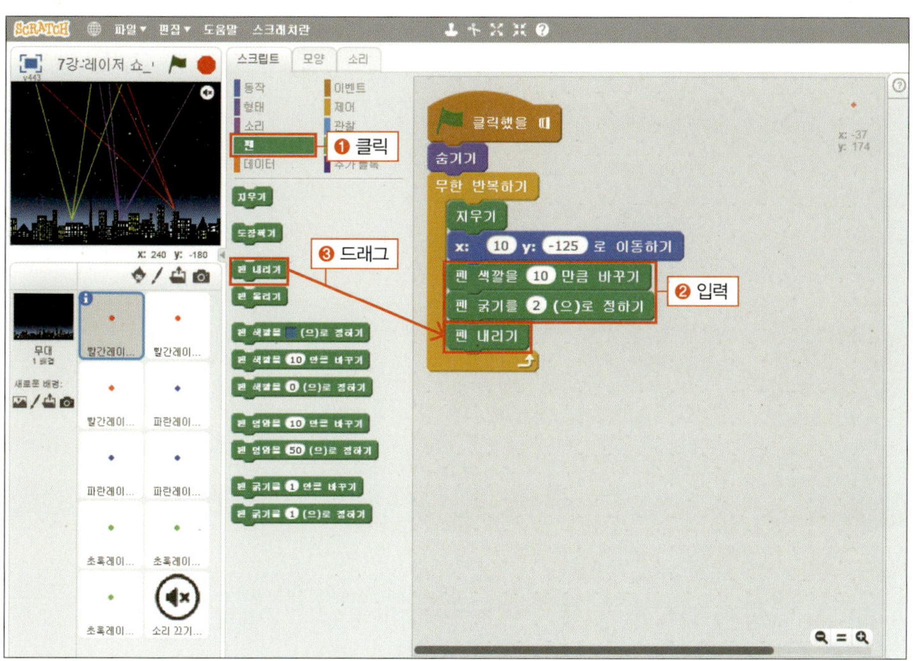

⑶ 동작 팔레트의 ○초 동안 x: ○ y: ○ 으로 목적에 가기 블록을 연결하고, 초에는 '2'초로 입력하고, x축의 모든 좌표로 이동하기 위해서 연산 팔레트의 1 부터 10 사이의 난수 블록을 드래그하여 'x: -180부터 180 사이의 난수', 'y: 180'을 입력한 후 펜을 중단하기 위해 펜 팔레트의 펜 올리기 블록을 연결합니다.

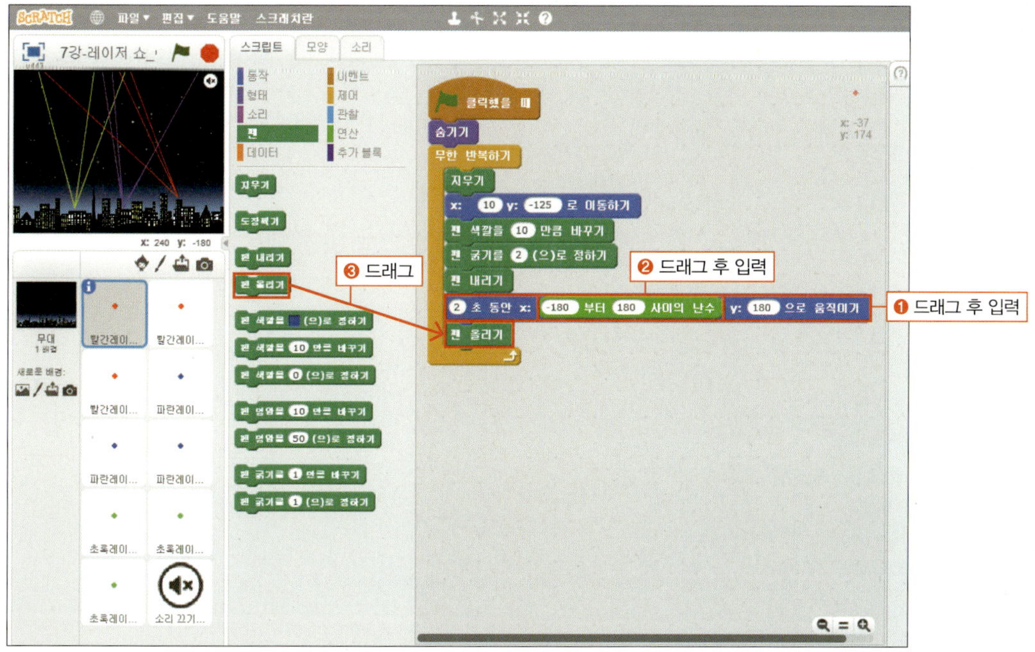

(4) '빨간레이저1' 스프라이트(✸) 전체 스크립트를 복사하기 위해 이벤트 팔레트의 클릭했을 때 블록 위에서 오른쪽버튼 '복사'를 클릭하여 복사한 스크립트를 '빨간레이저2' 스프라이트(✸) 위에 드래그합니다.

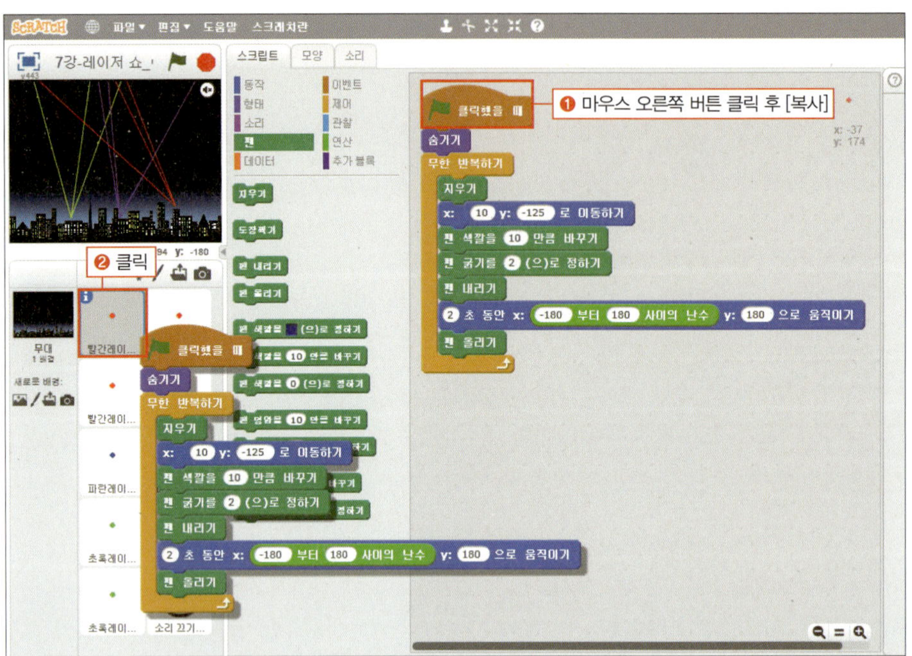

(5) '빨간레이저2' 스프라이트(✸)를 선택하여 x축에 있는 -180 부터 180 사이의 난수 블록을 삭제하고, 연산 팔레트의 (-) 블록을 넣고, 관찰 팔레트의 x좌표 of 빨간레이저1 블록을 드래그하여 첫 번째 칸에 넣고, 두 번째 칸에는 '100'을 입력합니다.

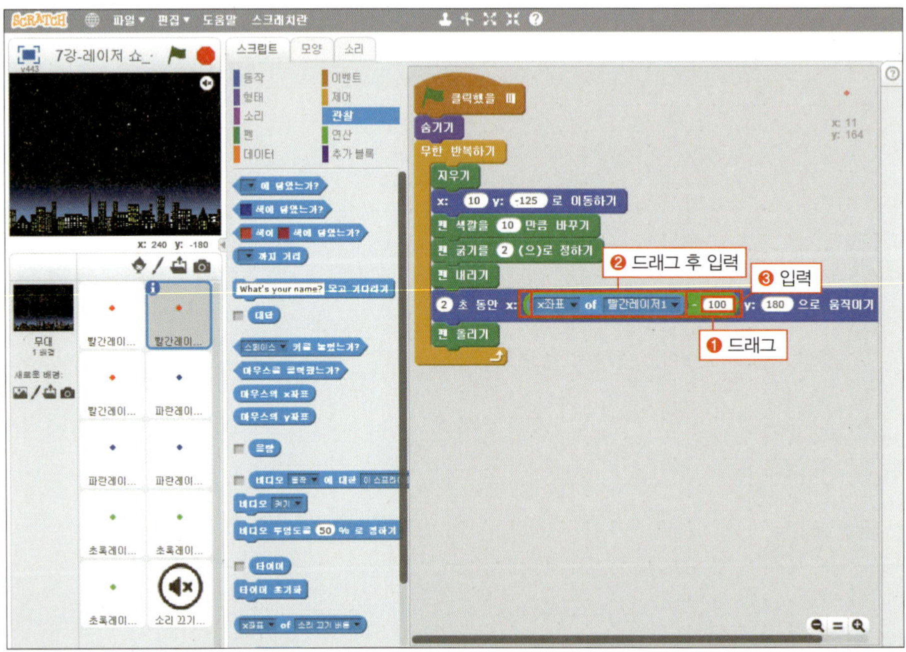

⑹ '빨간레이저2' 스프라이트(●)의 전체 스크립트를 복사하기 위해 이벤트 팔레트의 클릭했을 때 블록 위에 마우스 오른쪽 버튼을 클릭하여 [복사]를 선택해 복사한 스크립트를 '빨간레이저3' 스프라이트(●) 위에 드래그합니다.

⑺ '빨간레이저3' 스프라이트(●)를 선택하여 x축에 있는 x좌표 of 빨간레이저1 - 100 블록을 삭제하고, 연산 팔레트의 ○+○ 블록을 넣고, 관찰 팔레트의 x좌표 of 빨간레이저1 블록을 드래그하여 첫 번째 칸에 넣고, 두 번째 칸에 '100'을 입력합니다.

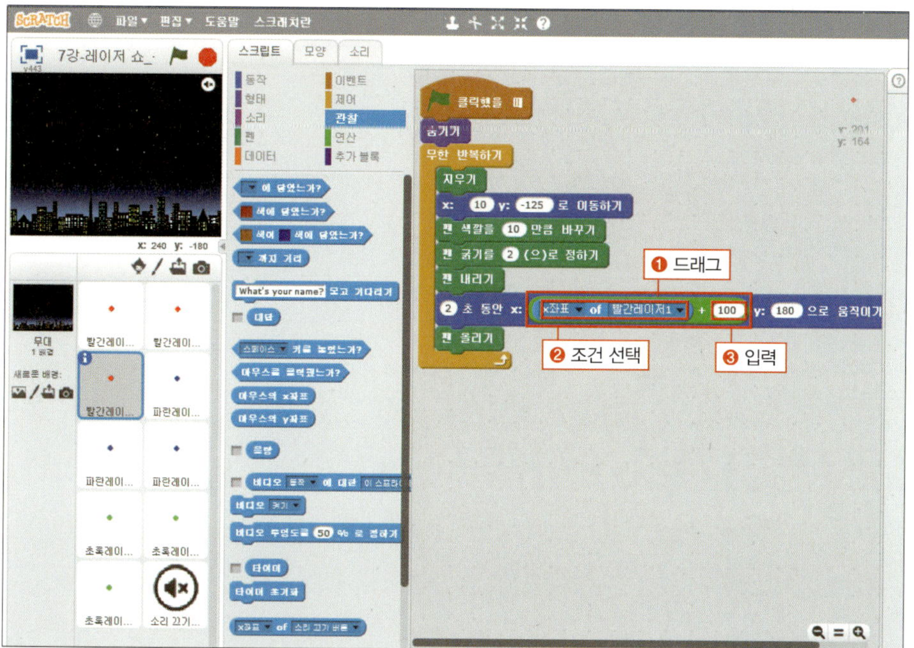

(8) '빨간레이저1' 스프라이트(●) 전체 스크립트를 복사하여 '파란레이저1' 스프라이트(●)와 '초록레이저1' 스프라이트(●) 위에 드래그한 후 아래와 같이 수정합니다.

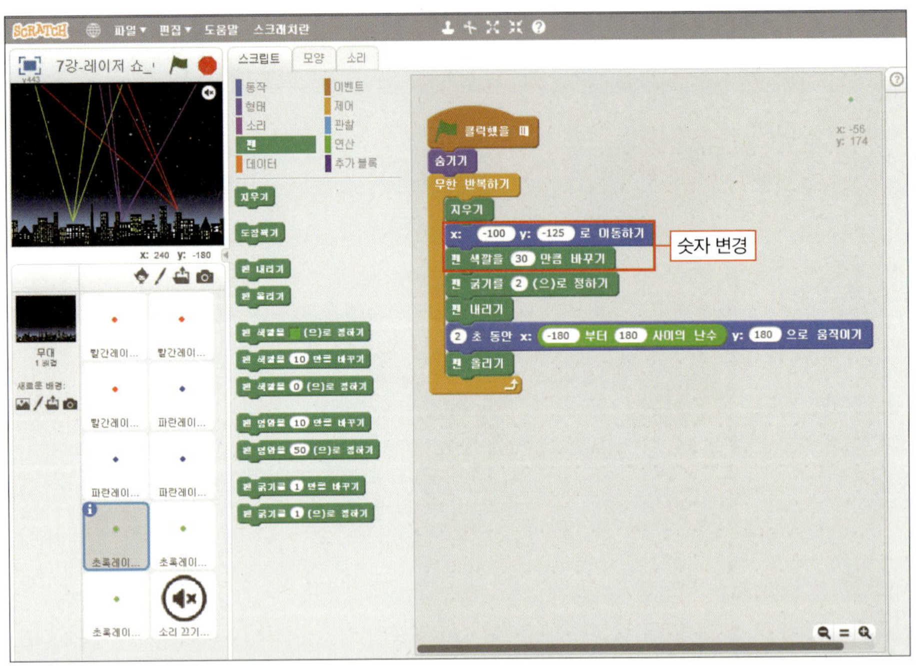

> **TIP**
> - '파란레이저1' : (x: 137', 'y: −100'), 펜 색깔: ('20')
> - '초록레이저1' : (x: −100', 'y: −125'), 펜 색깔: ('30')

(9) '빨간레이저2' 스프라이트(●) 전체 스크립트를 복사하여 '파란레이저2' 스프라이트(●)와 '초록레이저2' 스프라이트(●) 위에 드래그한 후 아래와 같이 수정합니다.

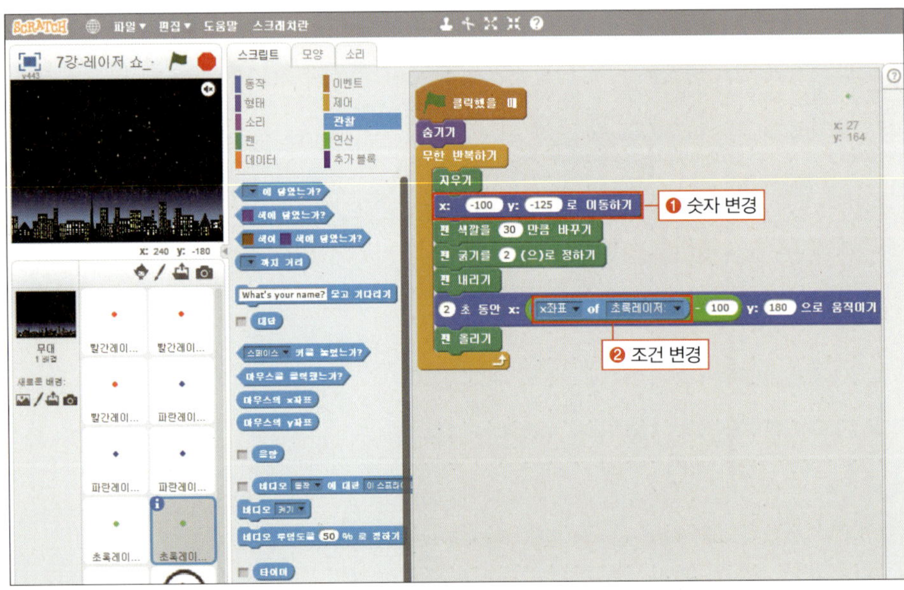

⑽ '빨간레이저3' 스프라이트(●) 전체 스크립트를 복사하여 '파란레이저3' 스프라이트(●)와 '초록레이저3' 스프라이트(●) 위에 드래그한 후 아래와 같이 수정합니다.

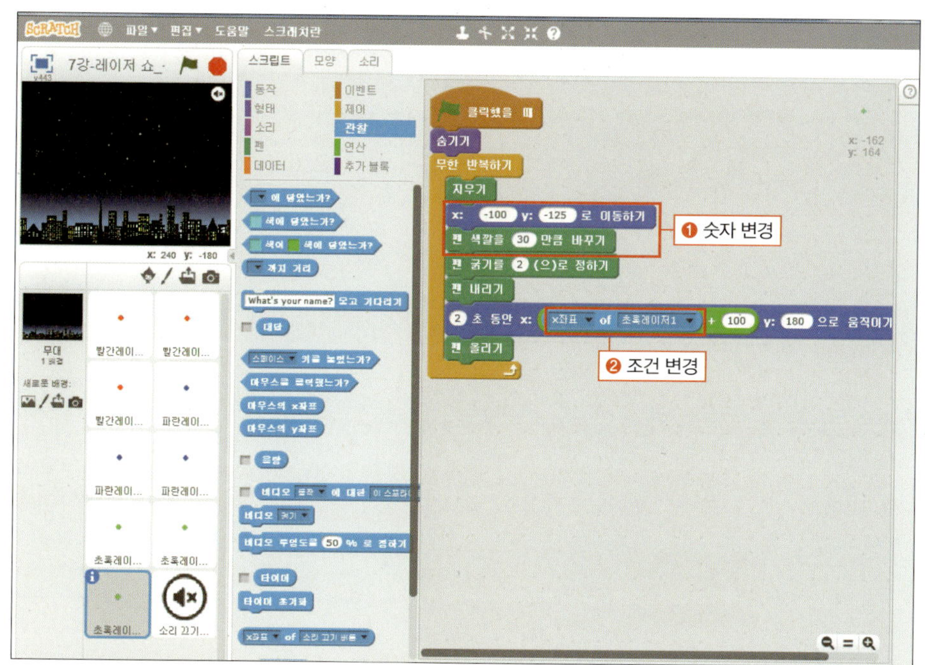

2 | 소리 재생하기와 소리 끄기

(1) 소리를 무대에 넣기 위해서 무대를 선택한 후 [소리] 탭을 클릭한 다음 [저장소에서 소리선택(🔊)]을 클릭한 후 'laser2'와 'techno2' 파일을 선택하여 확인을 클릭합니다.

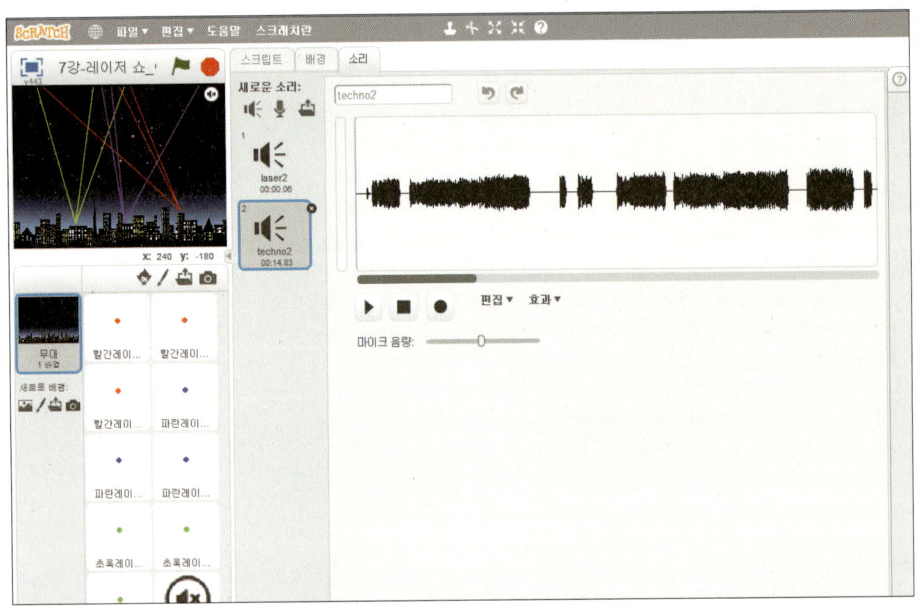

(2) 선의 효과음을 주기 위해 [스크립트] 탭을 클릭한 다음 이벤트 팔레트의 클릭했을 때 블록을 드래그하고, 제어 팔레트의 무한 반복하기 블록을 연결하고, 소리 팔레트의 techno2 ▼ 재생하기 블록을 연결하고, ▼를 클릭하여 [laser2]를 선택하고, 제어 팔레트의 1 초 기다리기 블록을 연결하여 '2'초로 수정합니다.

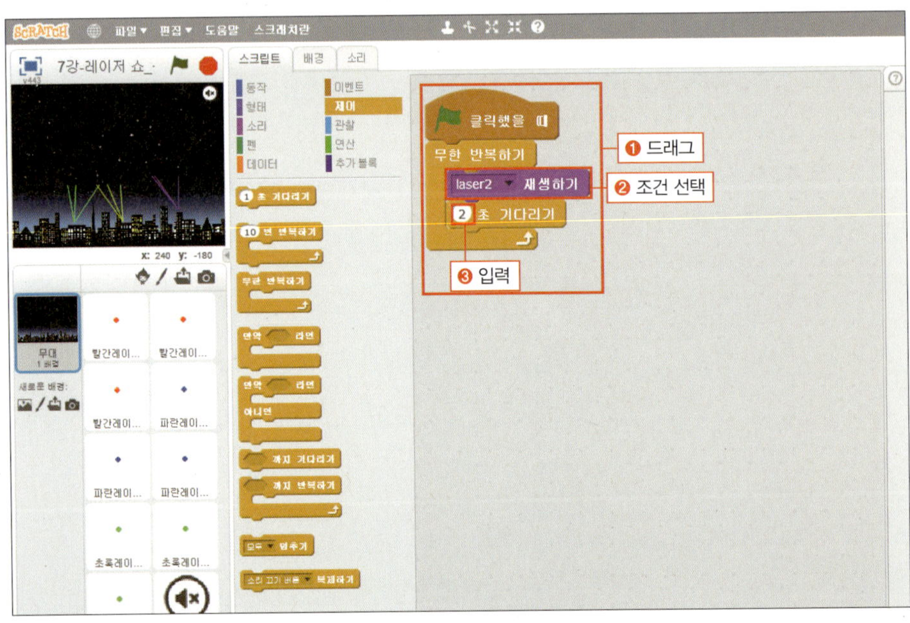

(3) 배경 음악을 주기 위해서 이벤트 팔레트의 클릭됐을 때 블록을 드래그하고, 제어 팔레트의 무한 반복하기 블록을 연결하고, 소리 팔레트의 techno2 끝까지 재생하기 블록을 연결합니다.

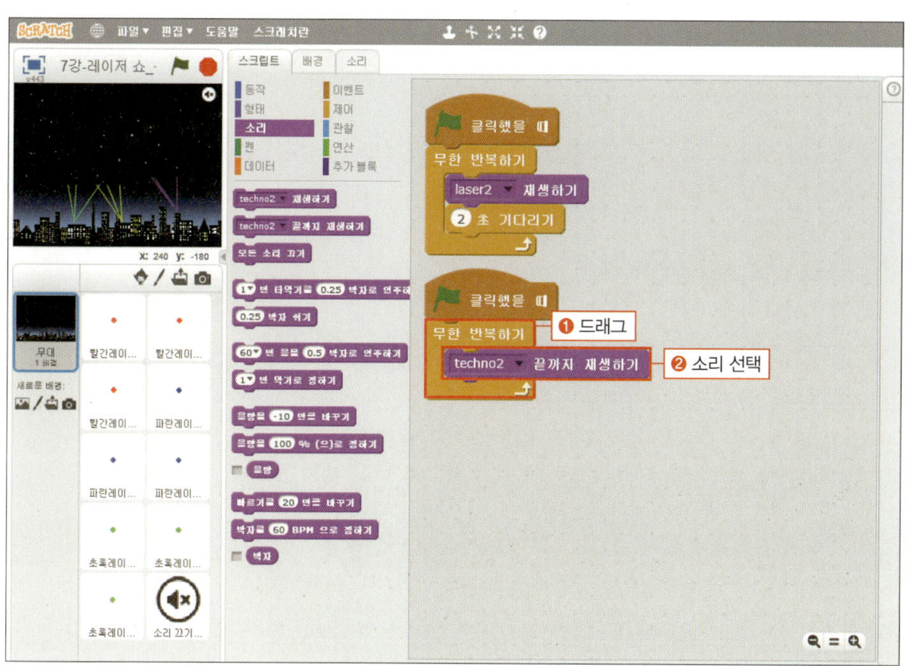

(4) '소리 끄기 버튼' 스프라이트(<x)를 선택한 후, 이벤트 팔레트의 이 스프라이트를 클릭했을 때 블록을 드래그하고, 제어 팔레트의 무한 반복하기 블록을 연결하고, 소리 팔레트의 모든 소리 끄기 블록을 연결합니다. [실행(▶)] 버튼을 클릭하면 소리가 재생되고 '소리 끄기 버튼'을 클릭하면 모든 소리가 꺼지는지 확인합니다.

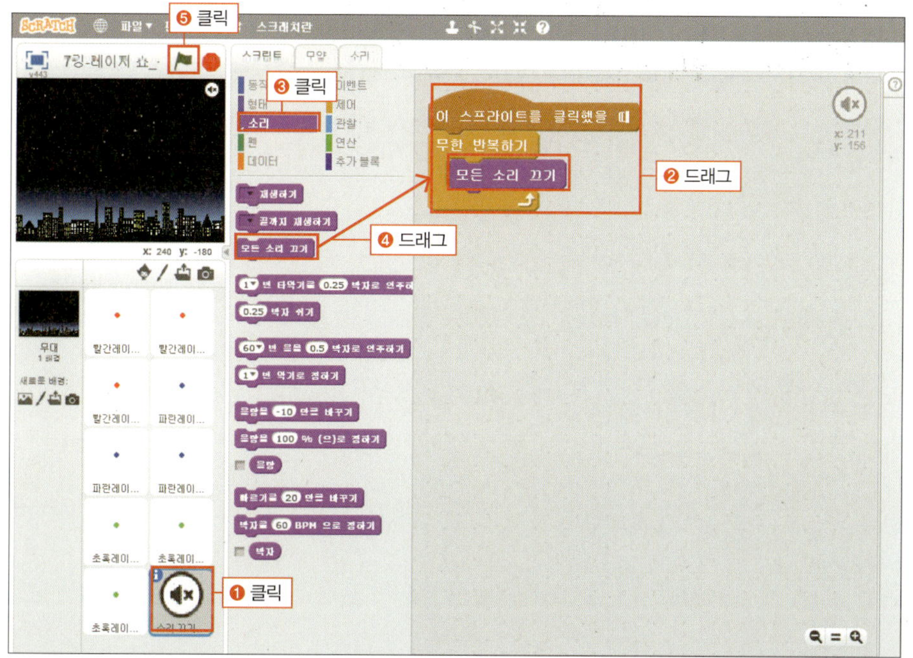

사고력 향상 문제

○ 예제 파일 | 7강-레이저 쇼_완성.sb2
○ 완성 파일 | 7강-레이저 쇼_사고력향상_완성.sb2

1 '소리 켜기' 스프라이트를 만들어 보세요.

2 '소리 켜기' 스프라이트를 클릭해서 'laser1' 소리를 재생해 보세요.

HINT

1 ❶ '소리 끄기 버튼' 스프라이트(◉)를 복사합니다.

❷ [모양] 탭을 클릭한 다음 붓으로 색칠합니다.

2 ❶ 이벤트 팔레트의 [이 스프라이트를 클릭했을 때] 블록을 드래그하고 제어 팔레트의 [무한 반복하기] 블록을 연결합니다.

❷ 소리 팔레트의 [techno2 재생하기] 블록을 연결하고, 옆에 ▼를 클릭하여 [laser1]을 선택합니다.

태양계의 구성 [펜 블록]

펜 블록은 스프라이트가 글씨를 쓰거나 그림을 그릴 수 있습니다. 태양계를 구성하는 행성들을 펜 블록을 이용하여 다양한 색깔과 크기의 원으로 그려봅니다.

- **예제 파일** | 8강–태양계의 구성_예제.sb2
- **완성 파일** | 8강–태양계의 구성_완성.sb2
- **사용 방법** | 태양계를 구성하고 있는 행성들의 거리와 크기에 따라 원으로 표현해봅니다.

 **교과 내용 파악하기**

1 | 교과 연계 : 5학년 과학 [태양계와 별]

2 | 교과 핵심 내용

(1) 태양계 : 태양과 태양 주위를 돌고 있는 구성원을 말합니다.

(2) 태양계 행성의 크기 : 목성 〉 토성 〉 천왕성 〉 해왕성 〉 지구 〉 금성 〉 화성 〉 수성

(3) 태양과 행성간의 거리 : 태양 – 수성 – 금성 – 지구 – 화성 – 목성 – 토성 – 천왕성 – 해왕성

3 | 교과 핵심 확인 문제

다음 중 지구와 크기가 가장 비슷한 행성은 어느 것입니까? (   )

① 금성   ② 수성   ③ 토성   ④ 목성   ⑤ 천왕성

 **블록 이해하기**

[펜] 팔레트는 글씨를 쓰거나 그림을 그릴 수 있습니다.

❶ [지우기] : 스프라이트가 그린 그림과 [도장찍기] 블록으로 그려진 도장을 지우는 블록입니다. 이 블록을 사용하지 않고 실행이 반복되면, 이전에 그려진 그림까지 모두 보입니다.

❷ [펜 내리기] : 스프라이트가 이동한 움직임을 펜으로 따라가면서 그리는 블록입니다. 펜을 내려서 무대에 그림이나 선을 그립니다. 이 블록을 사용하지 않으면 아무것도 그리지 않습니다.

❸ [펜 올리기] : 펜으로 이용된 스프라이트를 들어올려서 그리기를 중단하는 블록입니다.

❹ [펜 색깔을 ■ (으)로 정하기] : 펜의 색깔을 정하는 블록입니다. 색깔로 표시된 칼라 상자를 마우스로 클릭한 후 '마우스 포인트(↖)'가 '손가락 모양(☝)'으로 바뀌었을 때 화면에서 원하는 색깔을 선택해서 펜 색깔로 정합니다.

❺ [펜 색깔을 10 만큼 바꾸기] : 펜 색깔을 입력한 수만큼 바꾸는 블록입니다.

❻ [펜 색깔을 0 (으)로 정하기] : 펜 색깔을 입력한 숫자로 정하는 블록입니다(숫자 0 : 빨강, 숫자 50 : 연두, 숫자 100 : 하늘, 숫자 150 : 보라).

❼ [펜 굵기를 1 (으)로 정하기] : 펜의 굵기를 입력한 숫자로 정하는 블록입니다. 숫자가 클수록 펜의 굵기가 굵어집니다.

생각하기

1 ┃ 알고리즘

(1) [실행( )] 버튼을 클릭하면 태양계를 구성하는 행성들을 보여줍니다.

(2) 태양계 행성들을 태양과의 거리와 크기 관계로 살펴보고, 다양한 색깔의 원으로 그립니다.

2 ┃ 순서도

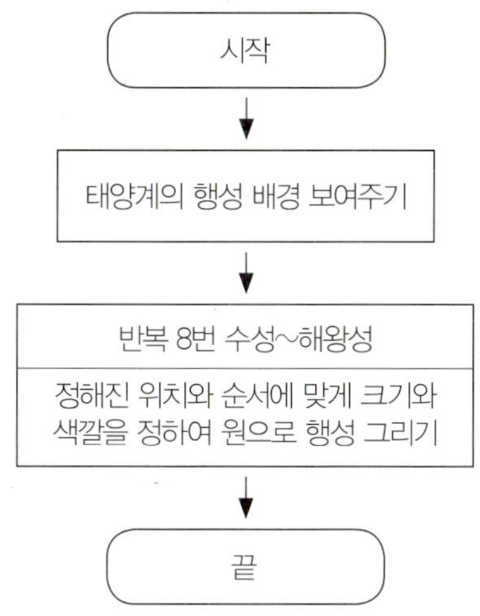

프로젝트 시작하기

1 ┃ 펜 블록을 이용하여 행성 표현하기

(1) '8강−태양계의 구성_예제.sb2' 파일을 엽니다. [저장소에서 스프라이트 선택( )]을 클릭합니다. 'Magic Wand' 스프라이트를 선택하고, [확인] 버튼을 클릭합니다.

(2) 'Magic Wand' 스프라이트(━━)를 선택한 후, [스크립트] 탭을 클릭합니다. 이벤트 팔레트의 클릭했을 때 블록을 드래그하고, 형태 팔레트의 숨기기 블록을 아래에 연결합니다.

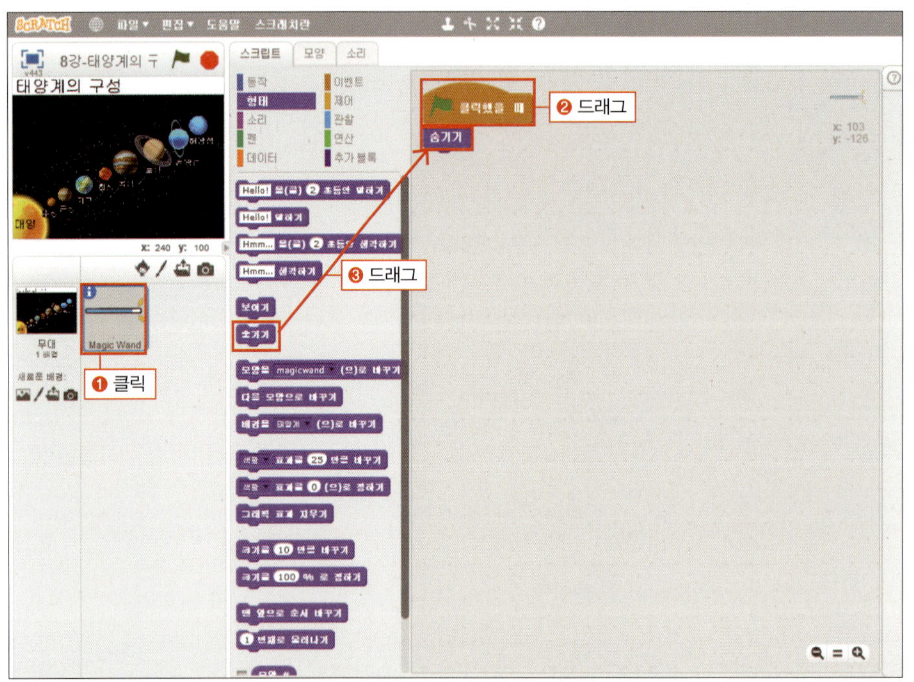

| TIP |

펜을 그리는 'Magic Wand' 스프라이트(━━)는 무대에 나타날 필요가 없기 때문에 형태 팔레트의 숨기기 블록으로 숨깁니다.

---

(3) 실행할 때 이전에 그려진 그림을 지우기 위해 펜 팔레트의 지우기 블록을 연결합니다. 펜 팔레트의 펜 굵기를 ① (으)로 정하기 블록을 연결하고, '3'으로 변경합니다.

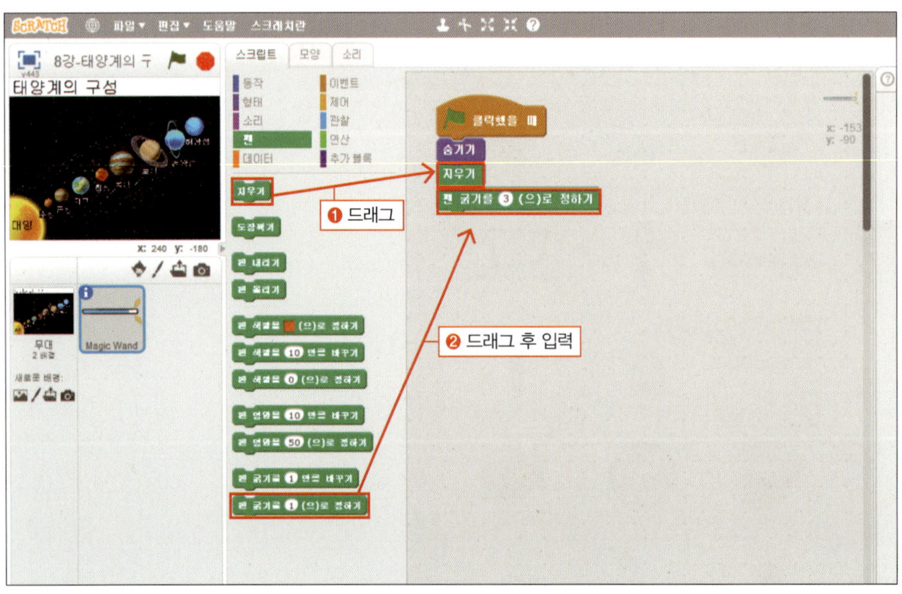

(4) 펜 팔레트의 `펜 색깔을 ▨ (으)로 정하기` 블록을 연결하고, 칼라상자를 클릭하여 '마우스 포인트(↖)' 가 '손가락 모양(👆)'으로 바뀌면 [정지(●)]를 클릭하여 펜 색깔을 '빨강'으로 정합니다.

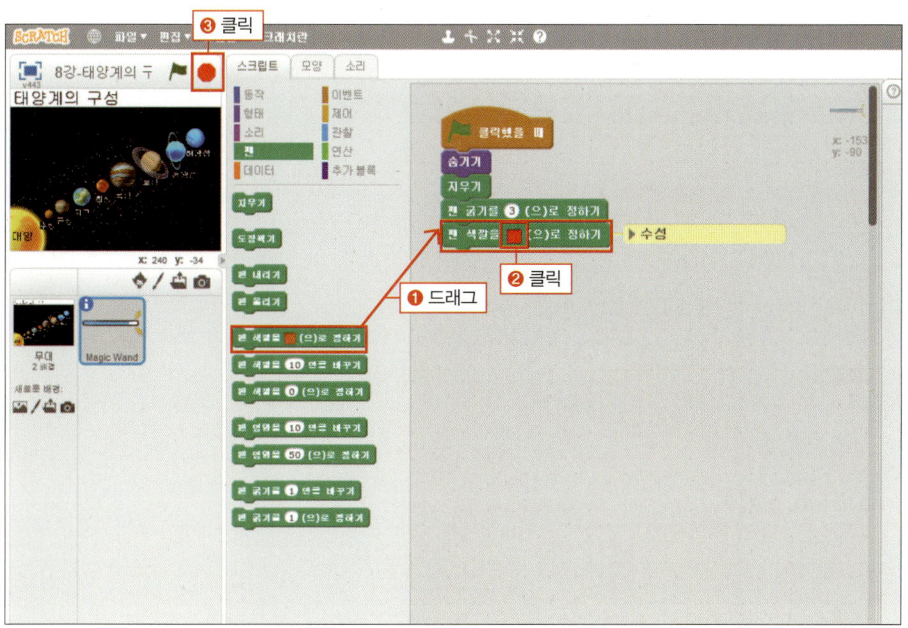

(5) 동작 팔레트의 `x: ● y: ● 로 이동하기` 블록을 연결하고, 수성을 그리기 위한 'x: −153', 'y: −90' 을 입력합니다. 펜 팔레트의 `펜 내리기` 블록을 연결합니다.

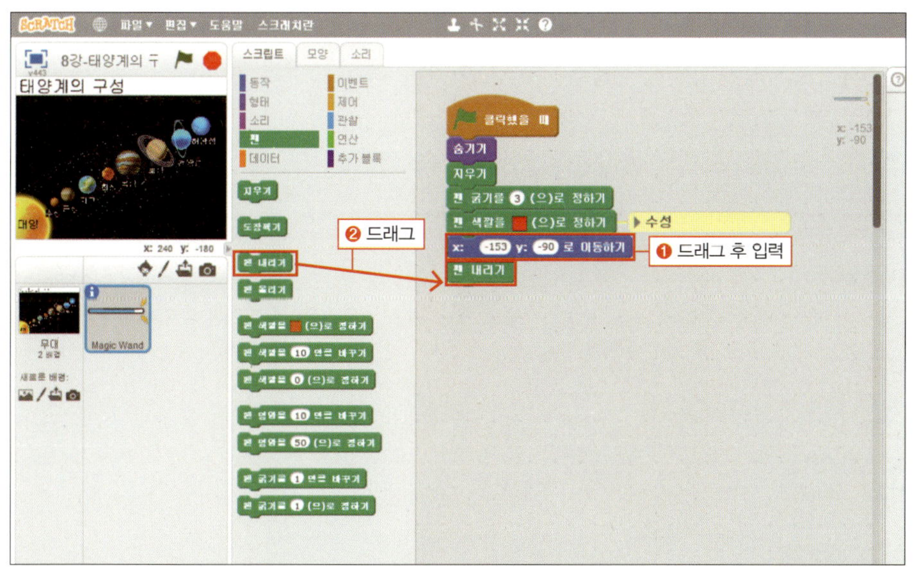

> **TIP**
>
> 펜 내리기 블록 다음에 x: -153 y: -90 로 이동하기 블록을 사용하면 스프라이트의 이동 경로도 그려집니다. 따라서 이동 경로를 그리지 않기 위해 x: -153 y: -90 로 이동하기 블록 사용 후 펜 내리기 블록을 사용하고, 다른 행성을 그리기 위한 위치로 이동하기 전에 펜 올리기 블록을 사용합니다.

(6) 제어 팔레트의 [10 번 반복하기] 블록을 드래그하고, '24'번으로 변경합니다. 동작 팔레트의

[10 만큼 움직이기] 블록을 [24 번 반복하기] 블록 안에 연결하고, '2.5'번으로 변경합니다.

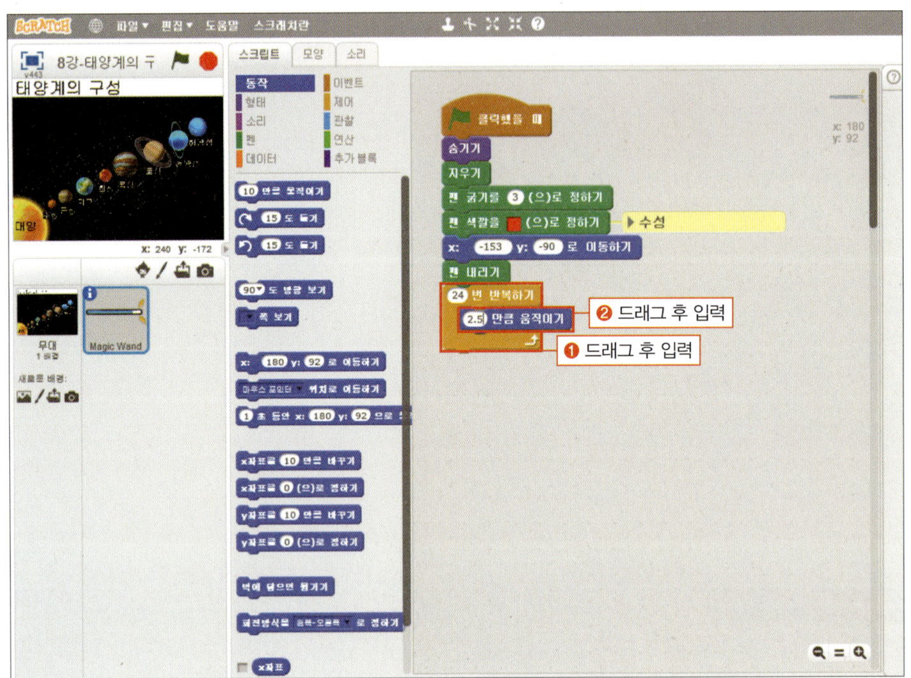

(7) 동작 팔레트의 [15 도 돌기] 블록을 [2.5 만큼 움직이기] 블록 아래에 연결합니다. 펜 팔레트의
[펜 올리기] 블록을 연결합니다.

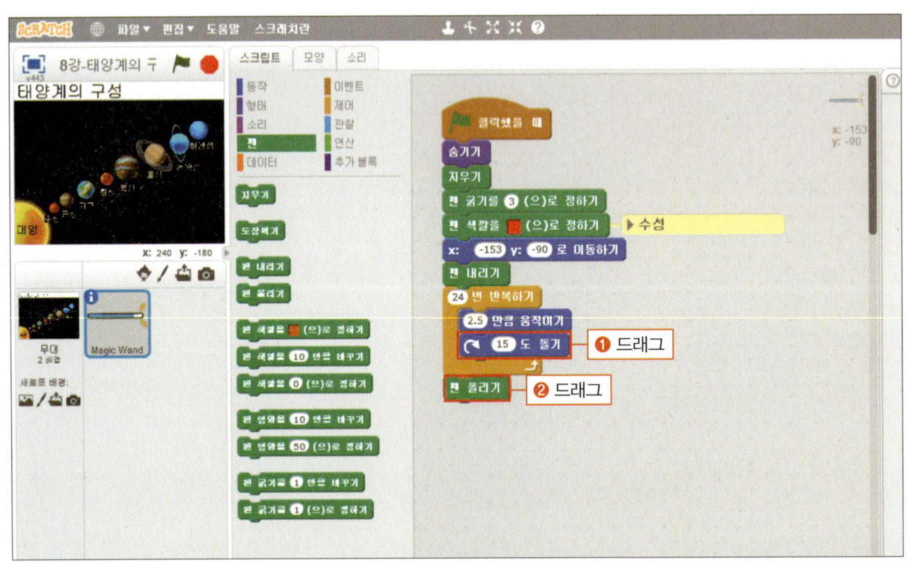

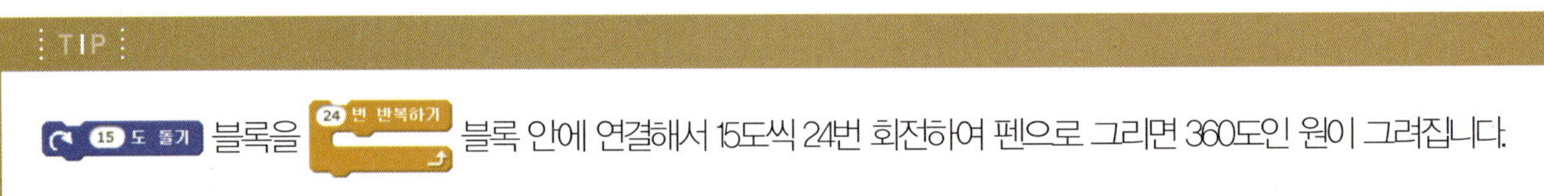

⑻ '금성', '지구', '화성', '목성', '토성', '천왕성', '해왕성'도 '수성'과 같은 방법으로 스크립트를 작성합니다. [실행(▶)] 버튼을 클릭하면, 태양계의 행성이 다양한 크기와 색깔의 원으로 그려집니다.

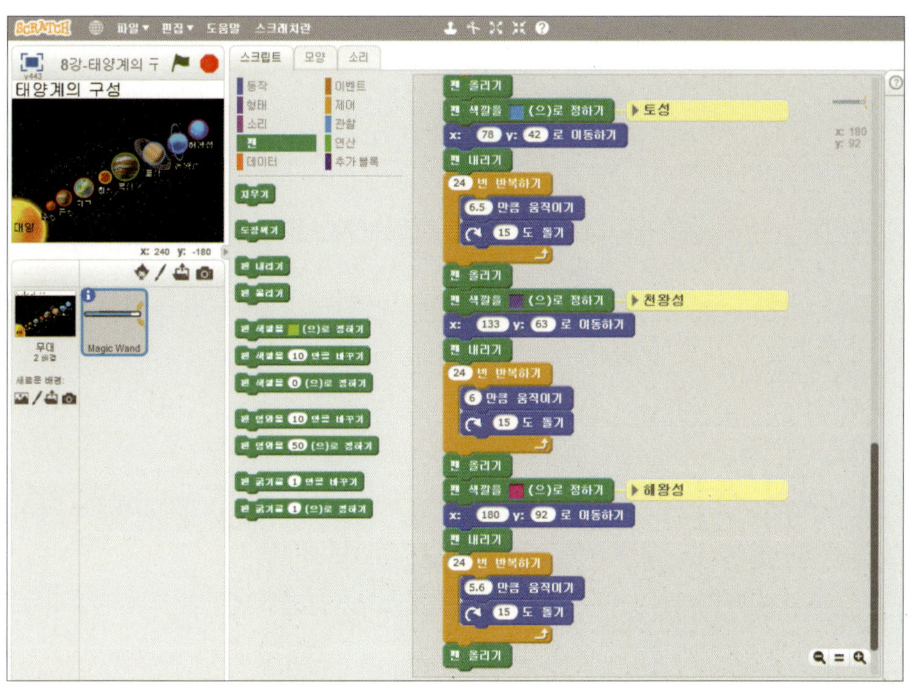

TIP

태양계 행성별 설정 값

태양계 행성	펜 색깔을 ■(으)로 정하기	2.5 만큼 움직이기	x: ● y: ● 로 이동하기
수성	펜 색깔을 ■(으)로 정하기	2.5	'x: −153', 'y: −90'
금성	펜 색깔을 ■(으)로 정하기	4.5	'x: −124', 'y: −65'
지구	펜 색깔을 ■(으)로 정하기	5.5	'x: −80', 'y: −39'
화성	펜 색깔을 ■(으)로 정하기	3.5	'x: −31', 'y: −23'
목성	펜 색깔을 ■(으)로 정하기	8	'x: 12', 'y: 18'
토성	펜 색깔을 ■(으)로 정하기	6.5	'x: 78', 'y: 42'
천왕성	펜 색깔을 ■(으)로 정하기	6	'x: 133', 'y: 63'
해왕성	펜 색깔을 ■(으)로 정하기	5.6	'x: 180', 'y: 92'

사고력 향상 문제

- 예제 파일 | 8강-태양계의 구성_완성.sb2
- 완성 파일 | 8강-태양계의 구성_사고력향상(1)_완성.sb2, 8강-태양계의 구성_사고력향상(2)_완성.sb2

1 태양계 행성의 크기에 따라 펜의 굵기를 다르게 하여 그려보세요.

2 `펜 색깔을 ■ (으)로 정하기` 블록 대신 다른 블록을 사용하여 펜 색깔을 바꾸는 스크립트를 작성해 보세요.

09 물속 식물의 특징 데이터 블록1

데이터 블록은 어떤 값을 저장하는 장소를 다룹니다. 물속 식물의
이름과 특징으로 데이터 블록을 배워봅니다.

- **예제 파일 |** 9강–물속 식물의 특징_예제.sb2
- **완성 파일 |** 9강–물속 식물의 특징_완성.sb2
- **사용 방법 |** 물속 식물이 마우스 포인터에 닿으면 특징을 말해줍니다.

 **교과 내용 파악하기**

1 | 교과 연계 : 4학년 과학 [식물의 생활]

2 | 교과 핵심 내용

(1) 수생식물 : 물속에서 사는 식물을 말합니다.

(2) 연못이나 강가에서 살아가기 위한 식물의 특징

❶ 뿌리와 줄기에 통로가 발달되어 있습니다.

❷ 뿌리가 잘 썩지 않아야 합니다.

3 | 교과 핵심 확인 문제

다음은 무엇에 대한 설명인지 써보세요. (   )

> 물속에서 사는 식물을 말하며, 물에 떠서 사는 식물, 잠겨서 사는 식물, 잎이 물에 떠서 사는 식물, 잎이 물 위로 뻗어서 사는 식물 등이 있습니다.

 **블록 이해하기**

[데이터] 팔레트는 어떤 값을 저장하는 장소를 다루는데, [변수 만들기] 버튼과 [리스트 만들기] 버튼이 있습니다. 9강에서는 어떤 값을 보관하는 장소인 [변수]들을 모아놓은 곳인 [리스트]를 설명합니다.

❶ [☐ 특징] : 체크 박스를 통해서 무대에 해당 리스트 값을 보이거나 숨길 수 있습니다.

❷ [1▼ 번째 항목을 특징▼ 에서 삭제하기] : 해당 순서의 항목(내용)을 삭제합니다.

❸ [thing 을(를) 1▼ 번째 특징▼ 에 넣기] : 리스트에 항목을 삽입합니다.

❹ [1▼ 번째 특징▼ 항목] : 특정 위치의 항목 값을 불러옵니다.

 **생각하기**

1 | 알고리즘

(1) [실행(▶)] 버튼을 클릭하면 배경에 물속 식물이 나타납니다.

(2) 물속 식물(🌿🌱)에 닿으면 식물의 모양(🌿🌱)이 바뀌고, 특징을 말해줍니다.

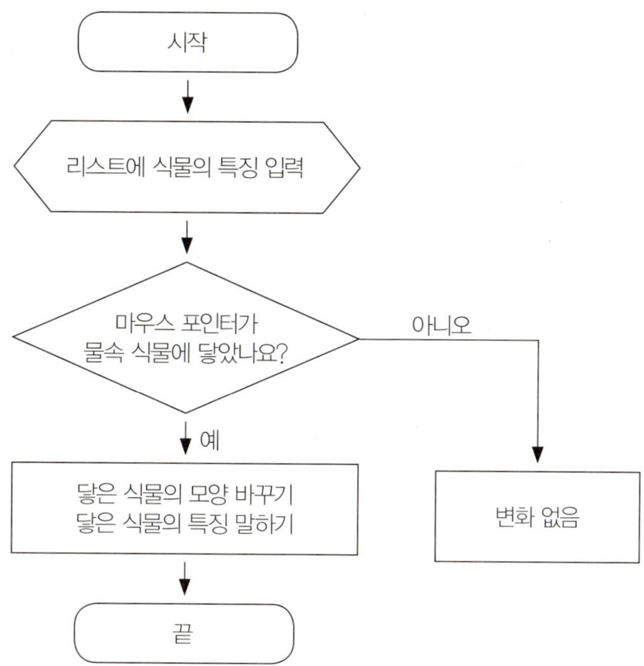

 Point 04 프로젝트 시작하기

1 | 리스트 만들고, 특징 입력하기

(1) '9강–물속 식물의 특징_예제.sb2' 파일을 엽니다. **데이터** 팔레트의 리스트 만들기 버튼을 클릭하여 [특징(**특징**)] 리스트를 만들고, 체크 박스(☑ **특징**)에 선택을 해제하여 리스트의 값을 숨깁니다.

(2) 이벤트 팔레트의 클릭했을 때 블록을 드래그하고, 데이터 팔레트의 1 번째 항목을 특징 에서 삭제하기 블록을 연결하고, '1'번째 옆에 ▼를 클릭하여 [모두]를 선택합니다. 데이터 팔레트의 thing 을(를) 1 번째 특징 에 넣기 블록을 연결하여 '몸의 대부분이 잎이며 뿌리가 있다.'를 입력하고, ▼를 클릭하여 [1], [특징]을 선택합니다.

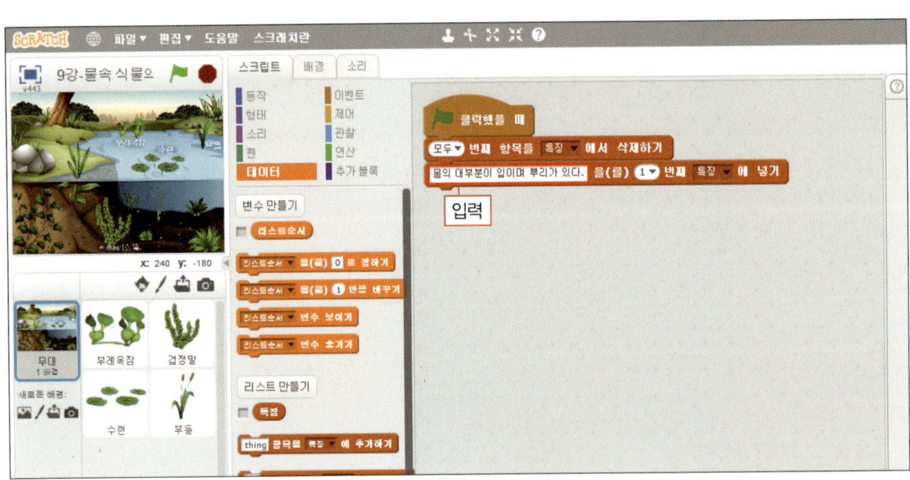

(3) 2번째 항목의 내용을 입력하기 위해서 데이터 팔레트의 thing 을(를) 1 번째 특징 에 넣기 블록을 연결하여 '줄기가 약하며 잎이 좁고 긴 것이 많다.', '2'번째를 입력하고, ▼를 클릭하여 [특징]을 선택합니다.

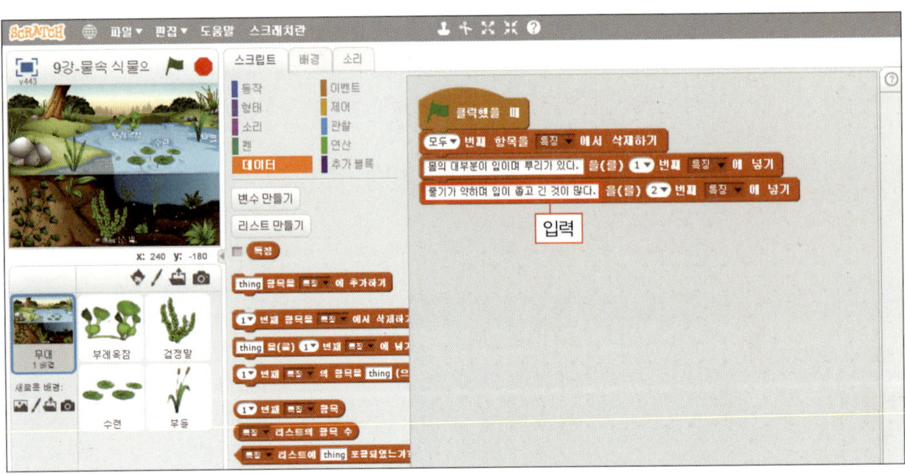

(4) 같은 방법으로 아래와 같이 입력합니다.

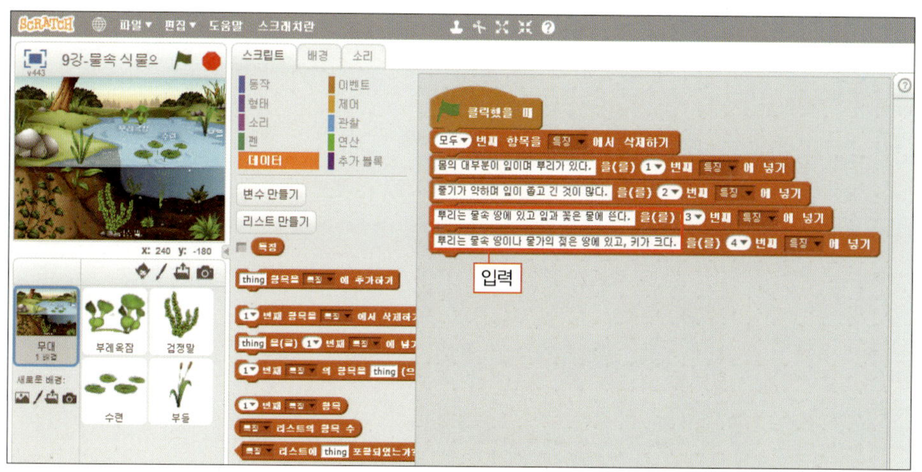

- 3번째 : 뿌리는 물속 땅에 있고 잎과 꽃은 물에 뜬다.
- 4번째 : 뿌리는 물속 땅이나 물가의 젖은 땅에 있고, 키가 크다.

2 ㅣ 모양 바꾸기와 말하기

(1) '부레옥잠' 스프라이트(　)를 선택한 후, 이벤트 팔레트의 클릭했을 때 블록을 드래그하고, 동작 팔레트의 x: y: 로 이동하기 블록을 연결하고 'x: 46', 'y: 79'를 입력합니다. 원래 크기보다 작게 보이기 위해서 형태 팔레트의 크기를 100 % 로 정하기 블록을 연결하여 '70'%로 변경하고, 보이기 블록을 연결합니다.

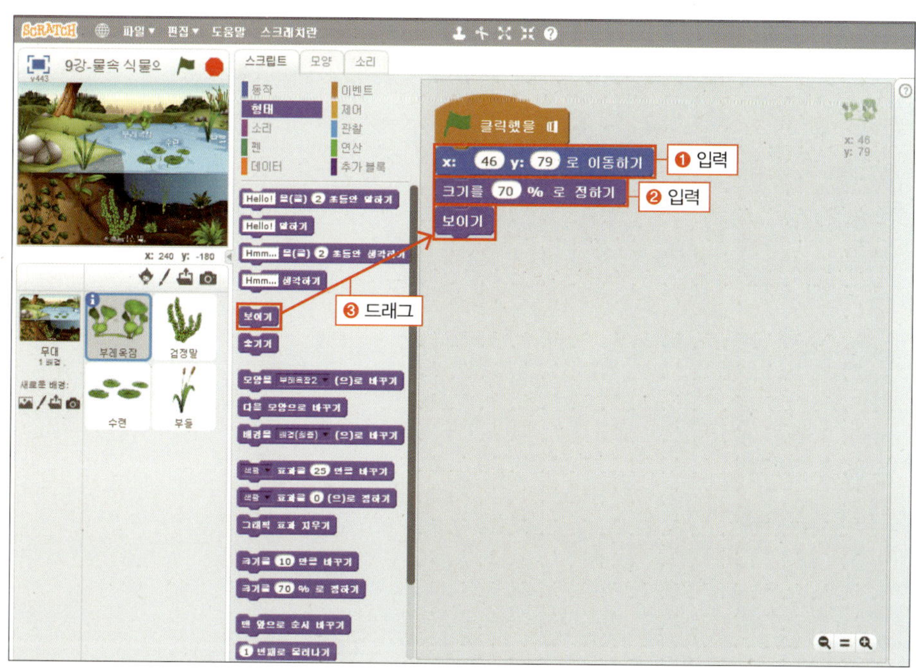

(2) 특정 명령을 계속 반복하여 실행하기 위해서 제어 팔레트의  블록을 연결하고, 제어 팔레트의 블록을 연결하여 관찰 팔레트의 블록을 드래그한 후 ▼를 클릭하여 [마우스 포인터]를 선택합니다.

(3) 마우스 포인터에 닿았다면 형태 팔레트의 모양을 부레옥잠2 (으)로 바꾸기 블록과 Hello! 을(를) 2 초동안 말하기 블록을 연결한 후 텍스트 상자 안에는 데이터 팔레트의 1▼ 번째 특징 항목 블록을 드래그하고, '초' 안에는 관찰 팔레트의 ▼에 닿았는가? 블록을 드래그한 후 ▼를 클릭하여 [마우스 포인터]를 선택합니다.

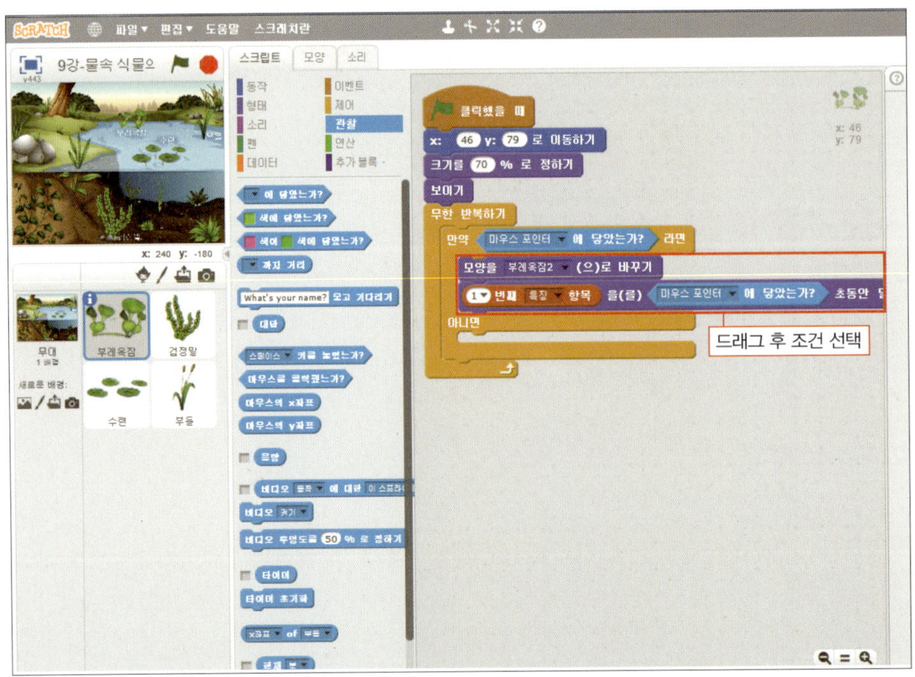

(4) 마우스 포인터에 닿지 않았다면 형태 팔레트의 모양을 부레옥잠2 (으)로 바꾸기 블록을 연결하여 ▼ 를 클릭하여 [부레옥잠1]을 선택하고, 이벤트 팔레트의 클릭했을 때 블록 위에 마우스 오른쪽 버튼을 클릭하여 [복사]를 선택해 복사한 스크립트를 '검정말' 스프라이트(🌿) 위에 드래그 합니다.

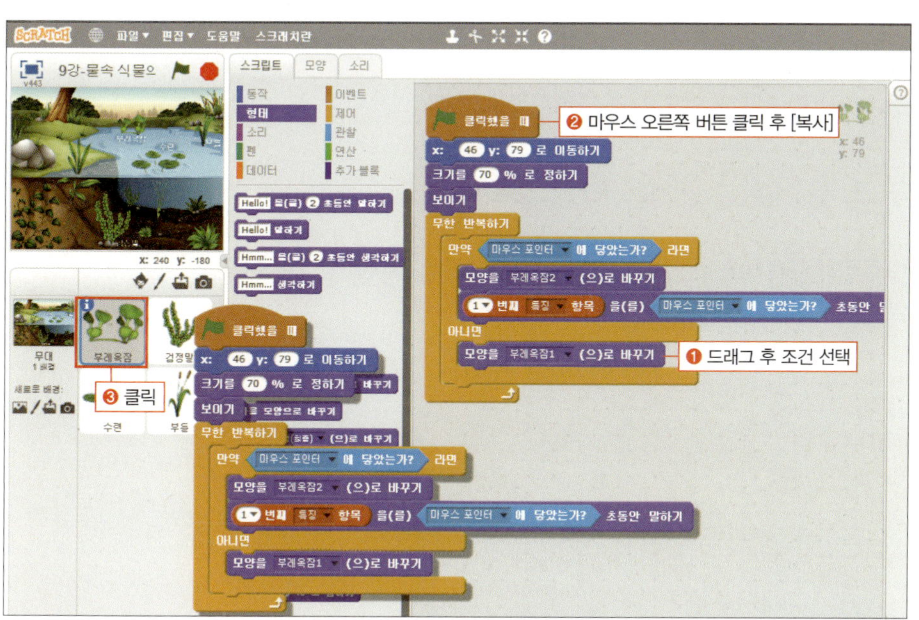

(5) '검정말' 스프라이트(🌿)를 선택하여 동작 팔레트의 x: ● y: ● 로 이동하기 블록을 'x: −10', 'y: −132'를 입력하고, 데이터 팔레트의 1 번째 특징 항목 블록은 '2'번째로 변경합니다. '수련', '부들' 스프라이트도 같은 방법으로 복사한 후 아래와 같이 입력하고, [실행(🏳)] 버튼을 클릭하고, 물속 식물이 마우스 포인터에 닿으면 특징을 말해주는 것을 확인합니다.

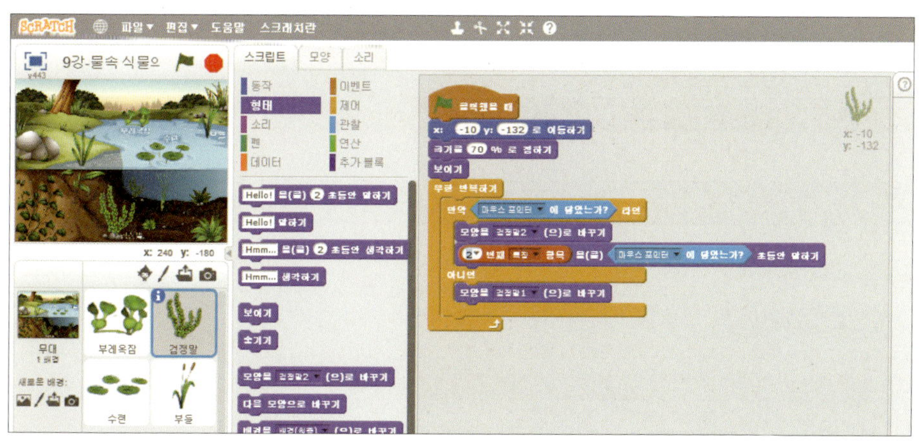

TIP

• '수련' : (x: 93', 'y: 22'), 3번째
• '부들' : (x: 200', 'y: 109'), 4번째

사고력 향상 문제

○ 예제 파일 I 9강–물속 식물의 특징_완성.sb2
○ 완성 파일 I 9강–물속 식물의 특징_사고력향상_완성.sb2

1 'Alex' 스프라이트를 불러오고 크기를 작게 줄여보세요.

2 [실행(▶)] 버튼을 클릭하면 'Alex' 스프라이트가 '2'초 동안 말해보세요.

HINT

1 ❶ [저장소에서 스프라이트 선택]에서 'Alex' 스프라이트를 불러옵니다.

❷ **형태** 팔레트의 `크기를 100 % 로 정하기` 블록을 이용하여 크기를 작게 줄여봅니다.

2 ❶ 무대를 선택한 후 **데이터** 팔레트의 `thing 을(를) 1▼ 번째 특징 ▼ 에 넣기` 블록을 연결하여 '물 속 식물의 특징에 대해 알아봅시다.', '5'번째를 입력하고, ▼를 클릭하여 [특징]을 선택합니다.

❷ 'Alex' 스프라이트를 선택한 후 **형태** 팔레트의 `Hello! 을(를) 2 초동안 말하기` 블록의 '텍스트 상자' 안에는 **데이터** 팔레트의 `1▼ 번째 특징 ▼ 항목` 블록을 드래그합니다.

식물의 구조 데이터 블록2

데이터 블록은 어떤 값을 저장하는 장소를 다룹니다. 식물의 구조
이름과 기능을 익히는 프로젝트로 데이터 블록을 배워봅니다.

- **예제 파일 l** 10강–식물의구조_예제.sb2
- **완성 파일 l** 10강–식물의구조_완성.sb2
- **사용 방법 l** 나무와 풀에 연결된 상자를 클릭하면 해당 구조 이름과 특징을 보여줍니다.

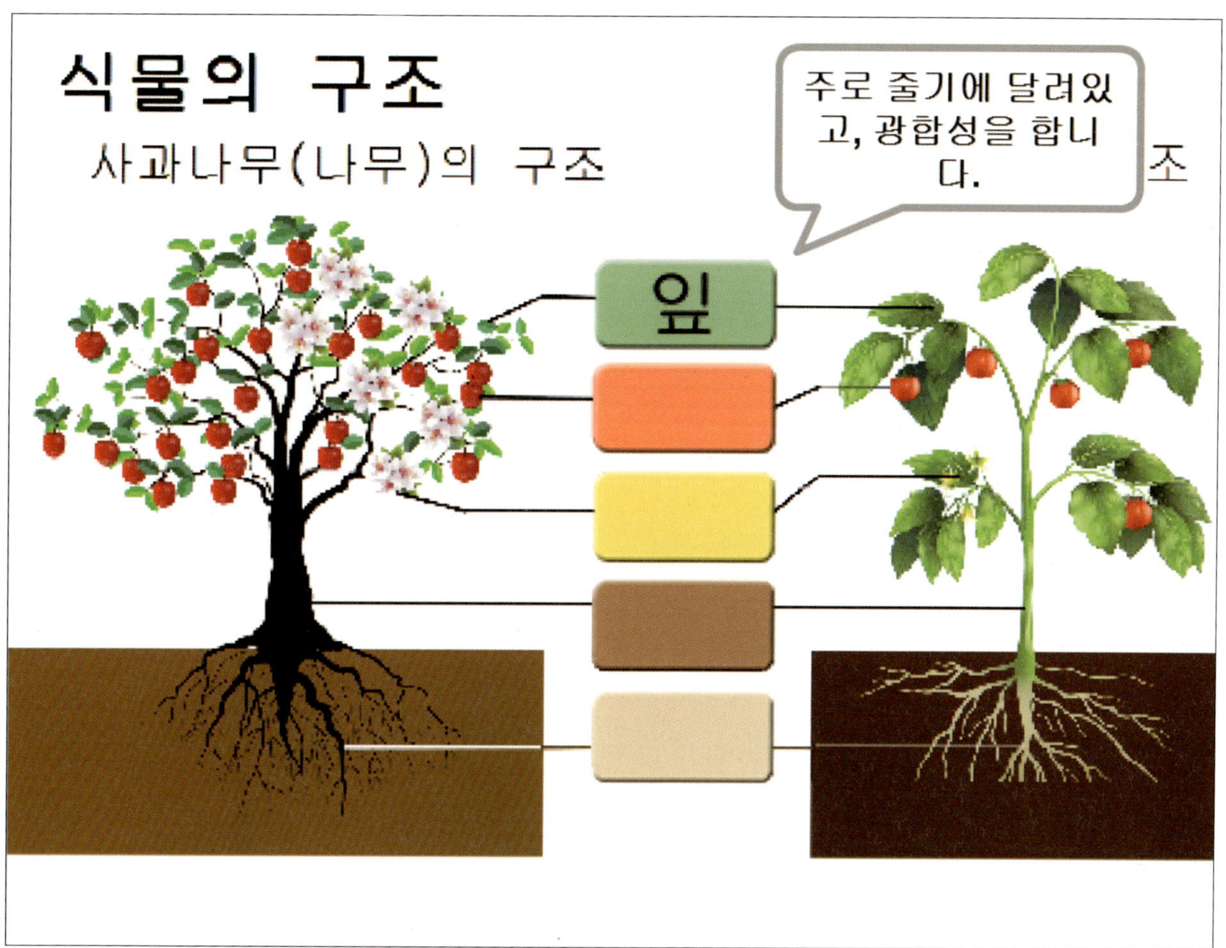

교과 내용 파악하기

1 | 교과 연계 : 5학년 과학 [3단원 식물의 구조]

2 | 교과 핵심 내용 : 식물은 종류에 따라 겉모습이 다르지만 공통적인 구조를 가지고 있습니다.

(1) 식물의 구조 : 뿌리, 줄기, 잎, 꽃, 열매

(2) 각 구조 별 기능 설명

  ❶ 잎 : 주로 줄기에 달려 있고, 스스로 양분을 만들어 내는 광합성 작용을 합니다.

  ❷ 열매 : 씨를 보호하고, 많은 영양분이 저장되어 있는 열매를 말합니다.

  ❸ 꽃 : 식물의 생식기관이며, 꽃이 지면서 씨가 있는 열매가 됩니다.

  ❹ 줄기 : 지지, 운반, 호흡 기능을 담당하며, 잎, 꽃과 열매가 달려 있습니다.

  ❺ 뿌리 : 지지, 흡수, 저장, 호흡 작용 등의 기능을 담당하며, 땅 속에 있습니다.

3 | 교과 핵심 확인 문제

다음 설명에 알맞은 식물의 구조는 어느 것입니까? (   )

- 주로 땅 속에 있습니다.
- 풀이나 나무가 지탱할 수 있게 합니다.

① 꽃 ② 잎 ③ 줄기 ④ 뿌리 ⑤ 열매

블록 이해하기

[데이터] 팔레트에는 [변수 만들기] 버튼과 [리스트 만들기] 버튼이 있습니다. 10강에서는 어떤 값을 보관하는 장소의 이름인 [변수 만들기] 버튼만을 설명합니다.

❶ [☑ 잎] : 체크 박스를 통해서 무대에 해당 변수 값을 보이거나 숨길 수 있습니다.

❷ [잎▼ 을(를) 0 로 정하기] : 선택한 변수에 숫자 값이나 문자 값을 바로 정해줍니다.

❸ [잎▼ 을(를) 1 만큼 바꾸기] : 선택한 변수 값을 증가시키거나 감소시킬 때 사용합니다. 정하기 블록과 다르게 값을 바꾸는 게 아니라, 원래의 값에서 입력한 수만큼 변화를 시킵니다.

❹ [잎▼ 변수 보이기], [잎▼ 변수 숨기기] : 스크립트를 통해서 무대에 선택한 변수 값을 보이거나 숨길 수 있습니다.

Point 03 생각하기

1 | 알고리즘

(1) [실행(⚑)] 버튼을 클릭하면 각 구조들의 빈 상자(　　　　　　　　　　)를 보여주고, 빈 상자(　　　　　　　　　　)를 클릭하면 클릭한 상자의 이름상자(　잎　열매　꽃　줄기　뿌리　)로 바꿉니다.

(2) 클릭된 상자 외의 상자는 빈 상자로 보여주고, 클릭한 식물의 구조를 설명합니다.

2 | 순서도

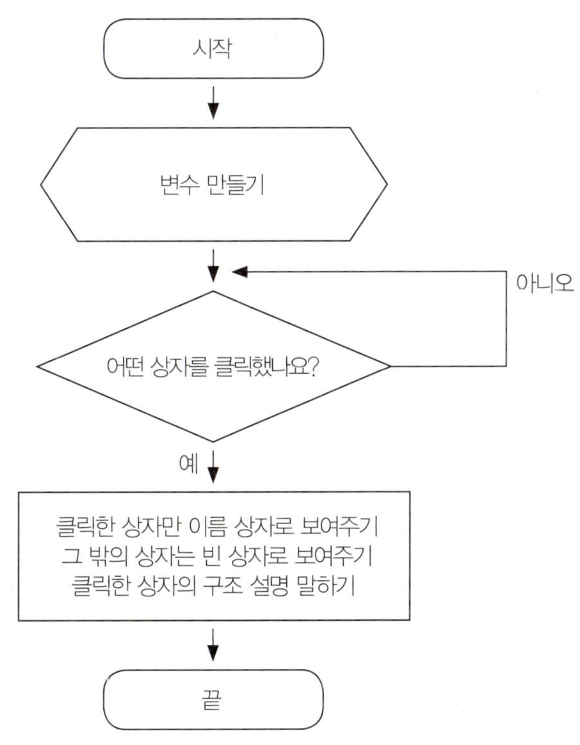

1 | 변수 만들기

(1) '10강–식물의구조_예제.sb2' 파일을 엽니다. 무대를 선택한 후, **데이터** 팔레트의 `변수 만들기` 버튼을 클릭하여 [새로운 변수]라는 대화상자가 나오면, 변수 이름 란에 '잎'을 입력하고 [확인] 버튼을 클릭하여 [잎( )] 변수를 만듭니다.

(2) [열매], [꽃], [줄기], [뿌리], [클릭된 상자] 변수도 같은 방법으로 만듭니다. [무대]를 선택한 후, **이벤트** 팔레트의 `클릭했을 때` 블록을 드래그하고, **데이터** 팔레트의 `클릭된 상자 을(를) 0 로 정하기` 블록 연결한 후 ▼를 클릭하여 [클릭된 상자]를 선택하고, '0'을 입력합니다. [잎], [열매], [꽃], [줄기], [뿌리]도 같은 방법으로 연결한 후 구조별 기능을 각각의 변수에 입력하는 스크립트를 작성합니다.

2 | 변수 활용하기

(1) '잎' 스프라이트(잎)를 선택한 후, 이벤트 팔레트의 클릭했을 때 블록을 드래그하고, 동작 팔레트의 x: ● y: ● 로 이동하기 블록을 아래에 연결한 후, 'x: 27', 'y: 69'으로 변경합니다. 제어 팔레트의 무한 반복하기 블록을 연결합니다.

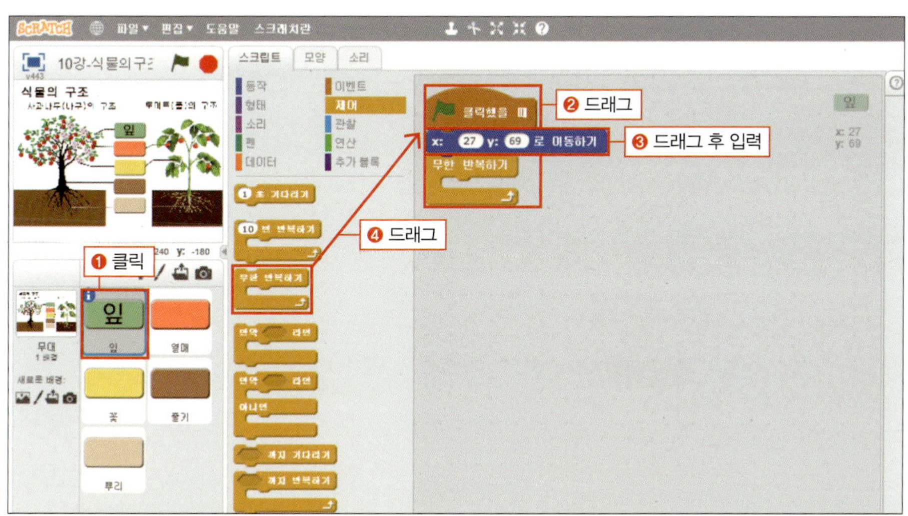

(2) 제어 팔레트의 [만약 ~라면] 을 드래그하여 [무한 반복하기] 블록 안에 연결합니다. 데이터 팔레트의

[클릭된 상자] 변수 블록과 연산 팔레트의 [=] 블록을 결합하고, '잎'을 입력하여 [클릭된 상자 = 잎]

블록을 만들고, [가(이) 아니다] 블록과 결합한 후 [만약 ~라면] 블록 조건안에 결합합니다.

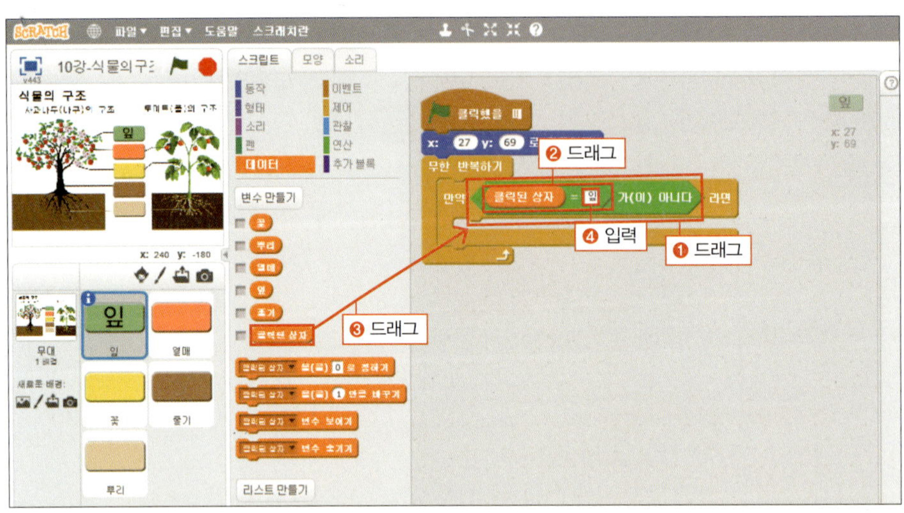

TIP

블록 결합하기

[=] 블록의 왼쪽 값(또는 오른쪽 값)에 [클릭된 상자] 블록이 닿으면, [클릭된 상자] 와 같이 흰 테두리가 나타나
면서 결합됩니다.

---

(3) 형태 팔레트의 [모양을 잎_빈상자 (으)로 바꾸기] 블록을 드래그하여 [만약 클릭된 상자 = 잎 가(이) 아니다 라면] 블록

안에 연결한 후, ▼를 클릭하여 [잎_빈상자]를 선택합니다.

(4) **이벤트** 팔레트의 `이 스프라이트를 클릭했을 때` 블록을 드래그하고, **형태** 팔레트의 `모양을 잎_이름상자 ▼ (으)로 바꾸기` 블록을 아래에 연결한 후, ▼를 클릭하여 [잎_이름상자]를 선택합니다. **데이터** 팔레트의 `클릭된 상자 ▼ 을(를) 0 로 정하기` 블록을 드래그하고 '잎'을 입력합니다.

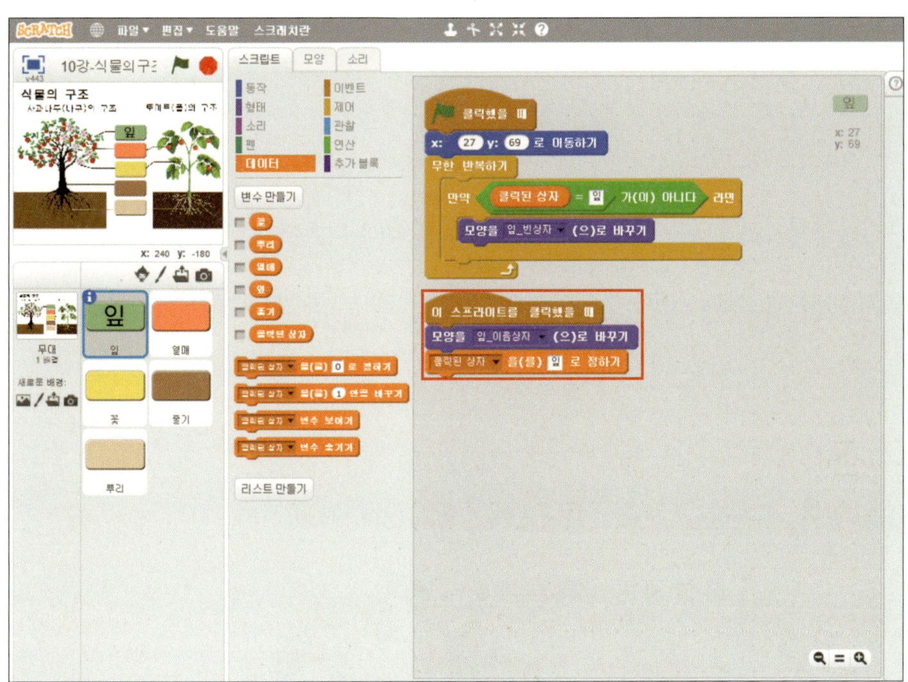

(5) **형태** 팔레트의 `Hello! 을(를) 2 초동안 말하기` 블록과 **데이터** 팔레트의 `잎` 블록을 결합한 후 `클릭된 상자 ▼ 을(를) 잎 로 정하기` 블록 아래에 연결하고, '3'초를 입력합니다. '열매', '꽃', '줄기', '뿌리' 스프라이트까지 '잎' 스프라이트와 같은 방법으로 스크립트를 작성합니다. [실행(▶)] 버튼을 클릭한 다음, 상자를 클릭하면 각 구조에 대한 설명이 나타납니다.

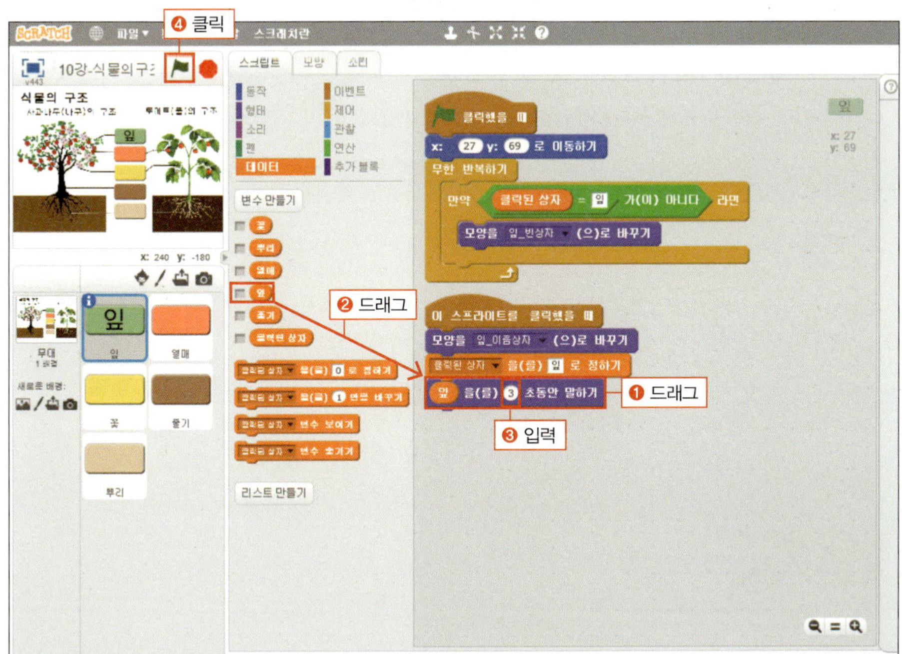

사고력 향상 문제

- 예제 파일 I 10강–식물의 구조_완성.sb2
- 완성 파일 I 10강–식물의 구조_사고력향상(1).sb2, 10강–식물의 구조_사고력향상(2)_완성.sb2

1 클릭한 상자를 설명해주는 '해설자' 스프라이트(🐵)를 만들어 보세요.

2 '해설자' 스프라이트(🐵)를 클릭한 상자 옆으로 이동시킨 후 설명하게 하세요.

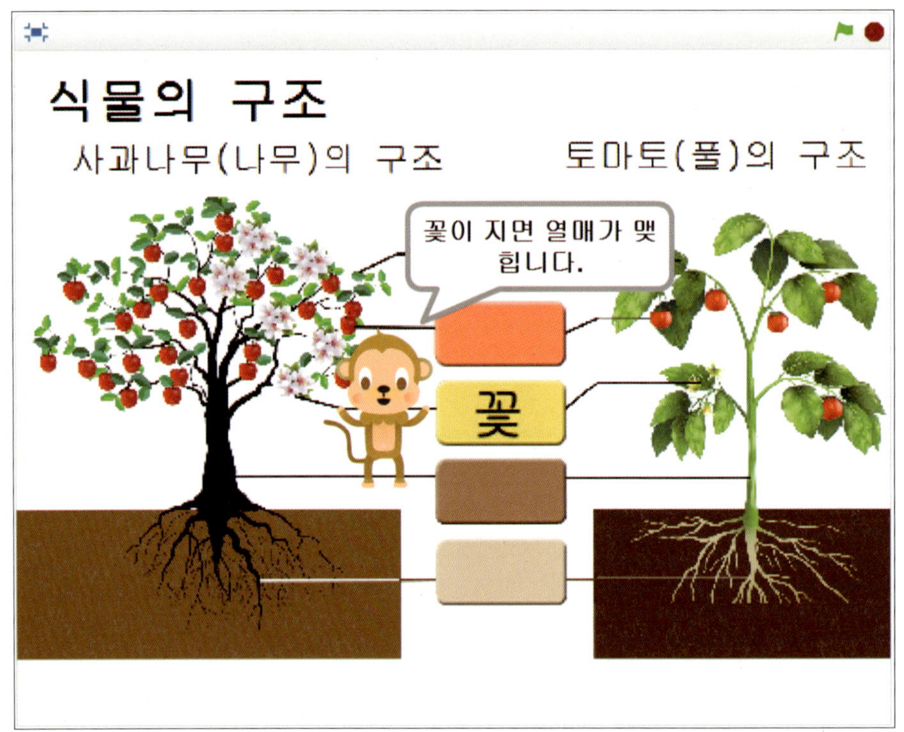

HINT

1
- ❶ '해설자' 스프라이트(🐵)를 불러옵니다. [저장소에서 스프라이트 선택(◆)]에서 원하는 이미지를 고릅니다.
- ❷ '해설자' 스프라이트의 크기를 '50'%로 줄입니다.
- ❸ '해설자' 스프라이트의 적당한 좌표는 'x: 31', 'y: 127'입니다.

2
- ❶ '해설자' 스프라이트(🐵)의 이동 위치 좌표

  - '잎' : 'x: –37', 'y: 71'
  - '열매' : 'x: –37', 'y: 31'
  - '꽃' : 'x:–37', 'y:–17'
  - '줄기' : 'x:–37', 'y:–55'
  - '뿌리' : 'x:–37', 'y:–97'

- ❷  제어 팔레트의 [만약 클릭한 상자 = '잎' 라면] [뿌리 을(를) ❸ 초동안 말하기] 블록을 '해설자' 스프라이트(🐵)의 스크립트에 추가합니다.

11 직렬 전기 회로 데이터 블록3

데이터 블록은 어떤 값을 저장하는 장소를 다룹니다. 데이터 블록의 변수를 사용해서 직렬 전기 회로가 연결되면 전구가 켜지고 연결되지 않으면 전구가 꺼지도록 합니다.

- **예제 파일 |** 11강–직렬 전기 회로_예제.sb2
- **완성 파일 |** 11강–직렬 전기 회로_완성.sb2
- **사용 방법 |** 직렬 전기회로에서 스위치를 클릭할 때마다 On/Off가 변경되어 전구가 켜지고 꺼집니다.

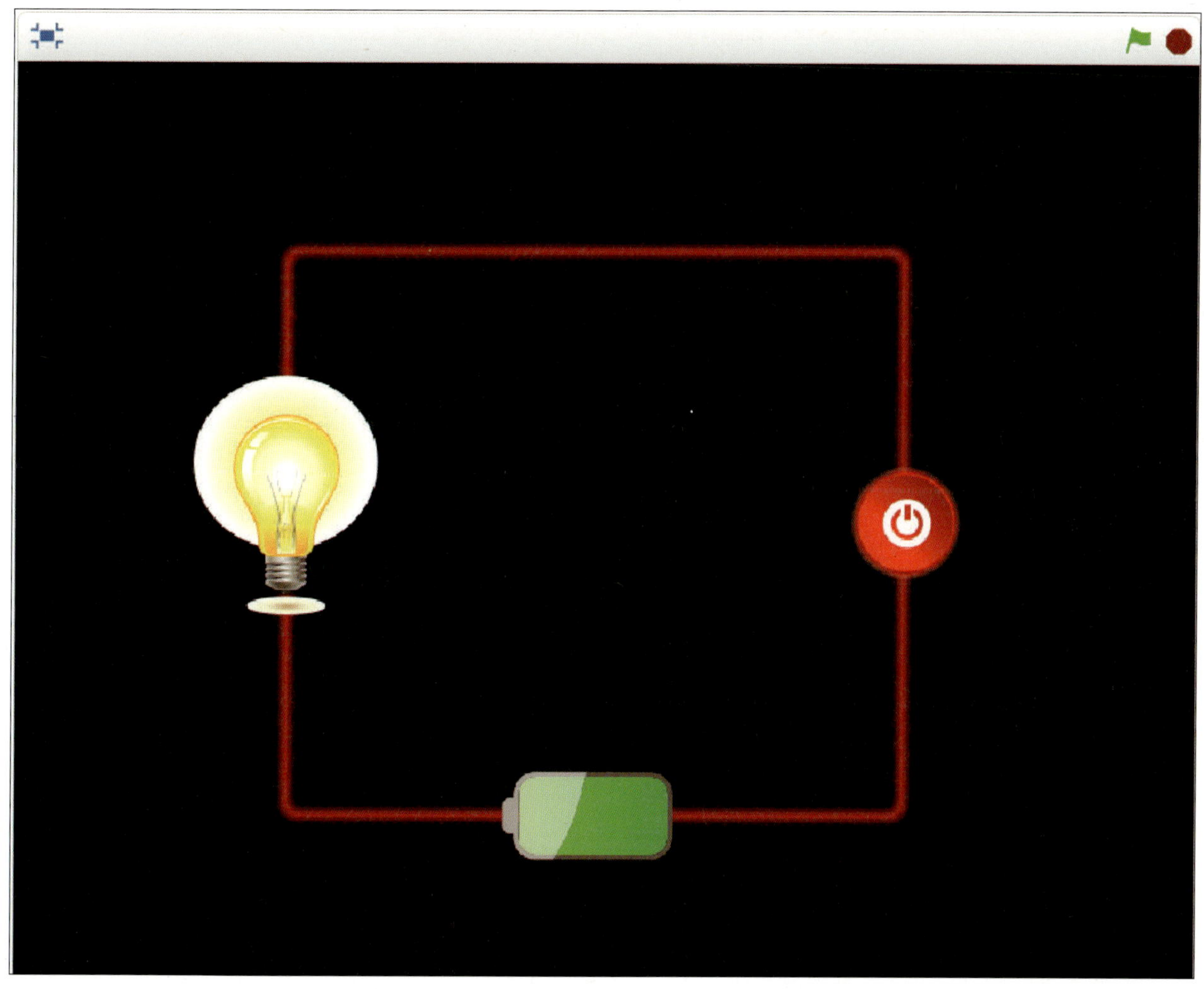

교과 내용 파악하기

1 | 교과 연계 : 6학년 과학 [전기의 작용]

2 | 교과 핵심 내용

(1) 전기 회로의 전구가 켜지는 까닭은 전지가 전기 부품의 도체 부분에 전기를 흐르게 하기 때문입니다.
(2) 전기 회로에서 흐르는 전기를 전류라고 합니다.

3 | 교과 핵심 확인 문제

다음 설명에서 이것에 해당하는 것은 무엇일까요? (   )

> 전기 회로의 전구가 켜지는 까닭은 전지가 전기 부품의 도체 부분에 전기를 흐르게 하기 때문입니다. 이때, 전기 회로에서 흐르는 전기를 이것이라고 합니다.

① 도체   ② 부도체   ③ 전기 회로   ④ 전류   ⑤ 전구

블록 이해하기

데이터 팔레트는 어떤 값을 저장하는 장소를 다룹니다.

❶ **스위치On/Off** : 스위치의 On/Off 값을 저장하는 변수입니다.
❷ **스위치연결** : 스위치가 전선에 연결되어 있는지 여부를 저장하는 변수입니다.
❸ **전구연결** : 전구가 전선에 연결되어 있는지 여부를 저장하는 변수입니다.
❹ **전지연결** : 전지가 전선에 연결되어 있는지 여부를 저장하는 변수입니다.

1 | 알고리즘

(1) [실행(▶)] 버튼을 클릭한 다음 '스위치' 스프라이트(◉)를 클릭합니다.
(2) 전선에 '전구' 스프라이트(💡)와 '전지' 스프라이트(🔋)가 연결되어 있고 스위치가 On 상태
   (◉)이면 전구가 켜지고 스위치가 Off 상태(◉)이면 전구가 꺼집니다.

2 | 순서도

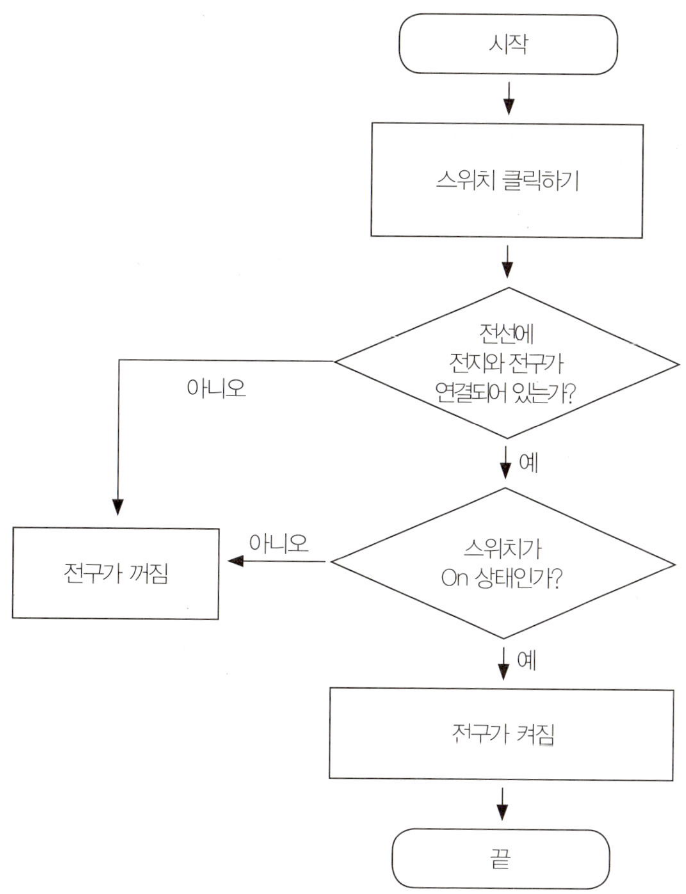

Point 04 프로젝트 시작하기

1 | 변수 만들기

(1) '11강–직렬 전기 회로_예제.sb2' 파일을 엽니다. 프로젝트에 사용될 변수를 데이터 팔레트의 변수 만들기 버튼을 클릭하여 생성합니다. 생성된 변수는 블록 앞에 있는 체크 상자(✔)의 체크를 해제하여 무대에 보이지 않게 설정합니다.

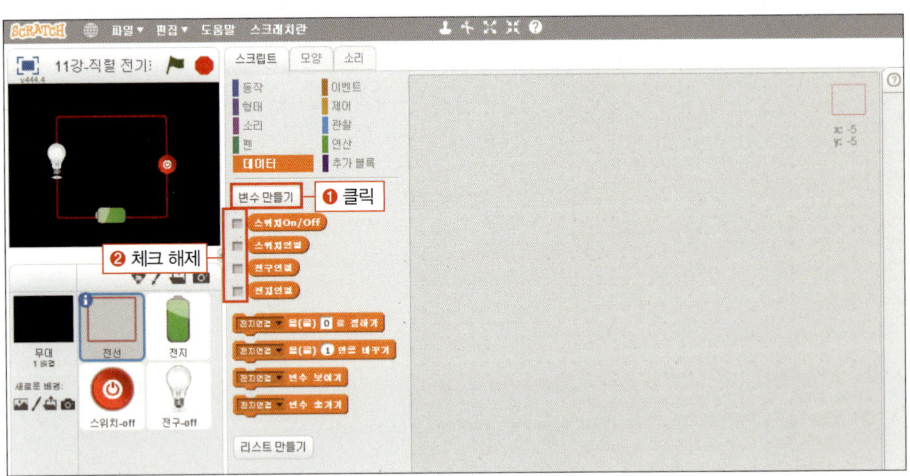

2 | 직렬 전기 회로 구성하기

(1) '전선' 스프라이트(▢)를 선택한 후, 이벤트 팔레트의 클릭했을 때 블록을 드래그하고, '전선' 스프라이트(▢)의 위치를 지정하기 위해 동작 팔레트의 x: 0 y: 0 로 이동하기 블록을 연결하고 'x: –5', 'y: –5'를 입력합니다. 생성한 변수를 초기화하기 위해 데이터 팔레트의 스위치On/Off 을(를) 0 로 정하기 블록을 연결하고, ▼를 클릭하여 [스위치On/Off]를 선택하고 '0'을 입력합니다. 동일한 방법으로 나머지 3개의 변수 값도 모두 '0'으로 초기화합니다.

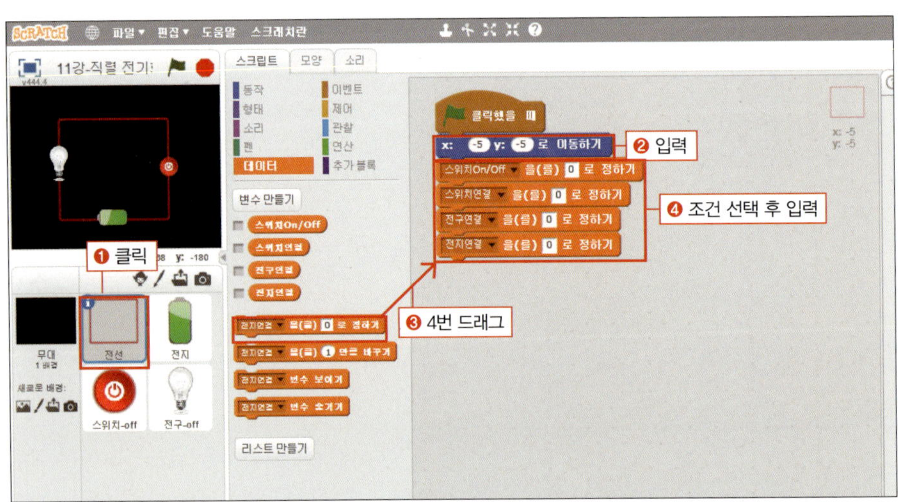

(2) '전지' 스프라이트(　)를 선택한 후, 이벤트 팔레트의 클릭했을 때 블록을 드래그하고, '전지' 스프라이트(　)의 위치를 지정하기 위해 동작 팔레트의 x: 0 y: 0 로 이동하기 블록을 연결하고 'x: −8', 'y: −117'을 입력합니다. 크기를 줄이기 위해서 형태 팔레트의 크기를 100 % 로 정하기 블록을 연결하고 '40%'으로 변경하고 스프라이트의 방향을 수정하기 위해 90▼ 도 방향 보기 블록을 연결하고, ▼를 클릭하여 [0(위)]을 선택합니다.

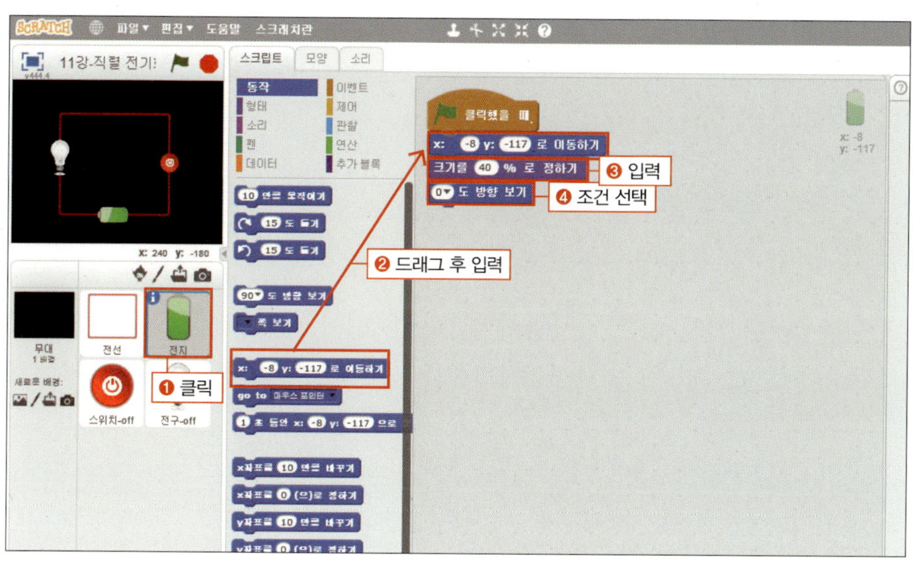

(3) '전지' 스프라이트(　)가 '전선' 스프라이트(　)에 닿았는지 여부를 확인하기 위해 제어 팔레트의 만약 ～ 라면 아니면 블록을 무한 반복하기 블록 안에 연결합니다. 전선에 닿았는지를 판단하기 위해 관찰 팔레트의 ▼ 에 닿았는가? 블록을 연결하고, ▼를 클릭하여 [전선]으로 선택하고 전선에 닿았으면 데이터 팔레트의 전지연결 을(를) 0 로 정하기 블록을 연결한 다음 '1'로 변경합니다. 전선에 닿지 않았을 경우엔 '0'으로 정합니다.

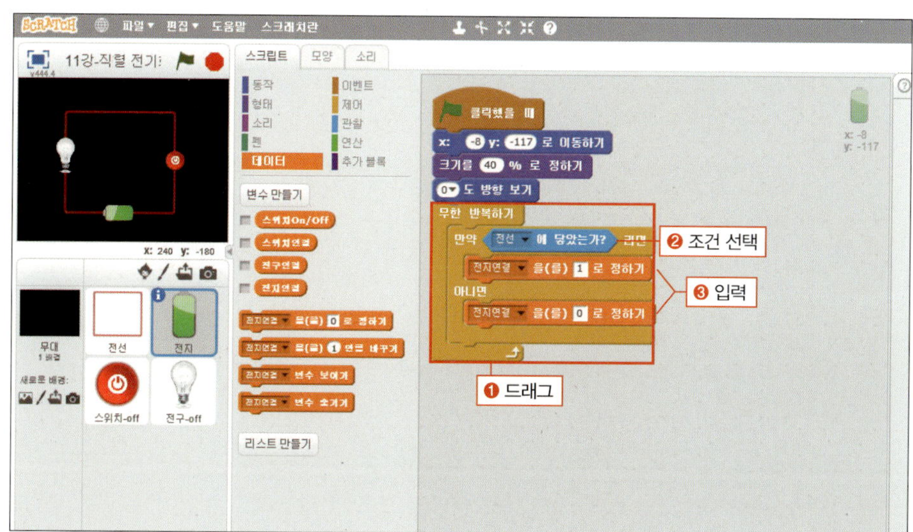

(4) '스위치' 스프라이트(◉)를 선택한 후, 이벤트 팔레트의 클릭했을 때 블록을 드래그하고, '스 위치' 스프라이트(◉)의 위치를 지정하기 위해 동작 팔레트의 x: 0 y: 0 로 이동하기 블록을 연결하고 'x: 121', 'y: −1'로 변경합니다. 크기를 줄이기 위해서 형태 팔레트의 크기를 100 % 로 정하기 블록을 연결하고 '60%'로 변경하고 스프라이트의 처음 모양을 지정하기 위해 모양을 스위치-off (으)로 바꾸기 블록을 연결하고, ▼를 클릭하여 [스위치−off]를 선택합니다.

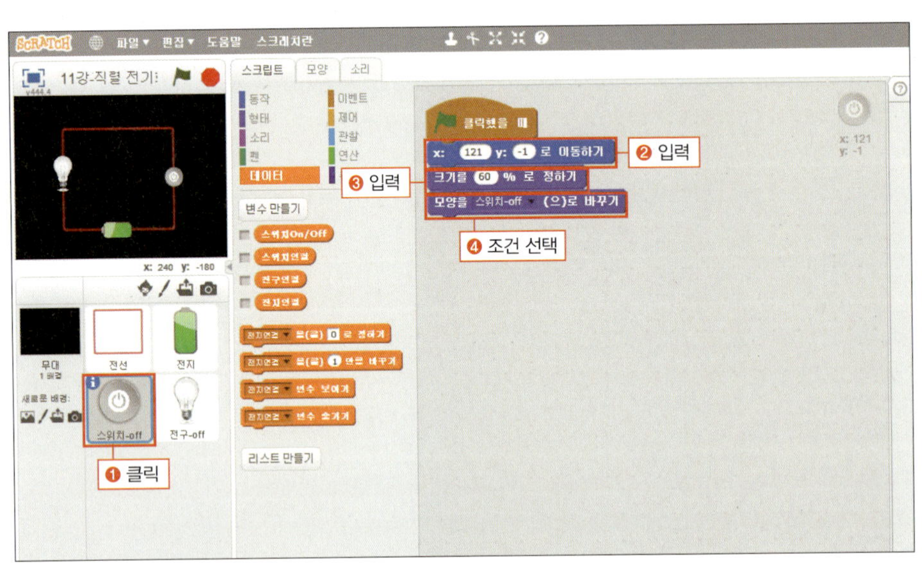

(5) '스위치' 스프라이트(◉)가 '전선' 스프라이트(☐)에 닿았는지 여부를 확인하기 위해 제어 팔레트의 만약 라면 아니면 블록을 무한 반복하기 블록 안에 연결합니다. 전선에 닿았는지를 판단하 기 위해 관찰 팔레트의 ▼ 에 닿았는가? 블록을 연결하고, ▼를 클릭하여 [전선]으로 선택 하고 전선에 닿았으면 데이터 팔레트의 스위치연결 을(를) 0 로 정하기 블록을 연결한 다음 '1'로 변 경합니다. 전선에 닿지 않았을 경우엔 '0'으로 정합니다.

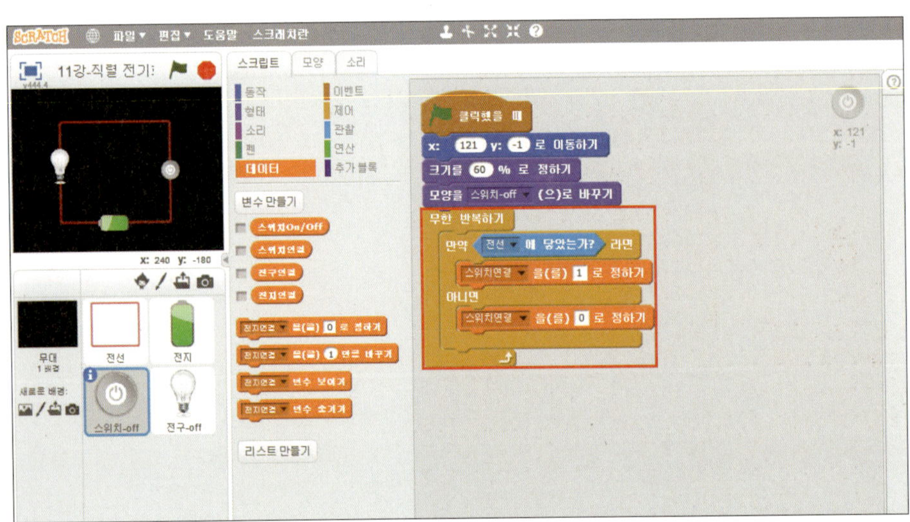

(6) '스위치' 스프라이트(⏻)를 클릭할 때마다 모양이 바뀌게 하기 위해서 이벤트 팔레트의 이 스프라이트를 클릭했을 때 블록을 드래그하고 형태 팔레트의 다음 모양으로 바꾸기 블록을 연결합니다. 모양 번호 값을 비교한 후 스위치On/Off 값을 정하기 위해 제어 팔레트의 만약 ～ 라면 아니면 블록을 연결하고 연산 팔레트의 ⬡=⬡ 블록을 연결합니다. 첫 번째 칸에는 형태 팔레트의 모양 # 블록을 두 번째 칸에는 '1'을 입력하여 비교 값이 '참'이면 데이터 팔레트의 스위치On/Off 을(를) 0 로 정하기 블록을 연결한 다음 '0'으로 정하고, 그렇지 않으면 '1'로 변경합니다.

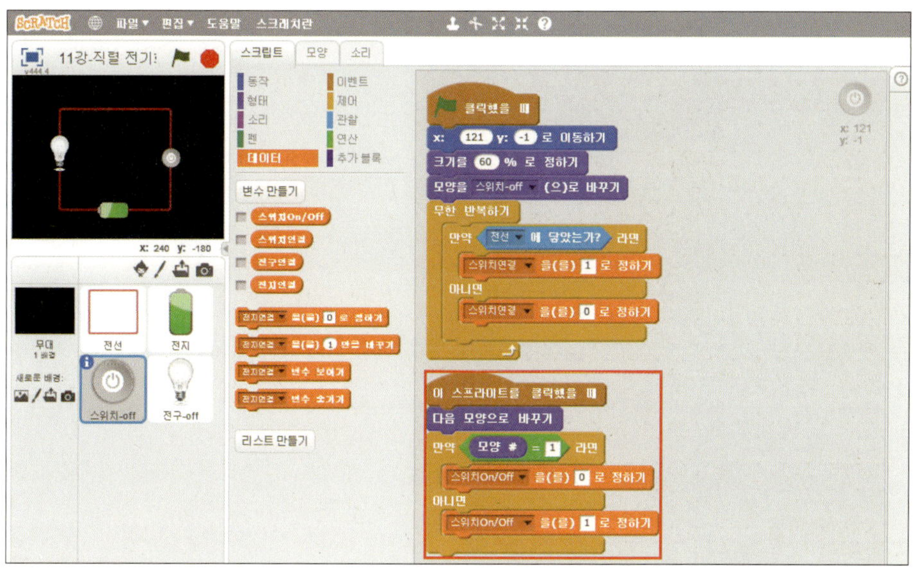

(7) '전구' 스프라이트(💡)를 선택한 후, 이벤트 팔레트의 클릭했을 때 블록을 드래그하고, '전구' 스프라이트(💡)의 위치를 지정하기 위해 동작 팔레트의 x: 0 y: 0 로 이동하기 블록을 연결하고 'x: -131', 'y: 9'를 입력합니다. 크기를 줄이기 위해서 형태 팔레트의 크기를 100 % 로 정하기 블록을 연결하고 '60%'으로 변경하고 스프라이트의 처음 모양을 지정하기 위해 모양을 전구-off (으)로 바꾸기 블록을 연결하고, ▼를 클릭하여 [전구-off]를 선택합니다.

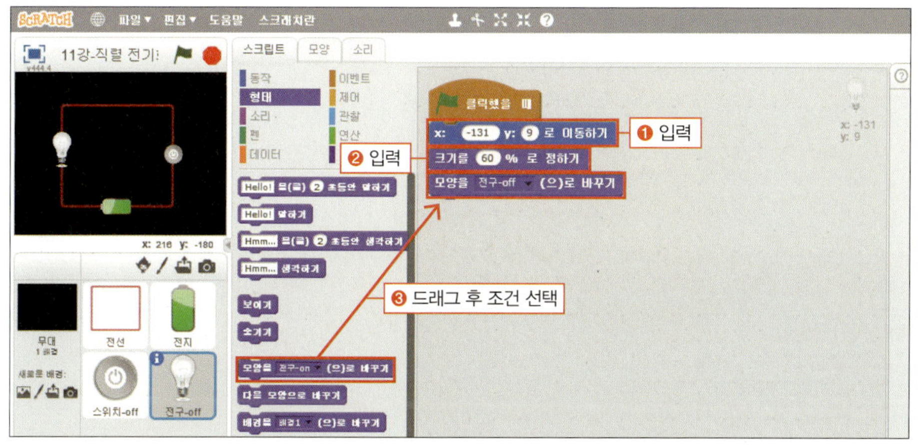

⑧ '전구' 스프라이트(💡)가 '전선' 스프라이트(⬜)에 닿았는지 여부를 확인하기 위해 제어 팔레트의 만약~라면~아니면 블록을 무한 반복하기 블록 안에 연결합니다. 전선에 닿았는지를 판단하기 위해 관찰 팔레트의 ▼에 닿았는가? 블록을 연결하고, ▼를 클릭하여 [전선]을 선택하고 전선에 닿았으면 데이터 팔레트의 전구연결 을(를) 0 로 정하기 블록을 연결한 다음 '1'로 변경합니다. 전선에 닿지 않았을 경우엔 '0'으로 정합니다.

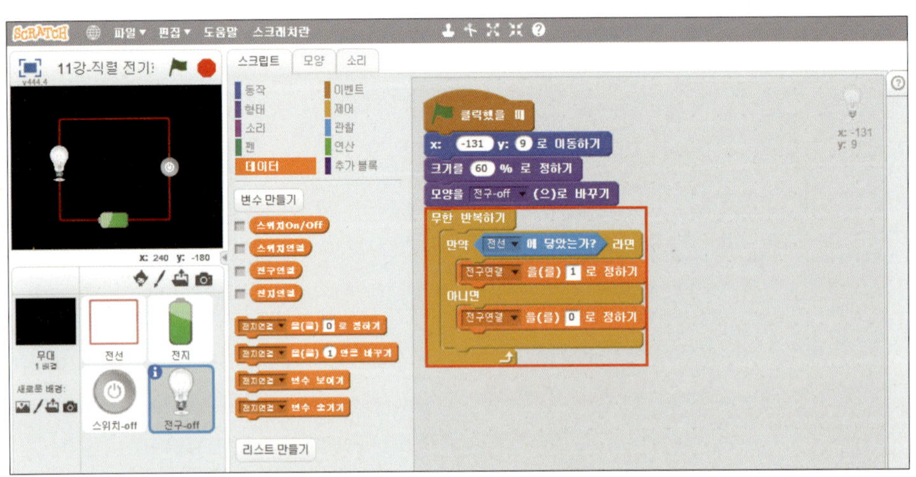

⑨ '전구' 스프라이트(💡)에 불이 켜지기 위한 직렬 전기 회로가 연결되었는지를 확인하기 위해 제어 팔레트의 만약~라면~아니면 블록을 무한 반복하기 블록 안에 연결합니다. 스위치On/Off,

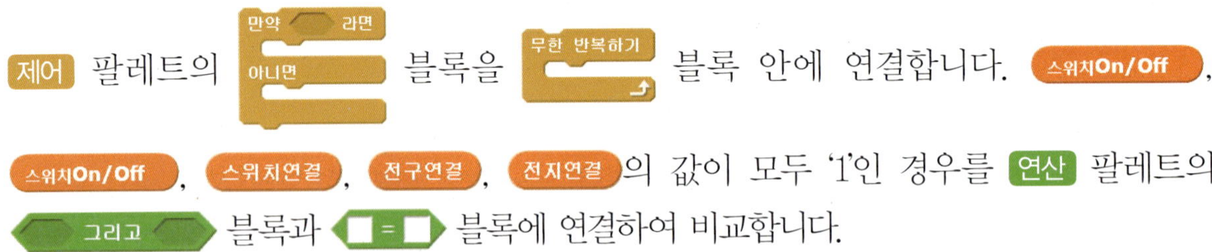

스위치On/Off, 스위치연결, 전구연결, 전지연결 의 값이 모두 '1'인 경우를 연산 팔레트의 그리고 블록과 ⬜ = ⬜ 블록에 연결하여 비교합니다.

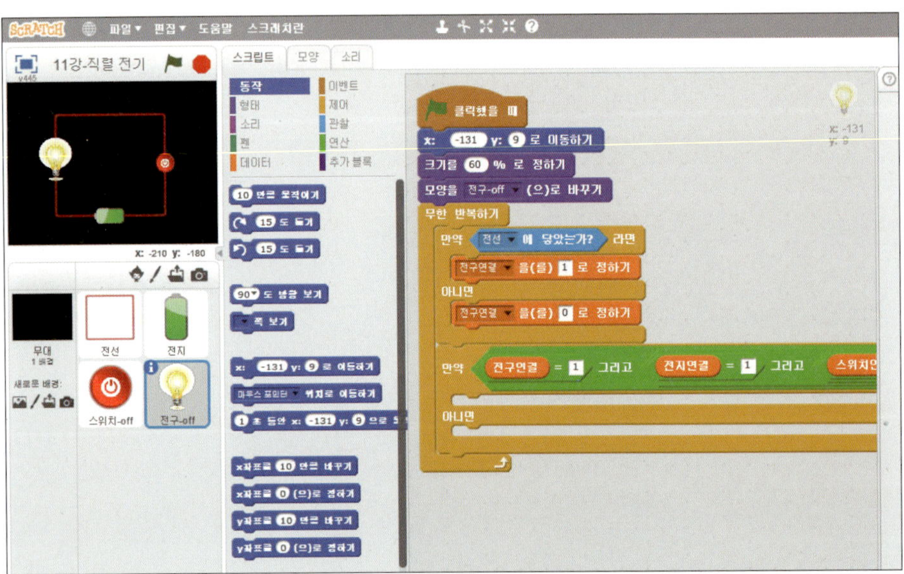

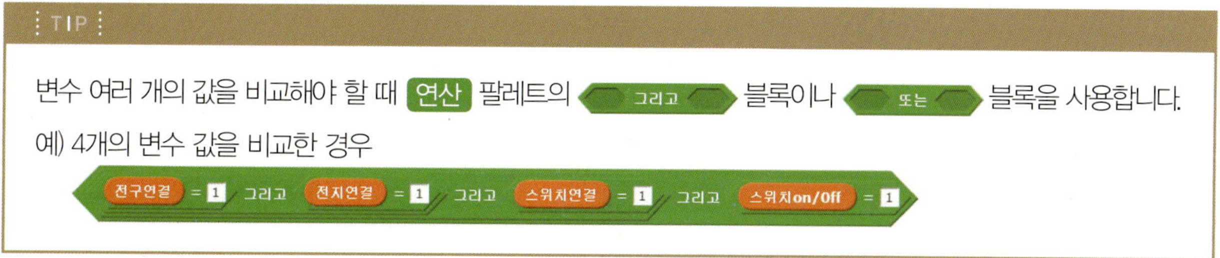

⑩ 변수 값이 모두 '1'이면 '전구' 스프라이트( )의 모양을 형태 팔레트의 모양을 전구-on (으)로 바꾸기 블록을 연결하여 전구가 켜진 모양( )으로 바꾸고, 그렇지 않으면 형태 팔레트의 모양을 전구-off (으)로 바꾸기 블록을 연결하여 '전구' 스프라이트( )의 모양으로 바꿉니다. [실행( )] 버튼을 클릭한 후 '스위치' 스프라이트( )를 클릭하면 직렬 전기 회로가 연결되고 전구가 켜지는 것을 확인할 수 있습니다.

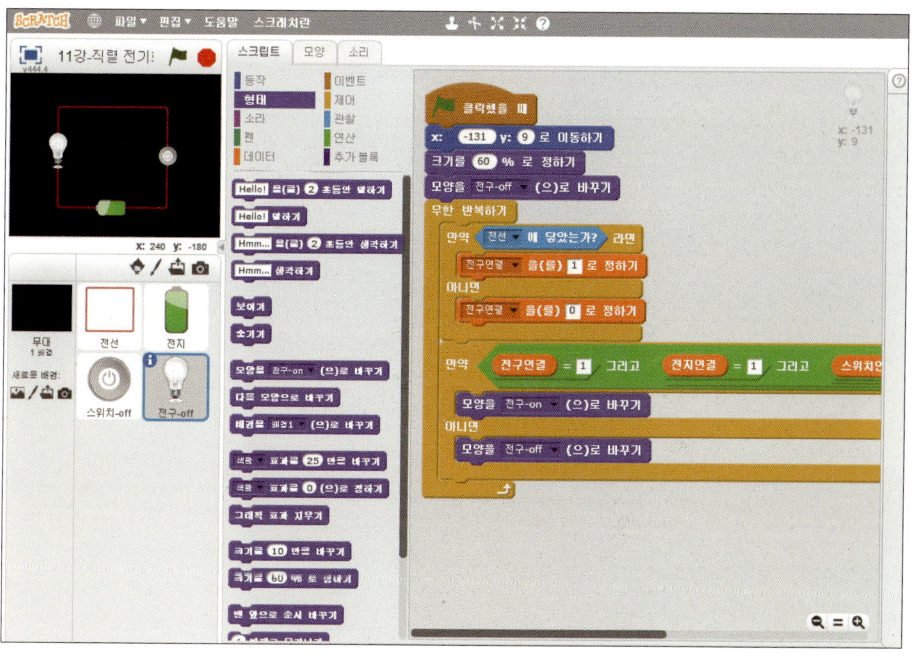

사고력 향상 문제

○ 예제 파일 | 11강─직렬 전기 회로_완성.sb2
○ 완성 파일 | 11강─직렬 전기 회로_사고력향상_완성.sb2

1 '스위치' 스프라이트(◉)를 클릭하는 대신 마우스가 닿으면 스프라이트 모양과 `스위치On/Off` 변수 값이 바뀌는 스크립트를 작성하세요.

2 직렬 전기 회로가 완성되었을 경우 '전구' 스프라이트(💡)의 색을 계속 바꾸는 스크립트를 작성하세요.

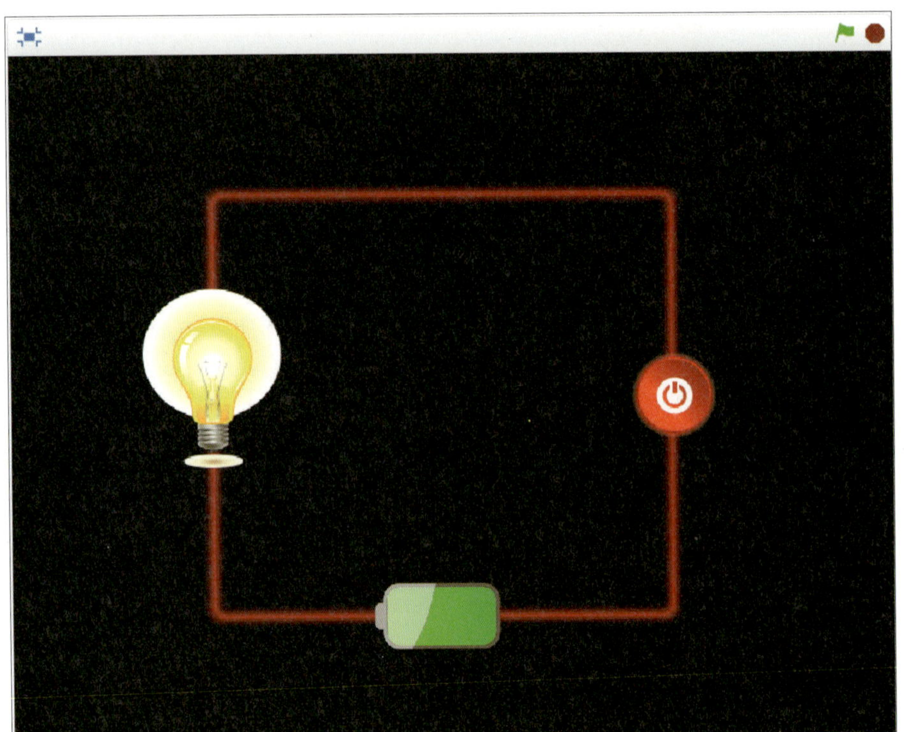

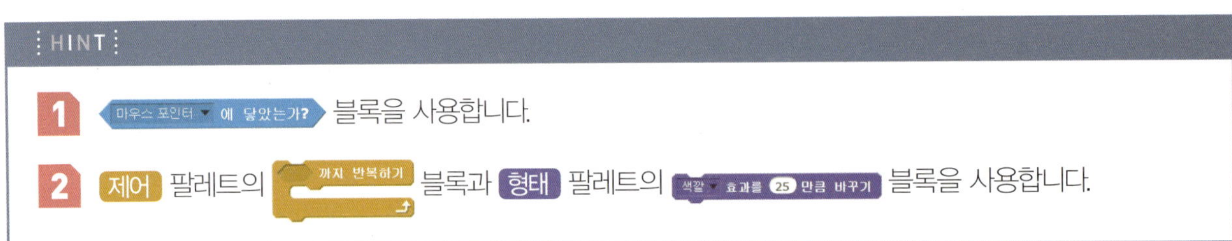

HINT

1 `마우스 포인터 ▾ 에 닿았는가?` 블록을 사용합니다.

2 `제어` 팔레트의 `까지 반복하기` 블록과 `형태` 팔레트의 `색깔 ▾ 효과를 25 만큼 바꾸기` 블록을 사용합니다.

세계 여러 곳의 화산

이벤트 블록1

이벤트 블록은 특정 조건에 맞는 사건이 발생했을 때 블록에 연결된 스크립트를 실행합니다. 세계 여러 곳의 화산을 통해 이벤트 블록을 배워봅니다.

- **예제 파일** ǀ 12강–세계 여러 곳의 화산_예제.sb2
- **완성 파일** ǀ 12강–세계 여러 곳의 화산_완성.sb2
- **사용 방법** ǀ 세계 여러 곳에 위치한 화산을 클릭하여 생김새를 살펴봅니다.

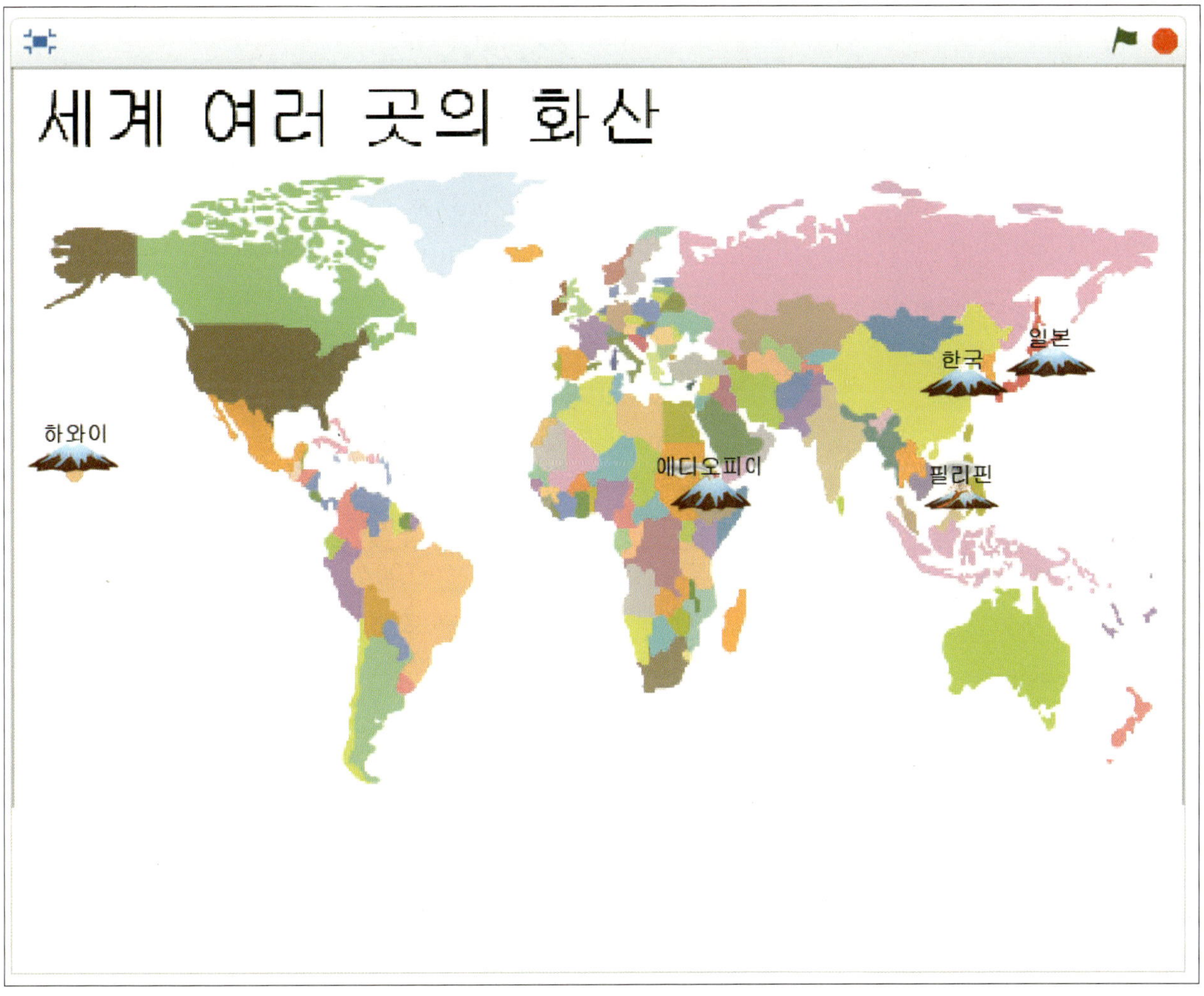

교과 내용 파악하기

1 | 교과 연계 : 4학년 과학 [화산과 지진]

2 | 교과 핵심 내용

(1) 화산 : 지하 깊은 곳에서 높은 열에 의해 녹은 마그마가 분출하여 생긴 지형.

(2) 화산의 특징

　❶ 모양이 다양합니다.

　❷ 꼭대기는 움푹 파인 곳이 있는 화산도 있습니다.

　❸ 움푹 파인 곳에 호수가 생기기도 합니다.

(3) 세계 여러 곳의 화산의 생김새

　❶ 한국 : 한라산은 경사가 완만하고 정상이 움푹 파여 있습니다.

　❷ 하와이 : 마우나로아산은 경사가 완만하고 높이가 낮습니다.

　❸ 에티오피아 : 에트라에일산은 윗부분이 평평한 모양으로 용암호를 품고 있습니다.

　❹ 필리핀 : 마욘산은 경사가 급하고 활화산 입니다.

　❺ 일본 : 후지산은 정상이 깎여 있으며, 눈으로 뒤덮여 있습니다.

3 | 교과 핵심 확인 문제

다음은 무엇에 대한 설명인지 써보세요. (　　　　　　)

지하 깊은 곳에서 높은 열에 의해 녹은 마그마가 분출하여 생긴 지형.

블록 이해하기

이벤트 팔레트는 조건에 맞는 사건이 발생했을 때 블록에 연결된 스크립트를 실행합니다.

❶ **메시지1 ▼ 방송하기** : 스프라이트에 지정된 메시지를 방송합니다.

❷ **메시지1 ▼ 을(를) 받았을 때** : 방송하기를 받았을 때 블록에 연결된 스크립트를 실행합니다.

1 | 알고리즘

(1) [실행(⚑)] 버튼을 클릭하면 '배경1'에서 '선생님' 스프라이트(👨‍🏫)가 말하고, '배경2'로 변경됩니다.

(2) '배경2'에는 세계 여러 곳의 화산(🌋)이 위치하고, 화산(🌋) 클릭 시 해당하는 화산을 설명하는 배경이 나타납니다.

(3) 화산을 설명하는 배경에 화산지도 버튼(화산지도)이 나타나고, 화산지도 버튼(화산지도)을 클릭하면 '배경2'로 돌아갑니다.

2 | 순서도

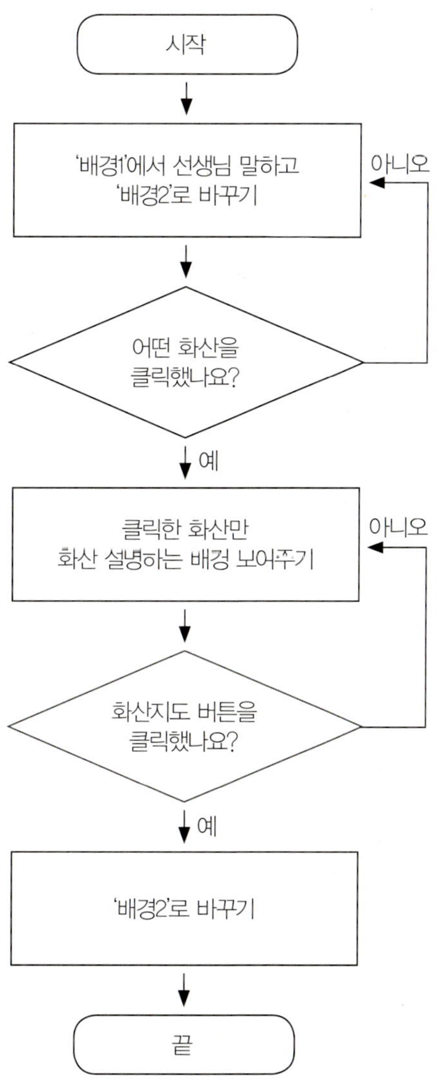

프로젝트 시작하기

1 | 화산 방송하기

(1) '12강–세계 여러 곳의 화산_예제.sb2' 파일을 엽니다. '선생님' 스프라이트(🧑)를 선택한 후, **이벤트** 팔레트의 🏴 클릭했을 때 블록을 드래그하고, **형태** 팔레트의 크기를 100 % 로 정하기 블록을 연결하여 '50'%로 입력하고, 맨 앞으로 순서 바꾸기 블록을 연결합니다.

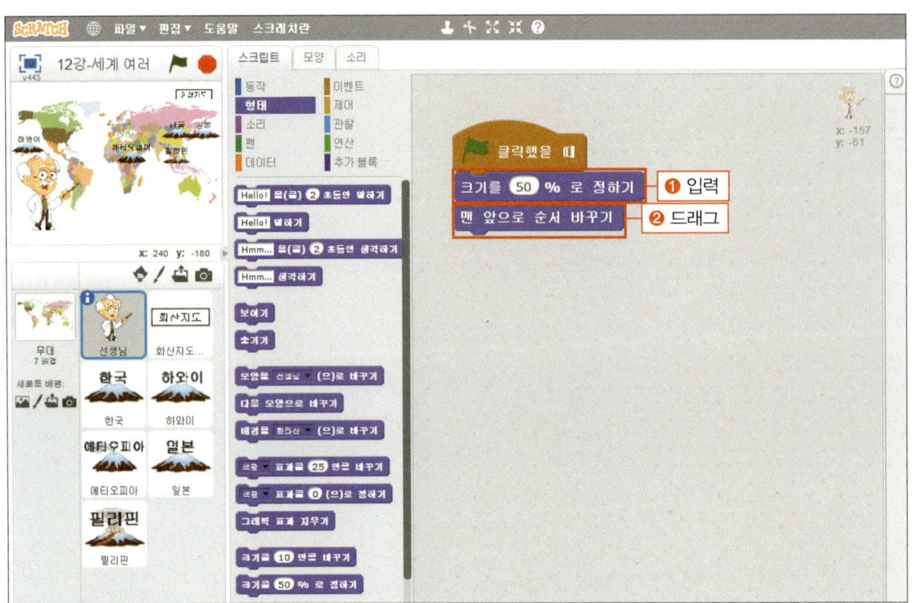

(2) **이벤트** 팔레트의 메시지1 ▼ 방송하기 블록을 연결하고, ▼를 클릭하여 [새 메시지]를 선택하고 메시지 이름을 '첫페이지'로 입력한 후 확인을 클릭하고, 블록 아래에 **형태** 팔레트의 보이기 블록을 연결합니다.

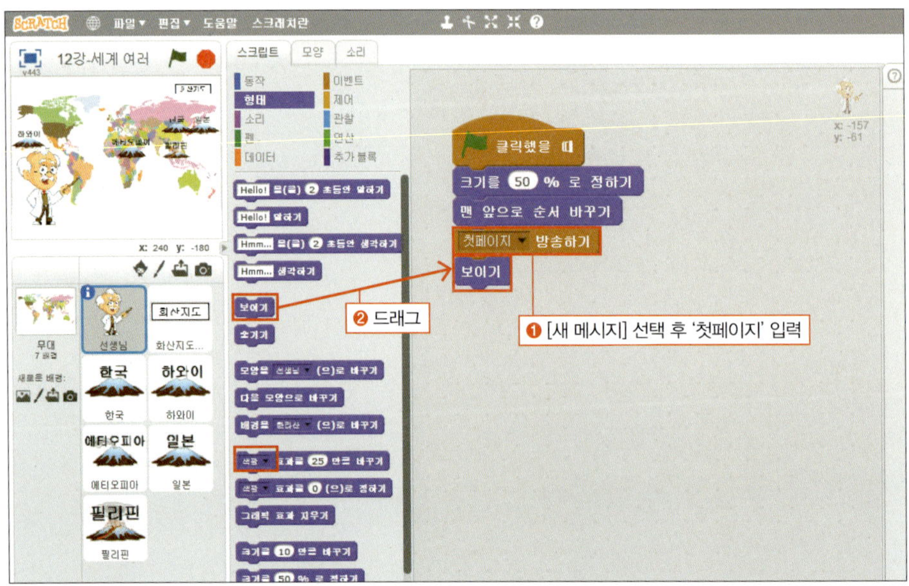

(3) 형태 팔레트의 Hello! 을(를) 2 초동안 말하기 블록을 연결한 후, '세계 여러 곳에 위치한 화산을 찾아보고, 생김새를 살펴보아요!', '4'초로 변경하고, 이벤트 팔레트의 메시지1 ▼ 방송하기 블록을 연결하고, ▼를 클릭하여 [새 메시지]를 선택하고 메시지 이름을 '화산지도'로 입력합니다.

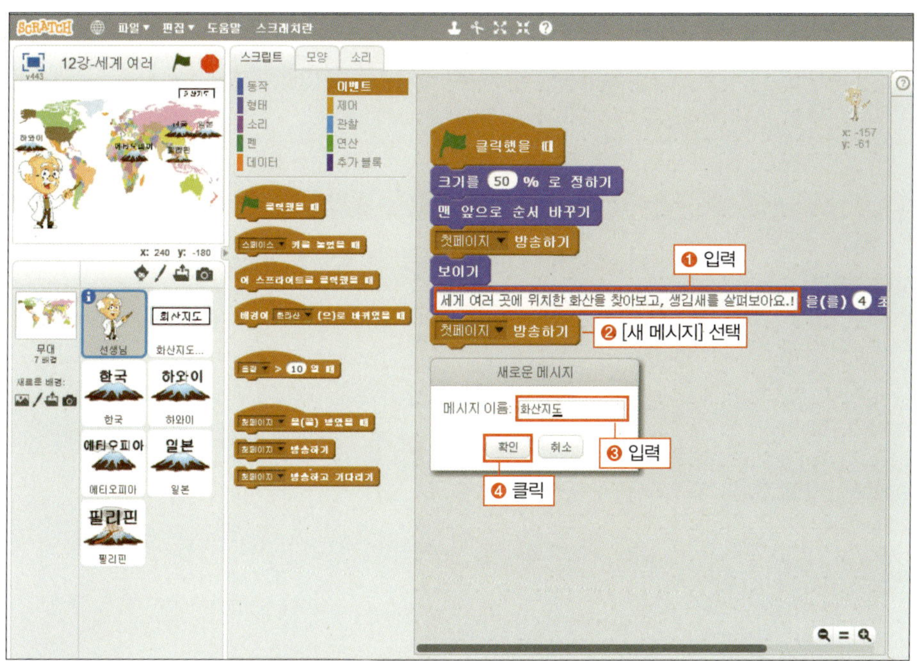

(4) 이벤트 팔레트의 첫페이지 ▼ 을(를) 받았을 때 블록을 연결하고, ▼를 클릭하여 [화산지도]를 선택하고, 형태 팔레트의 숨기기 블록을 연결합니다. 배경을 배경1 ▼ (으)로 바꾸기 블록을 연결하여 ▼를 클릭하여 [배경2]를 선택합니다.

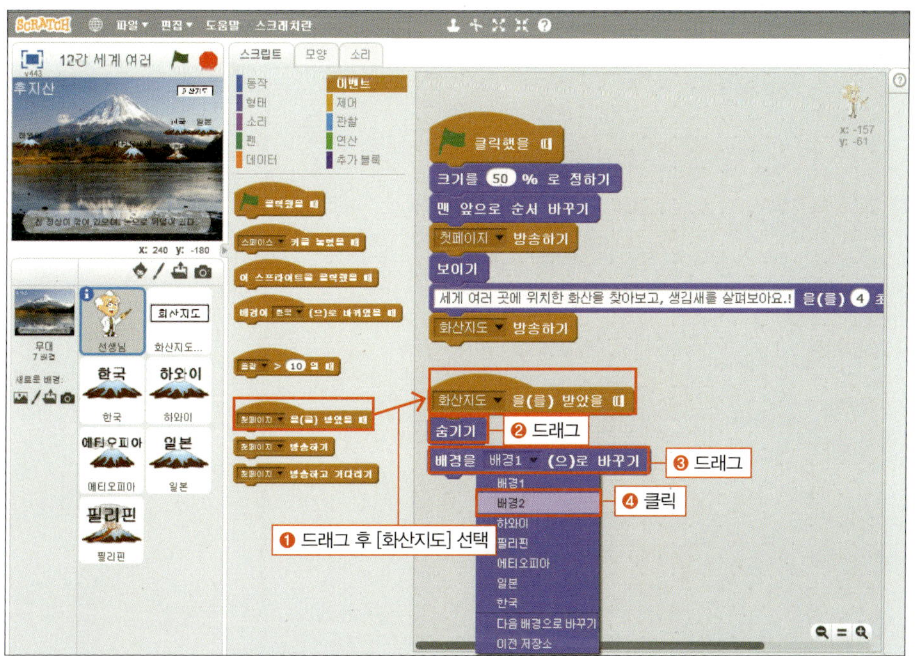

2 | 배경 바꾸기

(1) 무대를 선택한 후 이벤트 팔레트의 첫페이지▼ 을(를) 받았을 때 블록을 연결하고, 형태 팔레트의 배경을 배경2▼ (으)로 바꾸기 블록에 ▼를 클릭하여 [배경1]을 선택하고, 이벤트 팔레트의 첫페이지▼ 을(를) 받았을 때 블록을 연결하고, ▼를 클릭하여 [새 메시지]를 선택하고 메시지 이름을 '한국'으로 입력합니다. 형태 팔레트의 배경을 배경2▼ (으)로 바꾸기 블록에 ▼를 클릭하여 [한국]을 선택합니다.

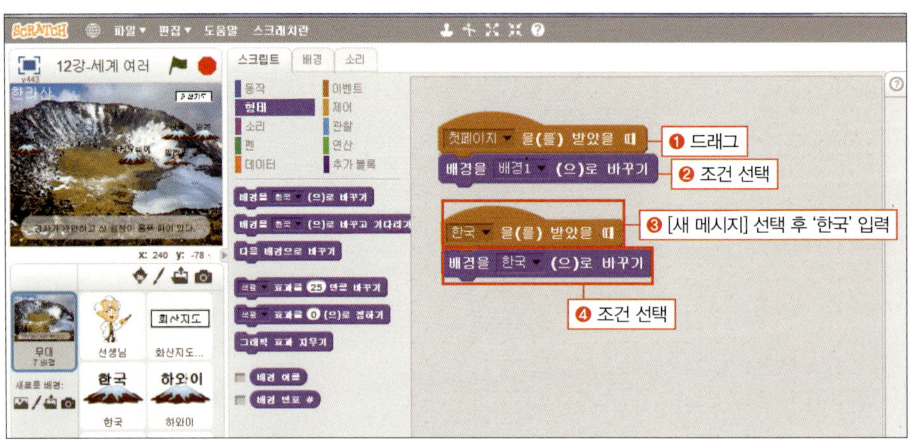

(2) 이벤트 팔레트의 한국▼ 을(를) 받았을 때 블록 위에 마우스 오른쪽 버튼을 클릭하여 4번 복사한 후 복사된 한국▼ 을(를) 받았을 때 블록에서 ▼를 클릭하여 [새 메시지]를 선택하고 메시지 이름을 '하와이'로 입력합니다. 배경을 한국▼ (으)로 바꾸기 블록에 ▼를 클릭하여 [하와이]를 선택합니다. 같은 방법으로 [에티오피아], [일본], [필리핀]을 변경합니다.

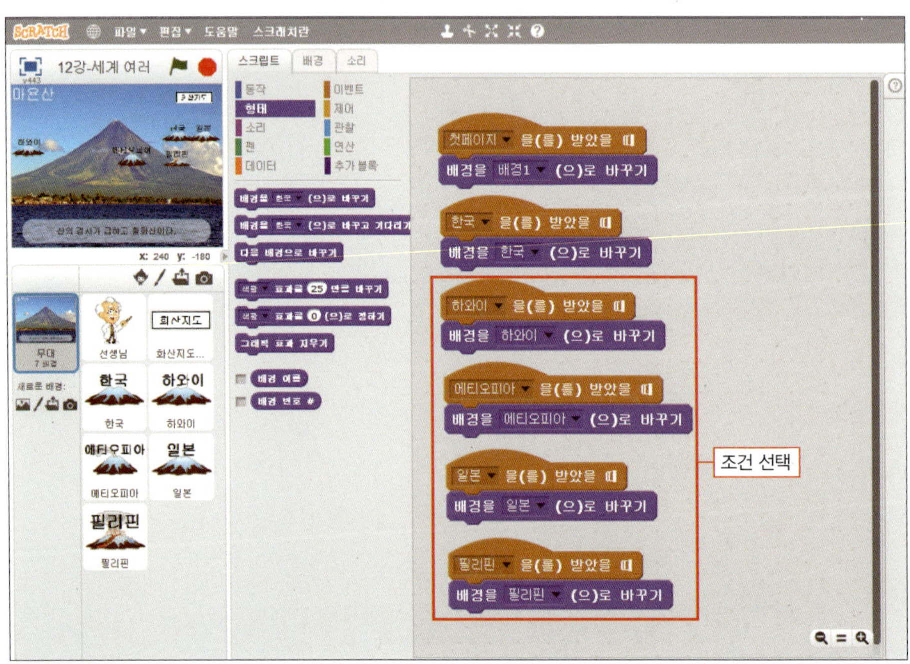

3 | 화산을 받았을 때

(1) '한국' 스프라이트(한국)를 선택한 후, 이벤트 팔레트의 클릭했을 때 블록을 드래그하고, 형태 팔레트의 숨기기 블록을 연결한 후 이벤트 팔레트의 메시지1 ▼ 을(를) 받았을 때 블록을 연결하고, ▼를 클릭하여 [화산지도]를 선택하고, 형태 팔레트의 크기를 100 % 로 정하기 블록을 연결하여 '50%'를 입력하고, 보이기 블록을 연결합니다.

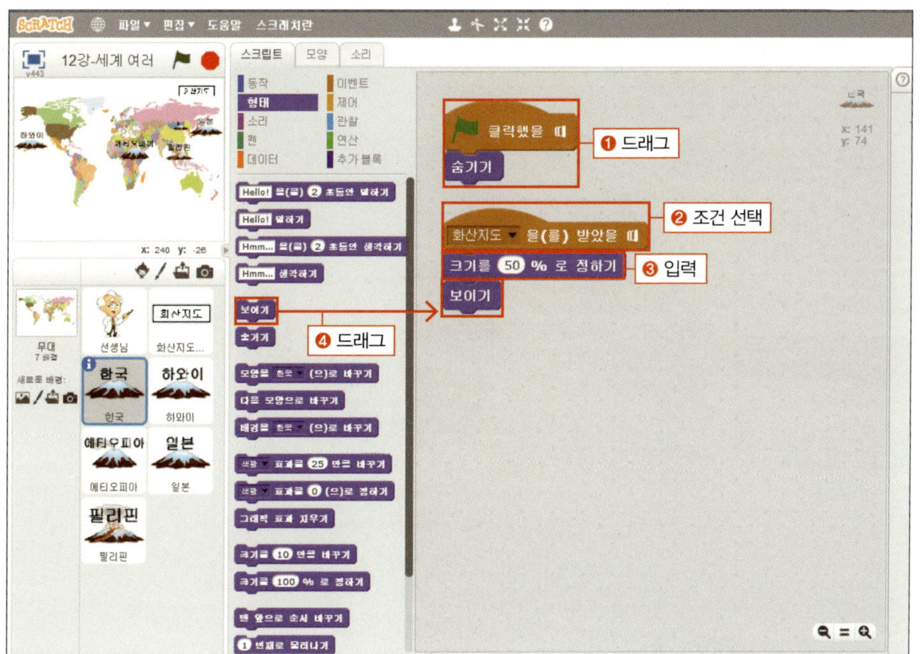

(2) 이벤트 팔레트의 이 스프라이트를 클릭했을 때 블록을 연결하고, 메시지1 ▼ 방송하기 블록을 아래에 연결하고, ▼를 클릭하여 [한국]을 선택합니다. 메시지1 ▼ 을(를) 받았을 때 블록을 연결하고, ▼를 클릭하여 [한라산]을 선택하고, 형태 팔레트의 숨기기 블록을 연결합니다.

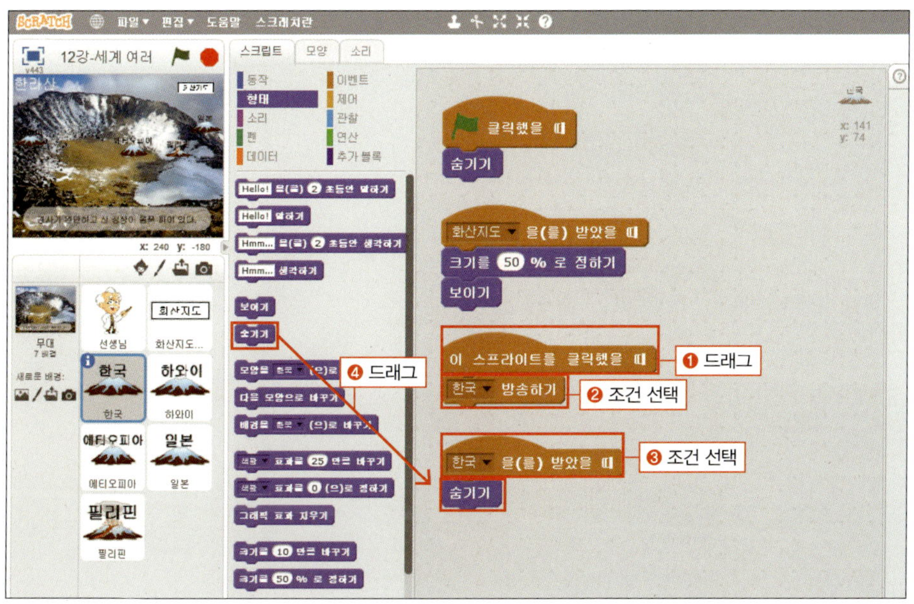

(3) 블록 위에 마우스 오른쪽 버튼을 클릭하여 4번 복사한 후 복사된 블록에 ▼를 클릭하여 [하와이], [에티오피아], [일본], [필리핀]을 같은 방법으로 선택합니다.

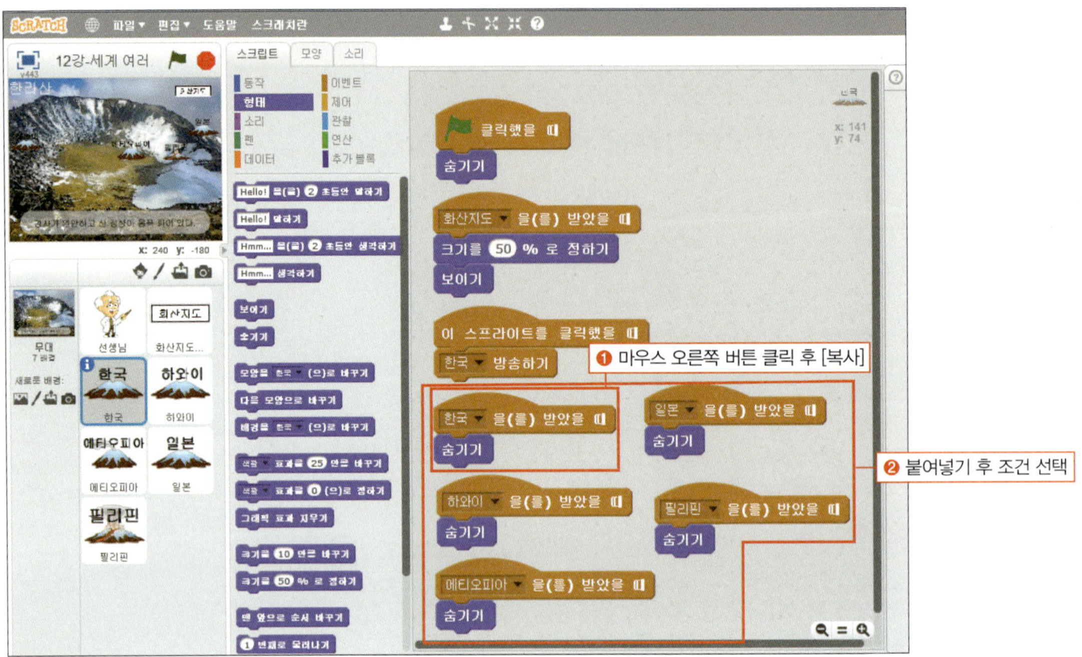

(4) 블록 위에 마우스 오른쪽 버튼을 클릭하여 [복사]를 선택한 후 복사한 스크립트를 '에티오피아' 스프라이트 위에 드래그합니다. 같은 방법으로 '한국' 스프라이트의 모든 스크립트를 복사한 후 '에티오피아' 스프라이트를 선택하여 블록 아래의 블록에 ▼를 클릭하여 [에티오피아]를 선택합니다.

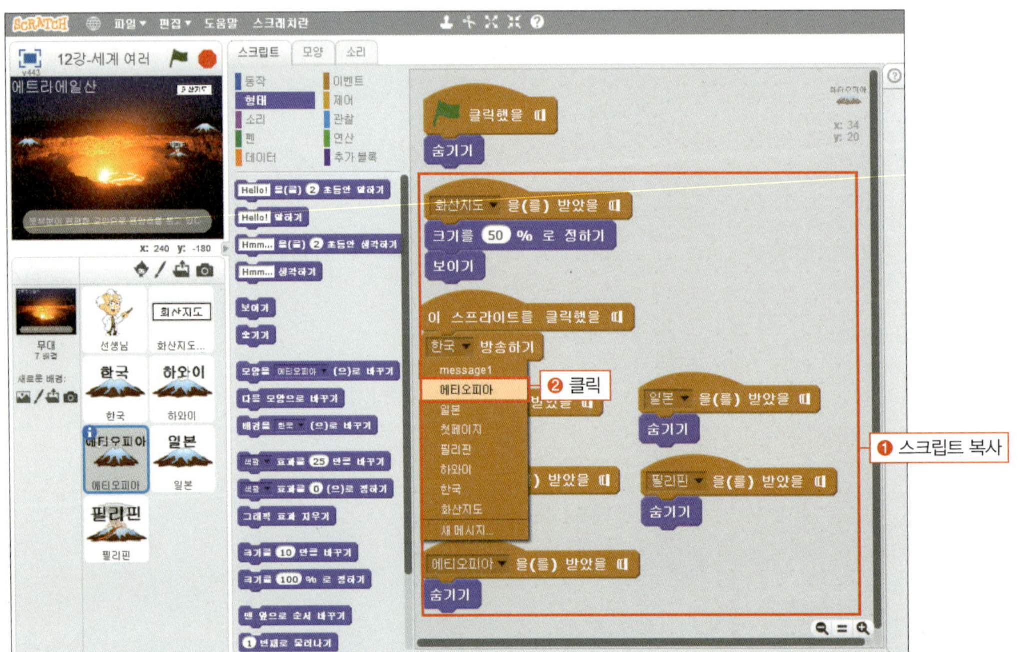

(5) '필리핀', '하와이', '일본' 스프라이트도 같은 방법으로 복사한 후 아래와 같이 수정합니다.

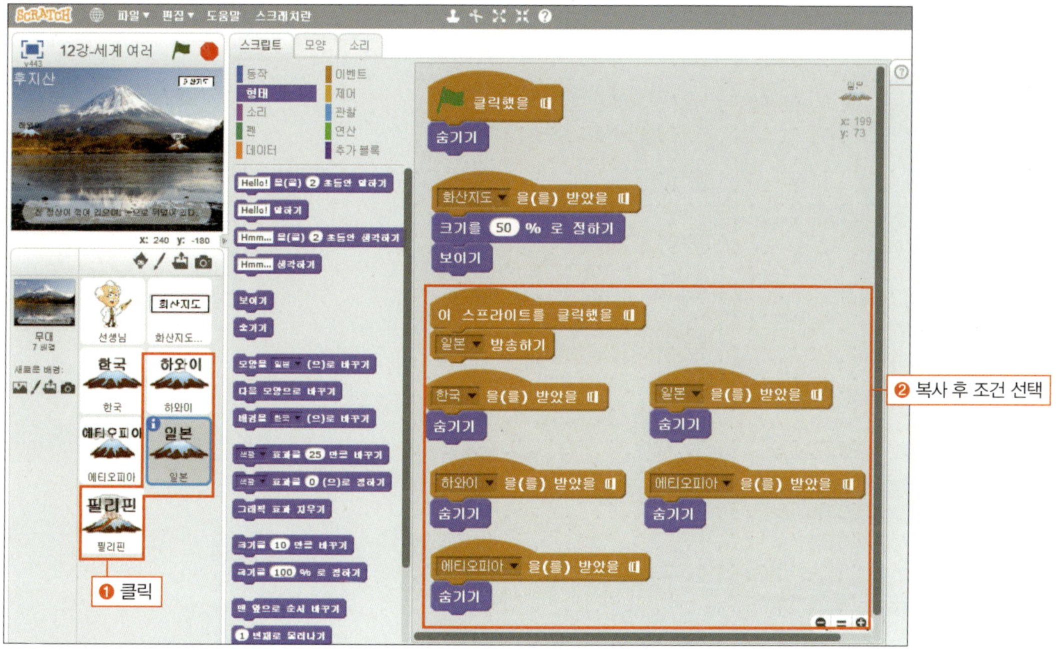

4 | 화산지도로 돌아가는 버튼

(1) '화산지도' 스프라이트(화산지도)를 선택한 후 이벤트 팔레트의 메시지1 ▼ 을(를) 받았을 때 블록을 드래그하여 연결하고, ▼를 클릭하여 [첫페이지]를 선택하고, 형태 팔레트의 숨기기 블록을 연결합니다. 이벤트 팔레트의 메시지1 ▼ 을(를) 받았을 때 블록을 드래그하여 연결하고, ▼를 클릭하여 [화산지도]를 선택하고, 형태 팔레트의 숨기기 블록을 연결합니다.

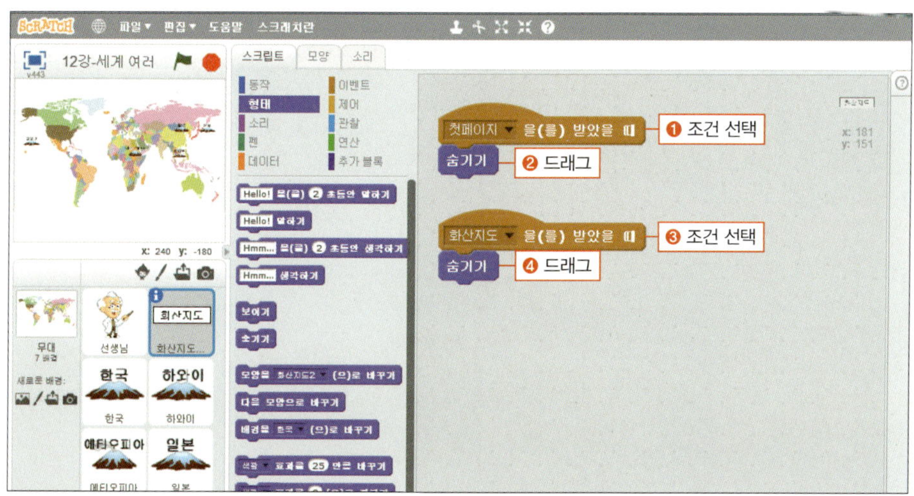

(2) **이벤트** 팔레트의 `메시지1 ▼ 을(를) 받았을 때` 블록을 드래그하여 연결하고, ▼를 클릭하여 [한국]을 선택합니다. **형태** 팔레트의 `보이기` 블록을 연결하고, `크기를 100 % 로 정하기` 블록을 아래에 연결하여 '50'%를 입력한 후 `맨 앞으로 순서 바꾸기` 블록을 연결합니다.

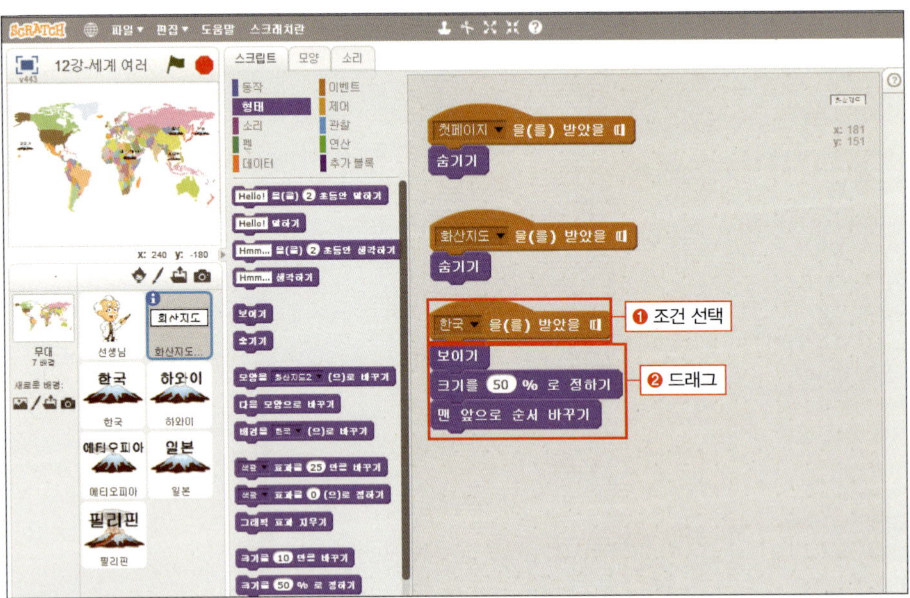

(3) `한국 ▼ 을(를) 받았을 때` 블록 위에 마우스 오른쪽 버튼을 클릭하여 4번 복사한 후 복사된 `한국 ▼ 을(를) 받았을 때` 블록에 ▼를 클릭하여 [에티오피아], [필리핀], [하와이], [일본]을 같은 방법으로 선택합니다. **이벤트** 팔레트의 `이 스프라이트를 클릭했을 때` 블록을 드래그하여 `메시지1 ▼ 방송하기` 블록을 아래에 연결하고, ▼를 클릭하여 [화산지도]를 선택한 후 [실행(▶)] 버튼을 클릭하고, 화산을 선택하면 화산을 설명하는 배경이 나타납니다.

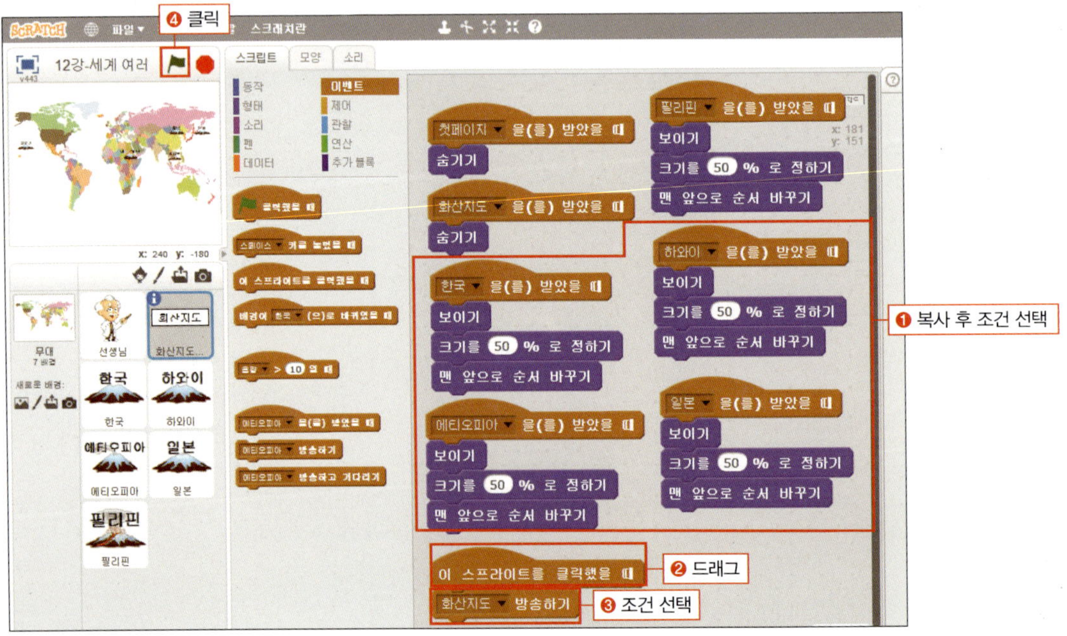

사고력 향상 문제

○ 예제 파일 I 12강–세계 여러 곳의 화산_완성.sb2
○ 완성 파일 I 12강–세계 여러 곳의 화산_사고력향상_완성.sb2

1 '무대'에 밝기를 바꿔보세요.

2 화산지도를 받았을 때 '선생님' 스프라이트(🧑)가 보이도록 만들어 보세요.

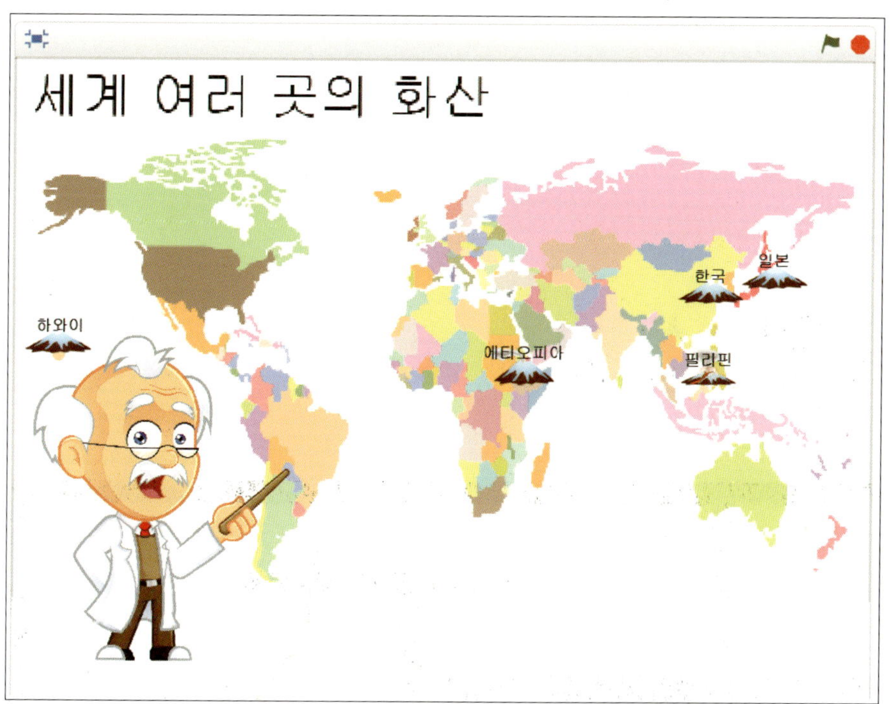

HINT

1 '선생님', '학생' 스프라이트에 보이기 블록을 연결합니다.

2 이벤트 팔레트의 첫페이지 을(를) 받았을 때 블록 아래에 형태 팔레트의 밝기 효과를 10 만큼 바꾸기 를 연결합니다.

13 우리 몸의 소화 이벤트 블록2

이벤트 블록은 특정 조건에 맞는 사건이 발생했을 때 블록에 연결된 스크립트를 실행합니다. 우리 몸의 소화 과정을 통해 이벤트 블록을 배워봅니다.

- **예제 파일 |** 13강-우리 몸의 소화_예제.sb2
- **완성 파일 |** 13강-우리 몸의 소화_완성.sb2
- **사용 방법 |** 주어진 미로에서 음식물을 방향키로 이동시켜 우리 몸의 소화기관을 익힙니다.

1 | 교과 연계 : 5학년 과학 [우리 몸의 구조와 기능]

2 | 교과 핵심 내용

(1) 몸에 필요한 양분을 얻는 방법 : 음식물을 먹고, 소화시킨 영양소를 흡수함으로써 얻을 수 있습니다.

(2) 우리가 먹은 음식이 소화되는 과정

(음식물) → 입안 → 식도 → 위 → 작은창자(소장) → 큰창자(대장) → 항문

3 | 교과 핵심 확인 문제

다음 중 우리 몸의 소화 기관에 해당하지 않는 것은 어느 것입니까? (　　　)

① 입　② 폐　③ 소장　④ 위　⑤ 항문

이벤트 팔레트는 특정 조건에 맞는 사건이 발생했을 때 블록에 연결된 스크립트를 실행합니다.

❶ [클릭됐을 때] : 프로젝트를 가장 먼저 실행하는 역할을 합니다. 무대 오른쪽 위에 있는 [실행(▶)] 버튼을 클릭했을 때 이 블록의 아래 블록들을 차례대로 실행합니다.

❷ [스페이스 ▼ 키를 눌렀을 때] : 키보드에 있는 특정한 키를 눌렀을 때, 이 블록의 아래에 있는 블록들을 차례대로 실행합 l다. 이 블록의 ▼를 클릭하면 특정키 종류가 리스트로 펼쳐집니다.

❸ [이 스프라이트를 클릭했을 때] : 무대 위에 있는 해당 스프라이트를 클릭했을 때, 이 블록의 아래에 있는 블록들을 차례대로 실행합니다.

TIP
선택키의 종류 : 스페이스, 방향키(위쪽, 아래쪽, 오른쪽, 왼쪽 화살표), any(아무키), 알파벳(a~z), 숫자(0~9)

1 | 알고리즘

(1) [실행(🏳)] 버튼을 클릭하면 소화과정 미로가 보이고, 시작점으로 '사과' 스프라이트(🍎)가 이동합니다.

(2) 방향키를 이용하여 음식물을 이동시켜 소화기관을 익히면서, 소화과정을 학습합니다.

2 | 순서도

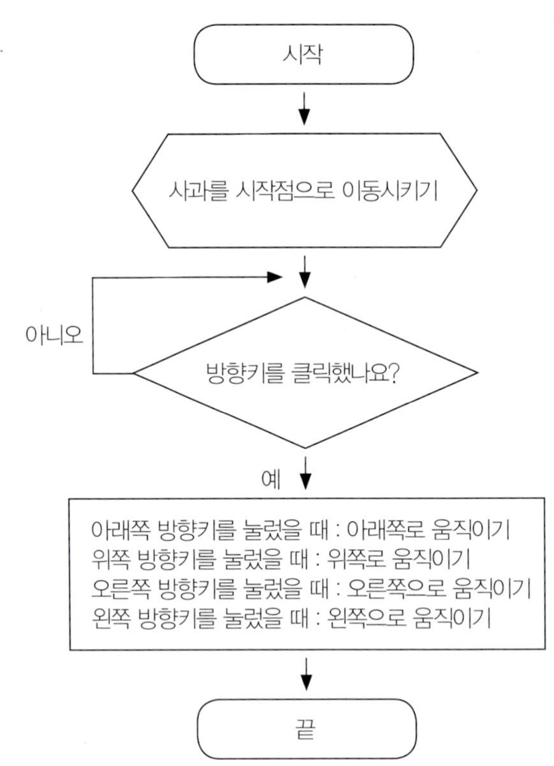

Point 04 · 프로젝트 시작하기

1 | 음식물(사과) 소화시키기

(1) '13강–우리 몸의 소화_예제.sb2' 파일을 엽니다. '사과' 스프라이트(🍎)를 선택한 후, 이벤트 팔레트의 클릭했을 때 블록을 드래그합니다. '사과' 스프라이트(🍎)를 미로의 시작점으로 이동시키기 위해 동작 팔레트의 x: ● y: ● 로 이동하기 블록을 연결하고 'x: –177', 'y: 108'을 입력합니다.

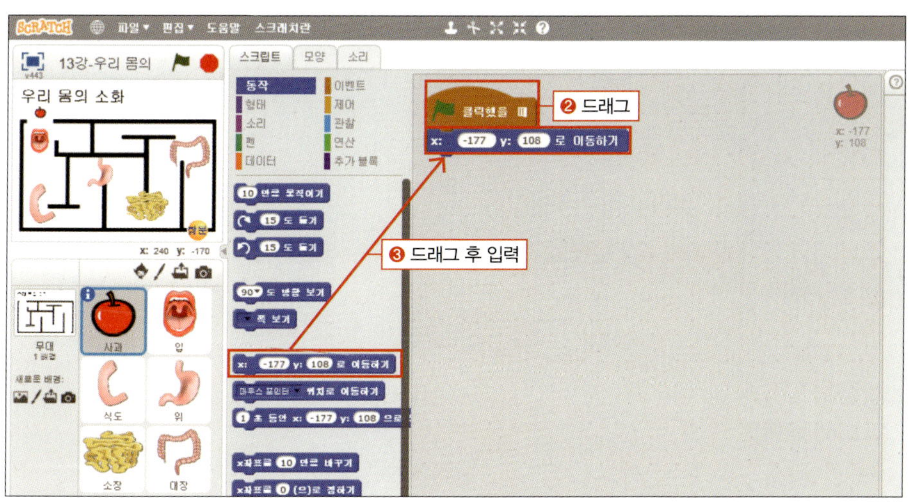

(2) [실행(▶)] 버튼을 클릭했을 때, '사과' 스프라이트(🍎)를 미로의 시작점에서 똑바로 세우기 위해 동작 팔레트의 90▼ 도 방향 보기 블록을 연결합니다. '사과' 스프라이트(🍎)가 소화기관을 이동하면서 가려지지 않기 위해 형태 팔레트의 맨 앞으로 순서 바꾸기 블록을 연결합니다.

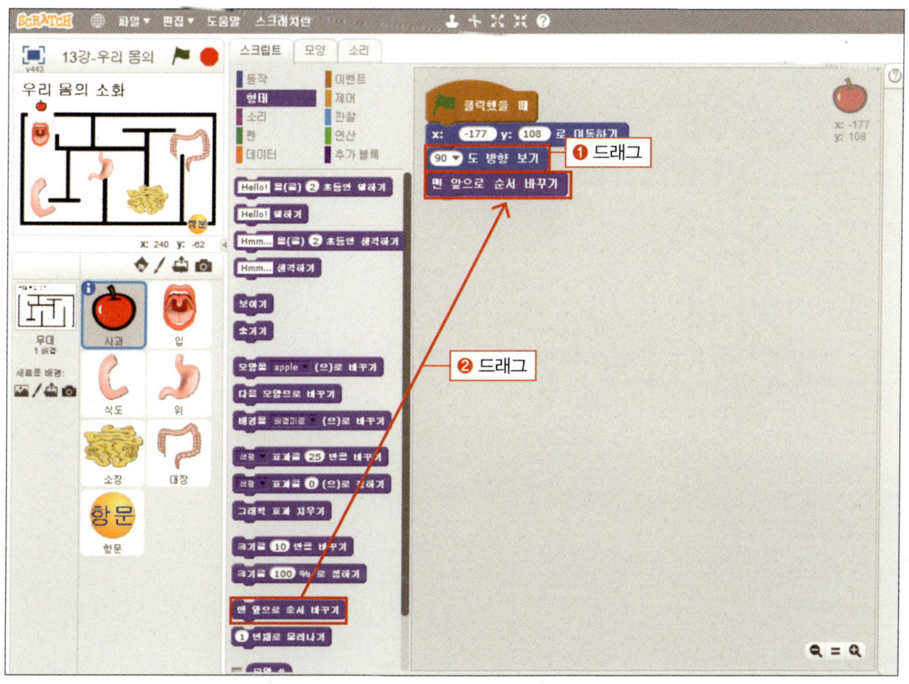

(3) **이벤트** 팔레트의 스페이스 키를 눌렀을 때 블록을 드래그하고, ▼를 클릭하여 [아래쪽 화살표]를 선택합니다. **동작** 팔레트의 90도 방향 보기 블록을 연결하고, ▼를 클릭하여 [180(아래)]를 선택한 후 10만큼 움직이기 블록을 연결합니다.

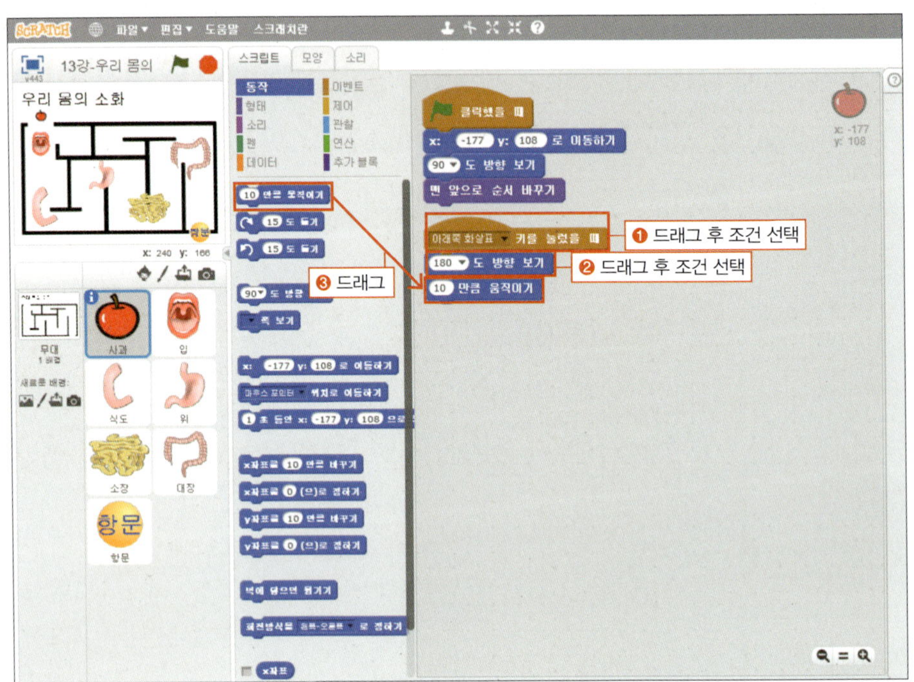

(4) **이벤트** 팔레트의 스페이스 키를 눌렀을 때 블록을 드래그하고, ▼를 클릭하여 [위쪽 화살표]를 선택합니다. **동작** 팔레트의 90도 방향 보기 블록을 연결하고, ▼를 클릭하여 [0(위)]를 선택한 후 10만큼 움직이기 블록을 연결합니다.

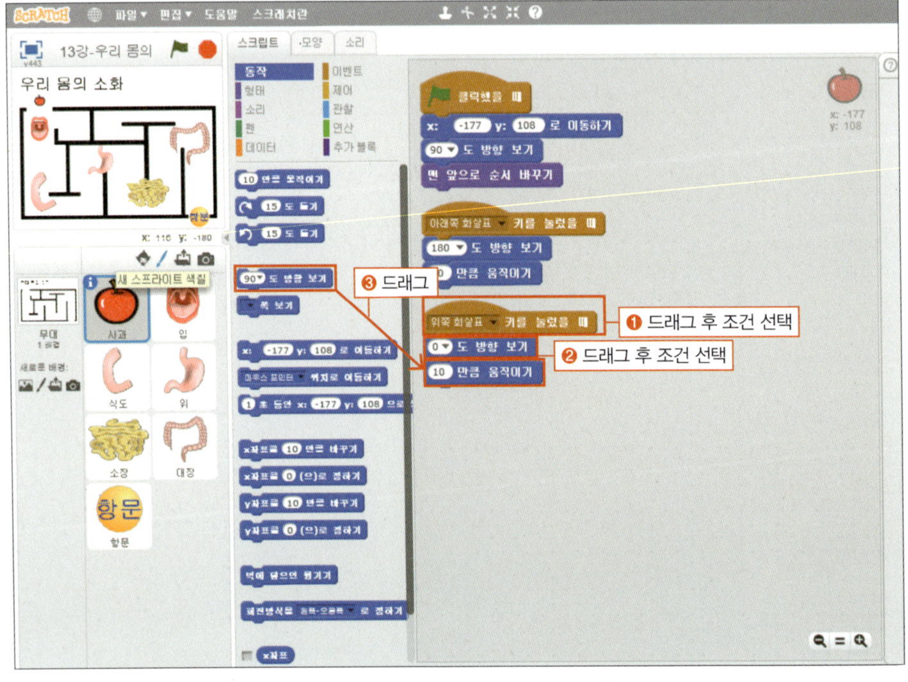

(5) **이벤트** 팔레트의 스페이스 키를 눌렀을 때 블록을 드래그하고, ▼를 클릭하여 [오른쪽 화살표]를 선택합니다. **동작** 팔레트의 90 도 방향 보기 블록을 연결하고, ▼를 클릭하여 [90(오른쪽)]을 선택합니다. 10 만큼 움직이기 블록을 연결합니다.

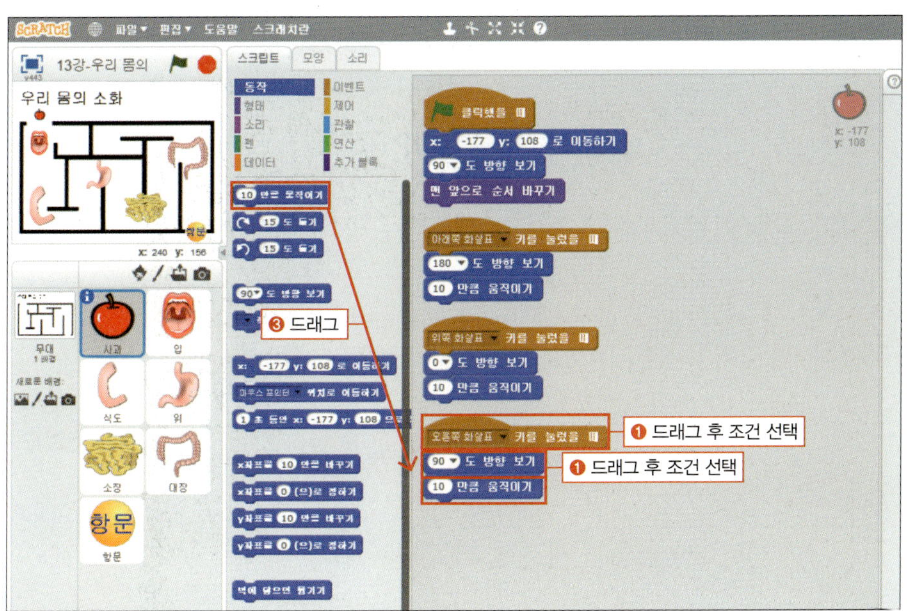

(6) **이벤트** 팔레트의 스페이스 키를 눌렀을 때 블록을 드래그하고, ▼를 클릭하여 [왼쪽 화살표]를 선택합니다. **동작** 팔레트의 90 도 방향 보기 블록을 연결하고, ▼를 클릭하여 [-90(왼쪽)]을 선택합니다. 10 만큼 움직이기 블록을 연결합니다. [실행(▶)] 버튼을 클릭한 다음, 방향키를 이용하여 소화기관으로 이동하면서 소화과정을 익혀봅니다.

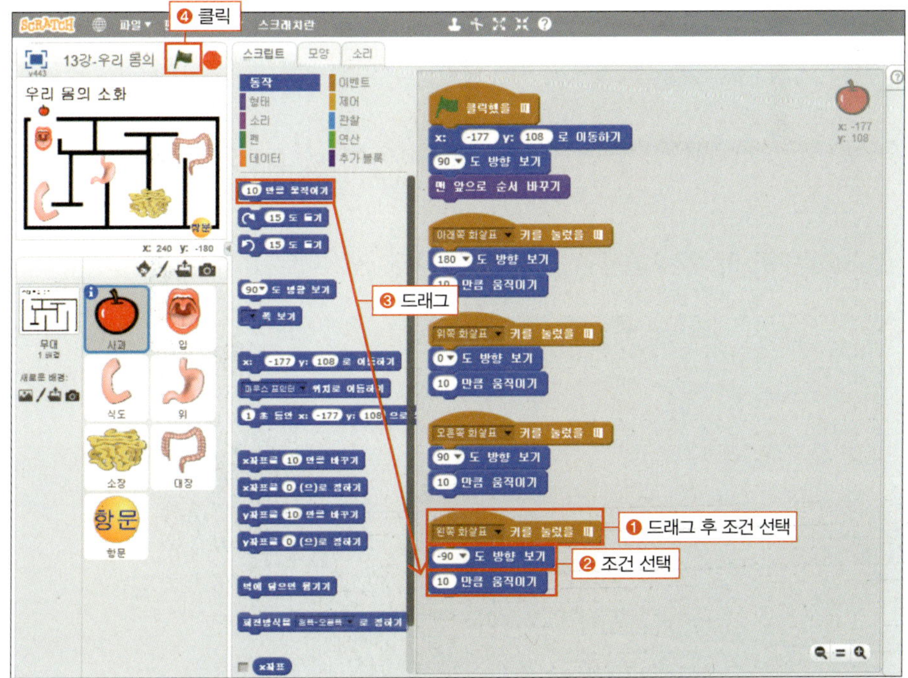

사고력 향상 문제

- 예제 파일 | 13강-우리 몸의 소화_완성.sb2
- 완성 파일 | 13강-우리 몸의 소화_사고력향상(1).sb2, 13강-우리 몸의 소화_사고력향상(2)_완성.sb2

1 '사과' 스프라이트(🍎)를 방향키로 이동할 때 미로의 검은색 벽으로 통과할 수 없도록 만들어 보세요.

2 각 소화기관을 클릭했을 때, 해당 소화기관의 이름을 말해주는 기능을 넣어보세요.

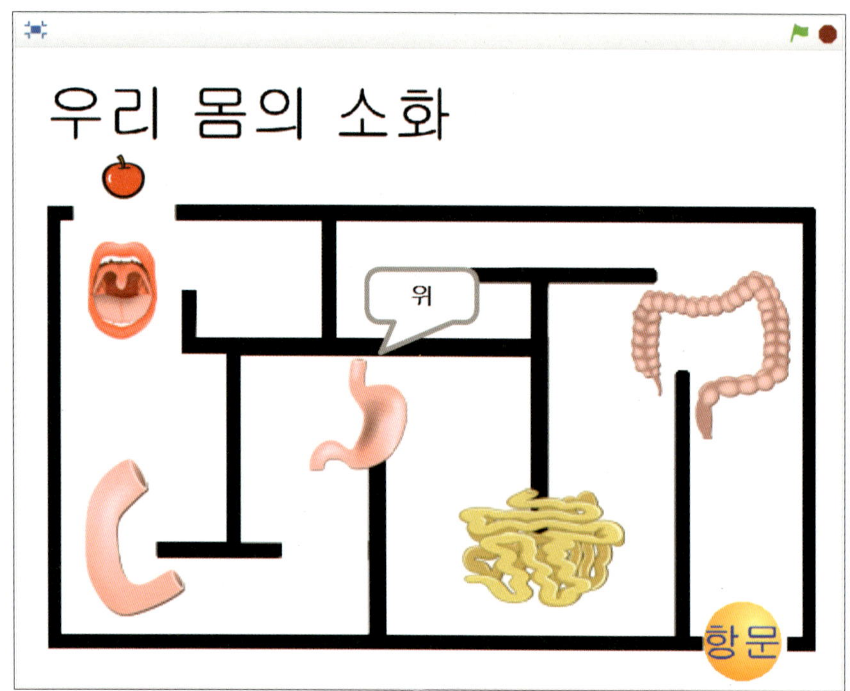

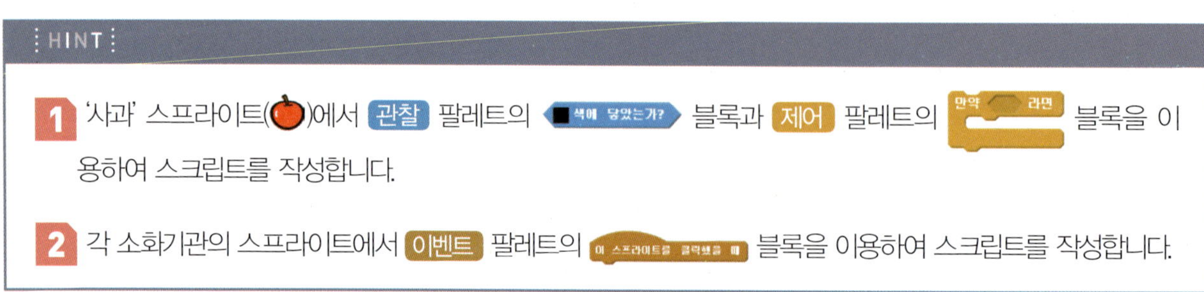

HINT

1 '사과' 스프라이트(🍎)에서 관찰 팔레트의 색에 닿았는가? 블록과 제어 팔레트의 만약 라면 블록을 이용하여 스크립트를 작성합니다.

2 각 소화기관의 스프라이트에서 이벤트 팔레트의 이 스프라이트를 클릭했을 때 블록을 이용하여 스크립트를 작성합니다.

14 생물과 우리 생활 이벤트 블록3

이벤트 블록은 어떤 사건이 발생했을 때, 특정한 동작을 실행하게
하는 블록입니다. 폭신폭신한 빵 만들기를 이벤트 블록을 이용하여
표현해봅니다.

- **예제 파일 |** 14강–생물과 우리 생활_예제.sb2
- **완성 파일 |** 14강–생물과 우리 생활_완성.sb2
- **사용 방법 |** 각 재료를 클릭하여 빵 만들기를 합니다. 효모가 들어가면 빵이 부풀게 합니다.

교과 내용 파악하기

1 | 교과 연계 : 6학년 과학 [생물과 우리 생활]

2 | 교과 핵심 내용

(1) 효모 : 균류에 속하는 생물로 술이나 빵 등의 음식을 만들 때 이용합니다.

(2) 빵 반죽에 효모를 넣고 일정한 온도를 유지하면 빵이 부풀어 오릅니다.

3 | 교과 핵심 확인 문제

빵 반죽에 사용한 재료 중 빵 반죽이 부풀게 하기 위해서 넣어주는 것은 무엇일까요? (　　　)

① 설탕　② 물　③ 효모　④ 달걀　⑤ 밀가루

블록 이해하기

이벤트 블록은 특정 조건에 맞는 사건이 발생했을 때 블록에 연결된 스크립트를 실행합니다.

❶ 메시지1 ▼ 방송하기 : 다른 블록을 실행시키도록 명령을 내리는 블록입니다. ▼를 클릭하여 '새 메시지'를 클릭한 다음 원하는 이름을 입력하면 새로운 방송하기를 만들 수 있습니다.

❷ 메시지1 ▼ 을(를) 받았을 : 해당 방송하기를 받았을 때 이 블록 아래에 있는 블록들을 차례대로 실행합니다.

생각하기

1 | 알고리즘

(1) 각 스프라이트를 클릭하면 '반죽' 스프라이트( ) 쪽으로 이동합니다. 이때 각 스프라이트의 이름을 2초 동안 말합니다.

(2) 각 스프라이트가 '반죽' 스프라이트( )로 이동하면 반투명 효과로 보이지 않게 하고 빵 부풀리기하고 5초 후에 원래 자리와 모양으로 되돌립니다.

(3) '효모' 스프라이트( )가 '반죽' 스프라이트( )에 닿았다면 '반죽' 스프라이트( )의 크기를 크게 한 후 원래 크기로 되돌리고 그렇지 않으면 원래 크기대로 둡니다.

2 | 순서도

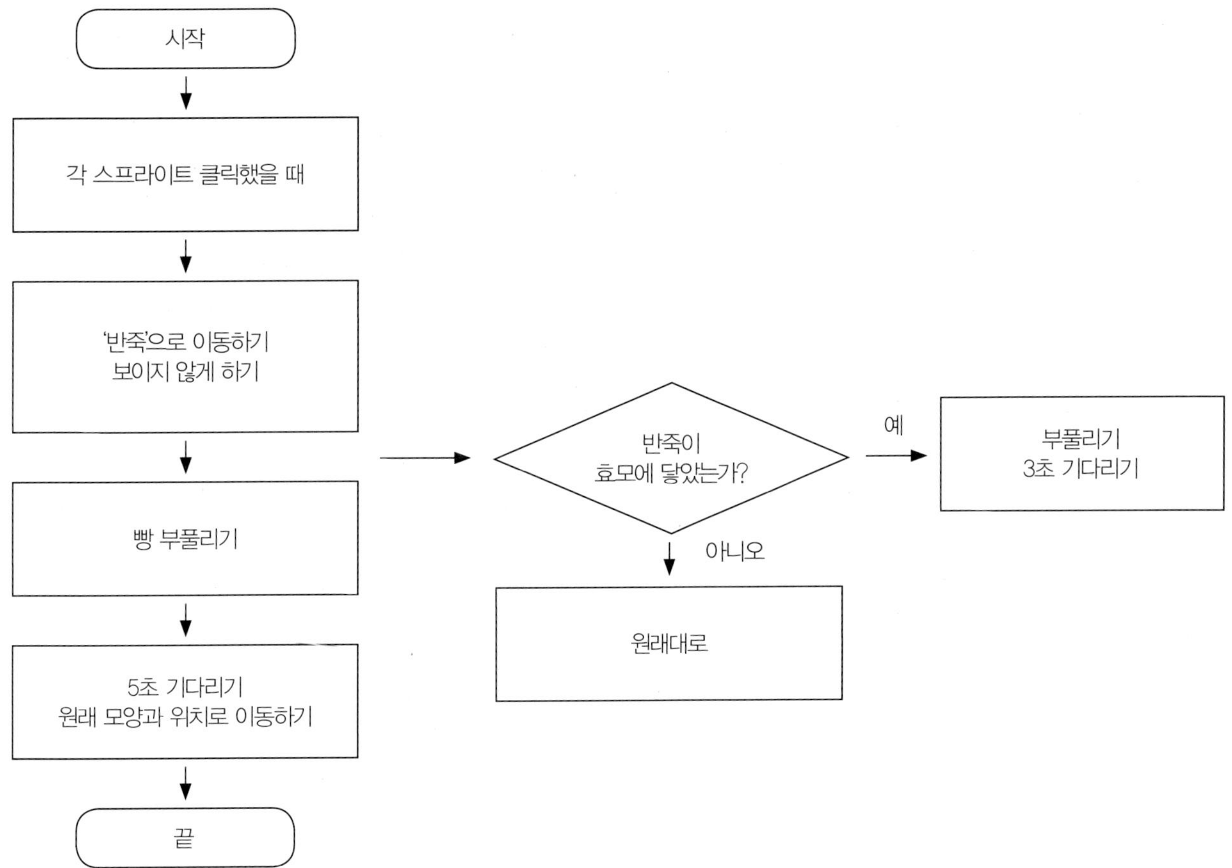

시작
각 스프라이트 클릭했을 때
'반죽'으로 이동하기
보이지 않게 하기
빵 부풀리기
5초 기다리기
원래 모양과 위치로 이동하기
끝
반죽이
효모에 닿았는가?
예
부풀리기
3초 기다리기
아니오
원래대로

프로젝트 시작하기

1 | 여러 가지 재료로 반죽하기

(1) '14강－생물과 우리 생활_예제.sb2' 파일을 엽니다. '밀가루' 스프라이트( )를 선택하고 이벤트 팔레트의 이 스프라이트를 클릭했을 때 블록을 드래그하고, 형태 팔레트의 밀가루 을(를) 2 초동안 말하기 블록을 연결해 스프라이트 이름을 나타내고, 그래픽 효과를 지우기 위해서 그래픽 효과 지우기 블록을 연결합니다.

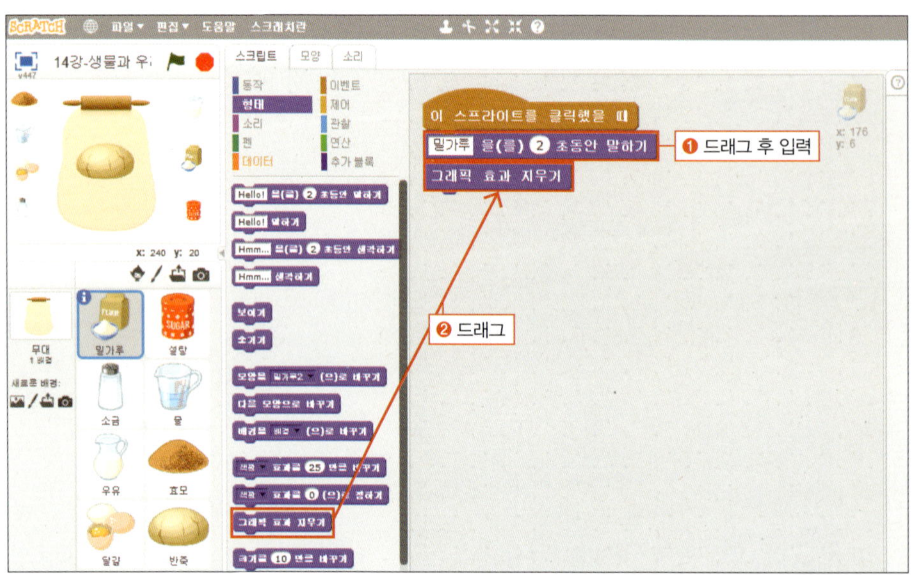

(2) 동작 팔레트의 반죽 쪽 보기 블록과 4 초 동안 x: -18 y: 0 으로 움직이기 블록을 연결합니다. 보이지 않게 하기 위해 제어 팔레트의 10 번 반복하기 블록을 연결하고, 반투명 효과를 25 만큼 바꾸기 블록을 안에 연결합니다.

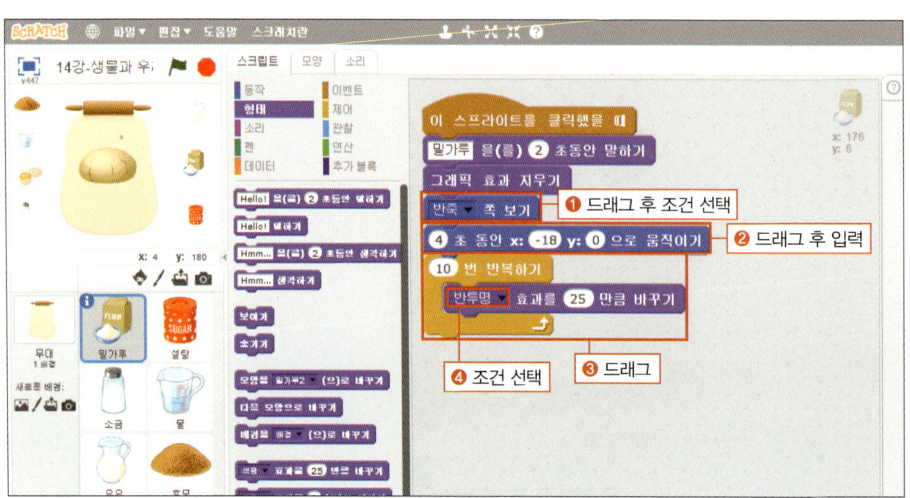

(3) 효모가 반죽에 들어가면 반죽을 부풀리게 하기 위해 이벤트 팔레트의 반죽 부풀리기 ▼ 방송하기 블록을 연결하고 5 초 기다리기 블록으로 '5초 기다린 후 형태 팔레트의 그래픽 효과 지우기 블록을 연결합니다. 다시 원위치로 돌아가게 하기 위해서 동작 팔레트의 x: 176 y: 6 로 이동하기 블록을 연결합니다. 나머지 모든 재료도 원위치의 값만 다르며 모두 동일합니다.

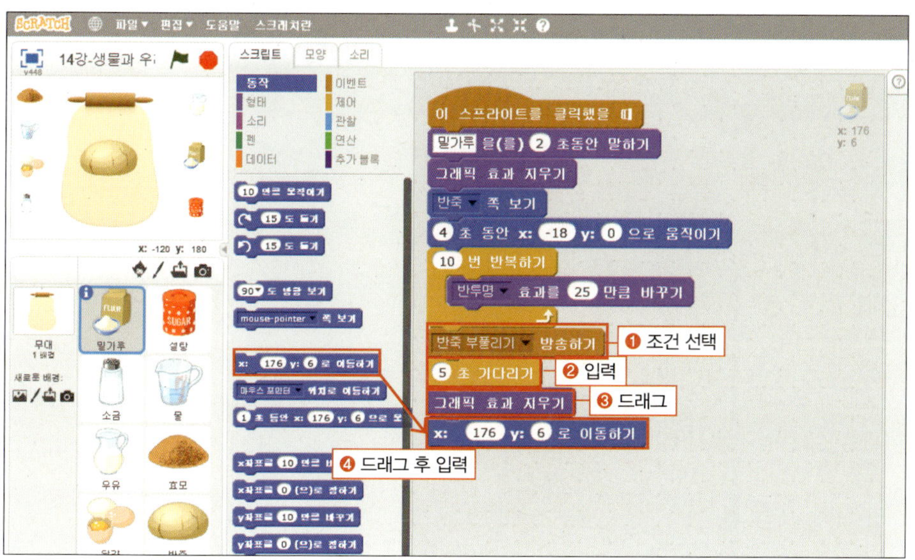

2 | 반죽 부풀리기

(1) '반죽' 스프라이트(　)를 선택한 후 이벤트 팔레트의 반죽 부풀리기 ▼ 을(를) 받았을 때 블록을 드래그하고, 형태 팔레트의 크기를 55 % 로 정하기 블록과 7 번째로 물러나기 블록을 차례대로 연결합니다.

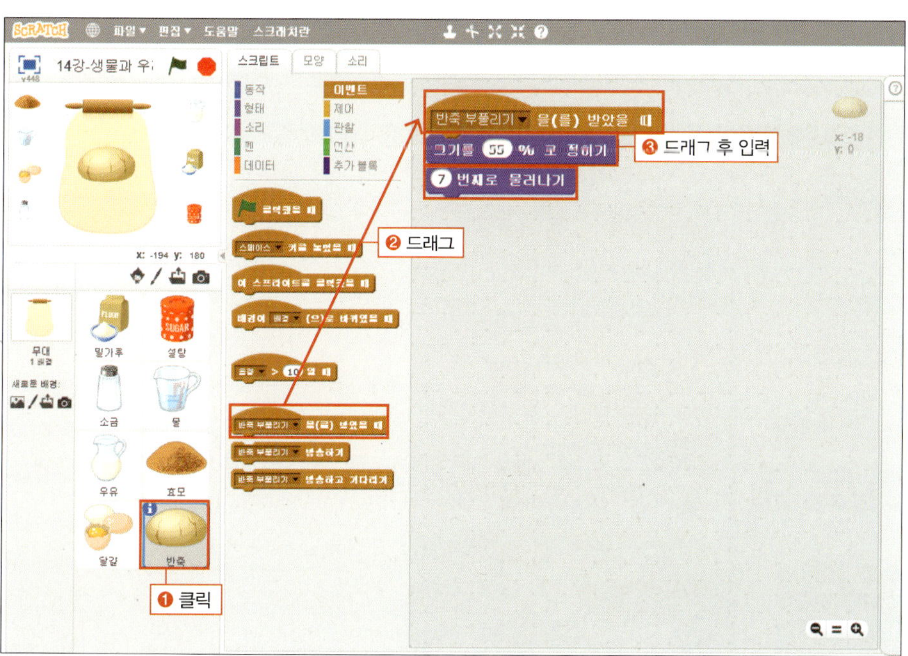

(2) '효모' 스프라이트( )가 '반죽' 스프라이트( )에 닿았다면 관찰 팔레트의

▼ 에 닿았는가? 블록과 제어 팔레트의 만약 ◇ 라면 / 아니면 블록을 사용하여 크기를 '10'만큼 '5'번

바꾼 다음 '3'초 기다렸다가 '55'% 크기로 되돌리고 그렇지 않으면 '55'% 크기 그대로 둡니다. 각 스프라이트를 클릭해봅니다.

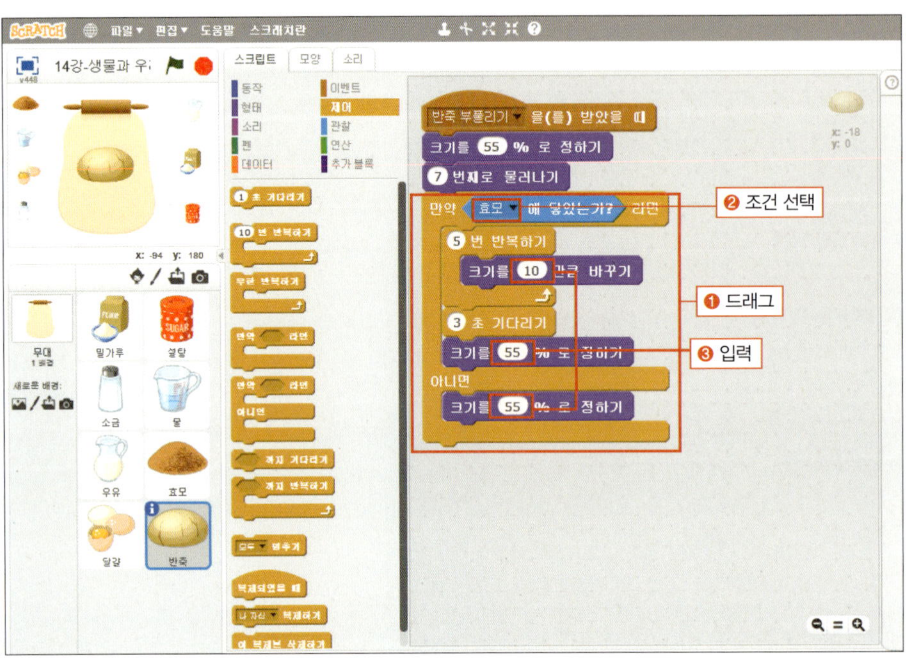

(3) 이벤트 팔레트의 클릭했을 때 블록을 드래그하고, 동작 팔레트의 x: -18 y: 0 로 이동하기 블록을 연결하여 처음 위치를 정해줍니다.

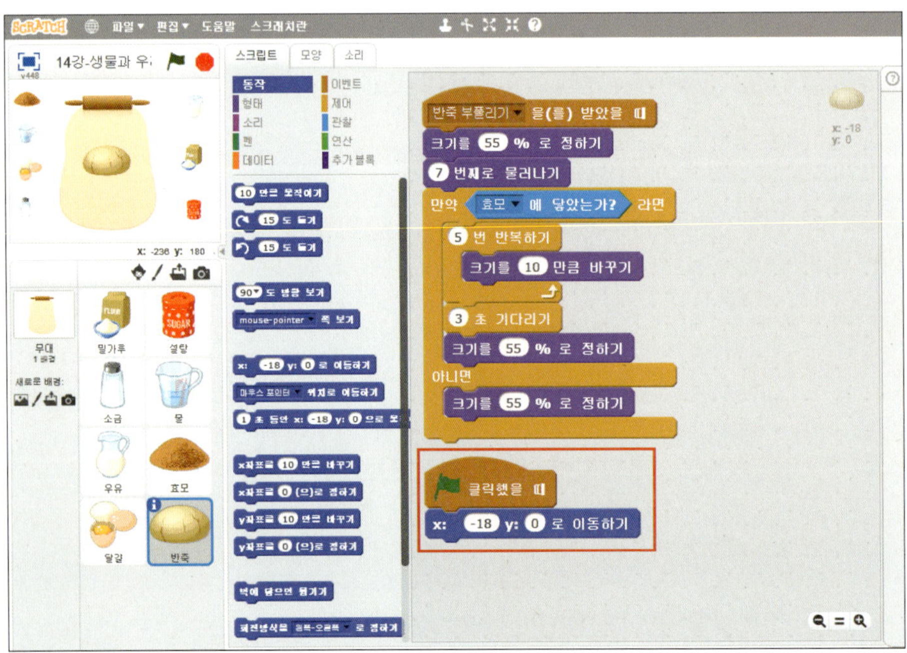

사고력 향상 문제

○ 예제 파일 ㅣ 14강–생물과 우리 생활_완성.sb2
○ 완성 파일 ㅣ 14강–생물과 우리 생활_사고력향상_완성.sb2

1 '베이킹파우더' 스프라이트를 재료로 추가하세요.

2 '베이킹파우더' 스프라이트가 반죽에 들어갔을 때에도 '반죽' 스프라이트()의 크기가 커지는 스크립트를 작성하세요.

HINT

연산 팔레트의 `또는` 블록과 **관찰** 팔레트의 `▼ 에 닿았는가?` 블록을 사용하세요.

15 물체의 빠르기 제어 블록1

제어 블록은 다른 블록(동작, 소리 등)을 제어하기 위해 사용하는 블록입니다. 제어 블록을 이용하여 물체(교통수단)의 빠르기를 비교해 봅니다.

- **예제 파일 ㅣ** 15강–물체의 빠르기_예제.sb2
- **완성 파일 ㅣ** 15강–물체의 빠르기_완성.sb2
- **사용 방법 ㅣ** 출발 버튼을 클릭하여 출발점에서 도착점까지 이동하는 교통수단의 빠르기를 비교합니다.

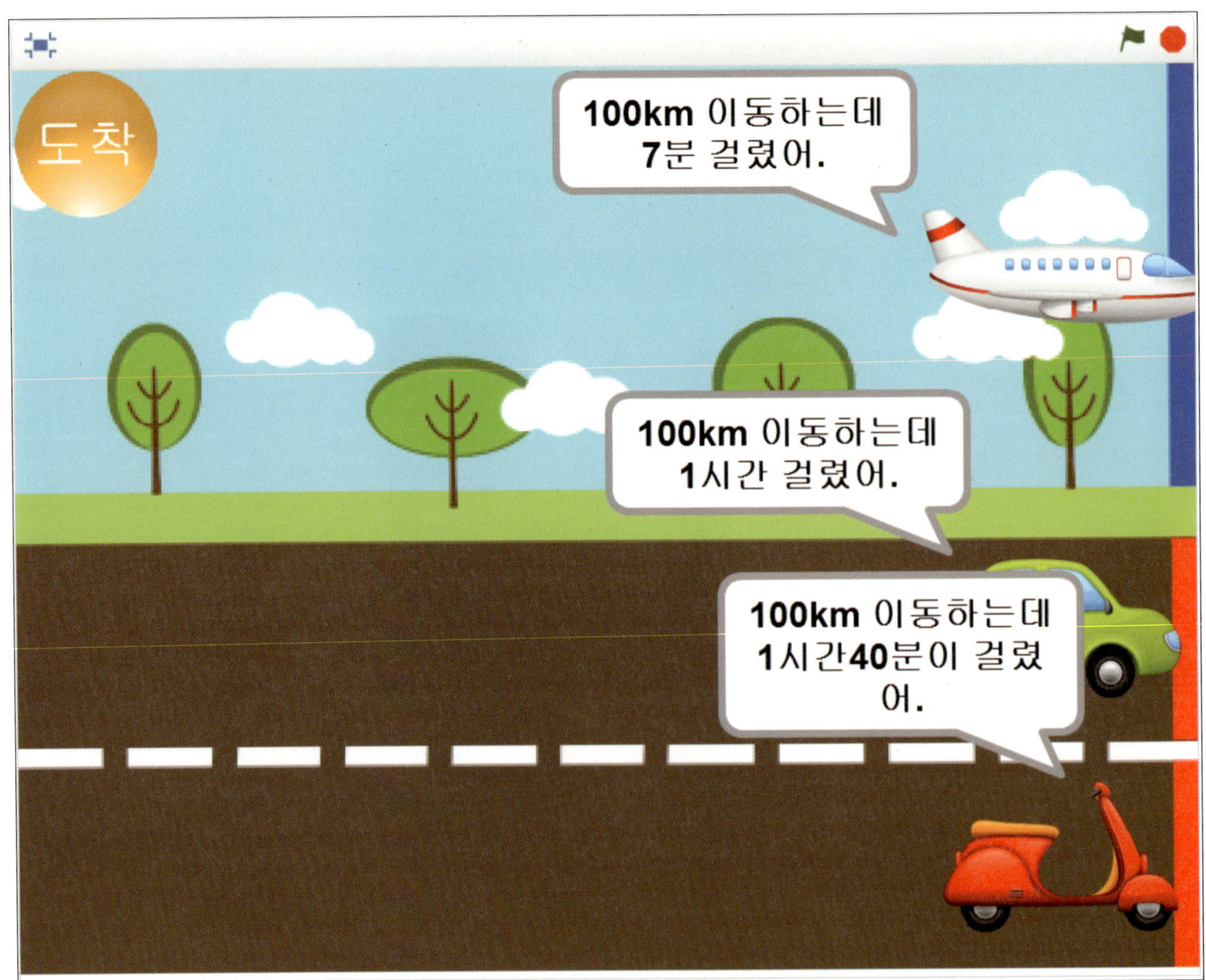

교과 내용 파악하기

1 | 교과 연계 : 5학년 과학 [물체의 빠르기]

2 | 교과 핵심 내용

(1) 물체의 운동 : 운동을 하고 있는 물체는 시간이 흐르면 위치가 변하므로, 물체의 운동은 시간과 위치 변화로 나타낼 수 있습니다.

(2) 물체의 빠르기

❶ 일정한 거리를 이동하는 데 걸린 시간으로 빠르기 비교하기 : 짧은 시간이 걸린 물체가 빠름

❷ 일정한 시간동안 이동한 거리로 빠르기 비교하기 : 먼 거리를 이동한 물체가 빠름.

3 | 교과 핵심 확인 문제

다음 표를 보고 속력이 빠른순으로 나열하세요. (   )

이름	달린 거리	걸린 시간
비행기	100km	7분(m)
스쿠터	100km	1시간40분=100분(m)
자동차	100km	1시간=60분(m)

블록 이해하기

❶ [까지 반복하기] : 정해진 조건이 될 때까지 블록 안의 스크립트를 반복하는 블록입니다.

❷ [1 초 기다리기] : 정해진 시간동안 다음 스크립트의 진행을 기다리는 블록입니다.

TIP

[1 초 기다리기] **블록의 이해**

❶ 사용했을 때

: [보이기] 블록의 실행 후에 1초 기다렸다가 [숨기기] 블록이 실행되므로 과정이 보입니다.

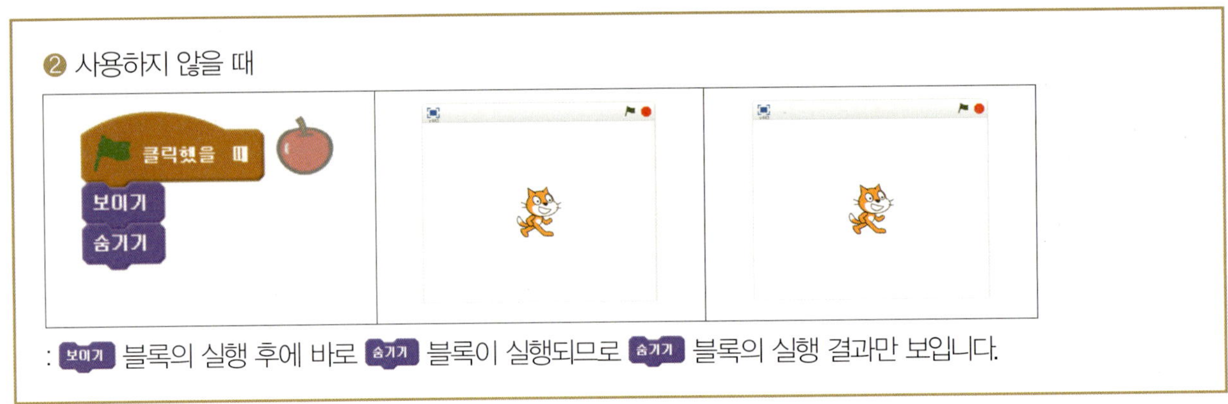

: 보이기 블록의 실행 후에 바로 숨기기 블록이 실행되므로 숨기기 블록의 실행 결과만 보입니다.

Point 03 생각하기

1 | 알고리즘

(1) [실행(▶)] 버튼을 클릭하면 ✈, 🚗, 🛵를 보여줍니다.

(2) '버튼' 스프라이트(출발)를 누르면 ✈, 🚗, 🛵가 동시에 출발하고, 각자 다른 속력으로 이동하여 도착점(하늘 : ■, 도로 : ■)에 도달하면 멈춥니다.

2 | 순서도

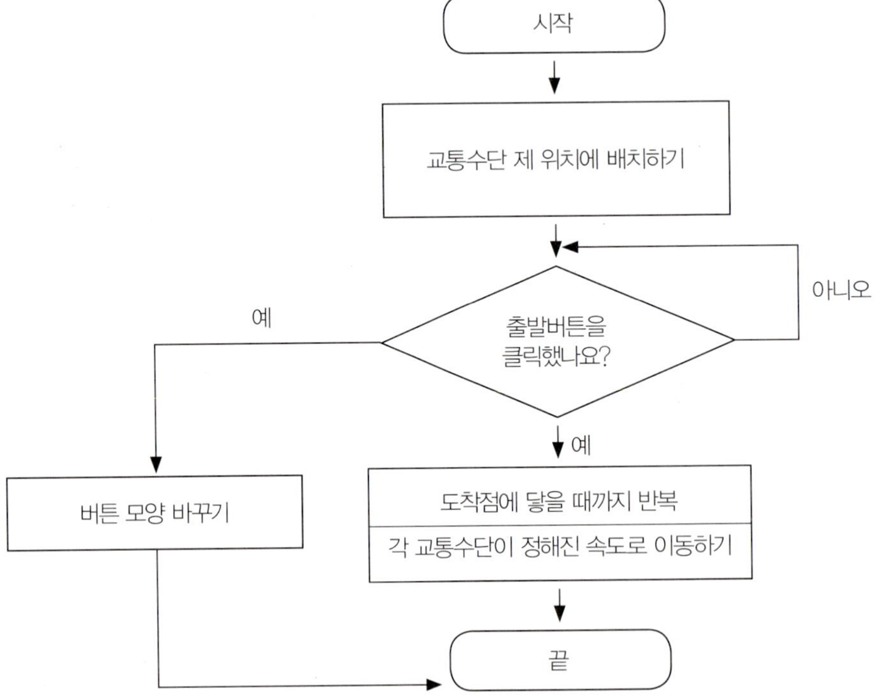

Point 04 프로젝트 시작하기

1 | 출발점에 준비시키기

(1) '15강–물체의 빠르기_예제.sb2' 파일을 엽니다. '비행기' 스프라이트(   )를 선택한 후, **이벤트** 팔레트의 **클릭했을 때** 블록을 드래그하고, **동작** 팔레트의 **x: ● y: ● 로 이동하기** 블록을 연결한 후, 'x: –190', 'y: –100'을 입력합니다.

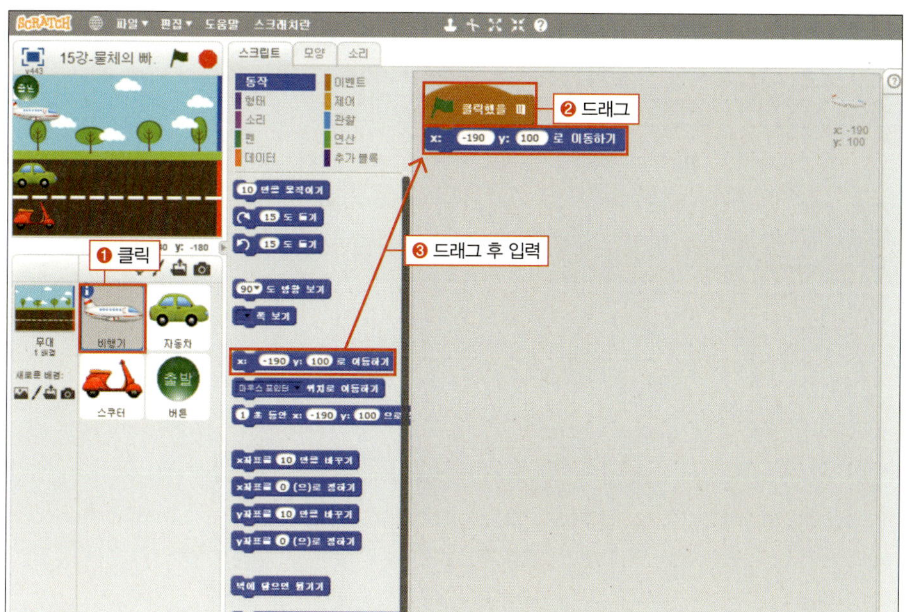

(2) '자동차' 스프라이트(   )와 '스쿠터' 스프라이트(   )도 동일한 방법으로 스크립트를 작성합니다. '자동차' 스프라이트(   )는 'x: –190', 'y: –43', '스쿠터' 스프라이트(   )는 'x: –190', 'y: –133'입니다.

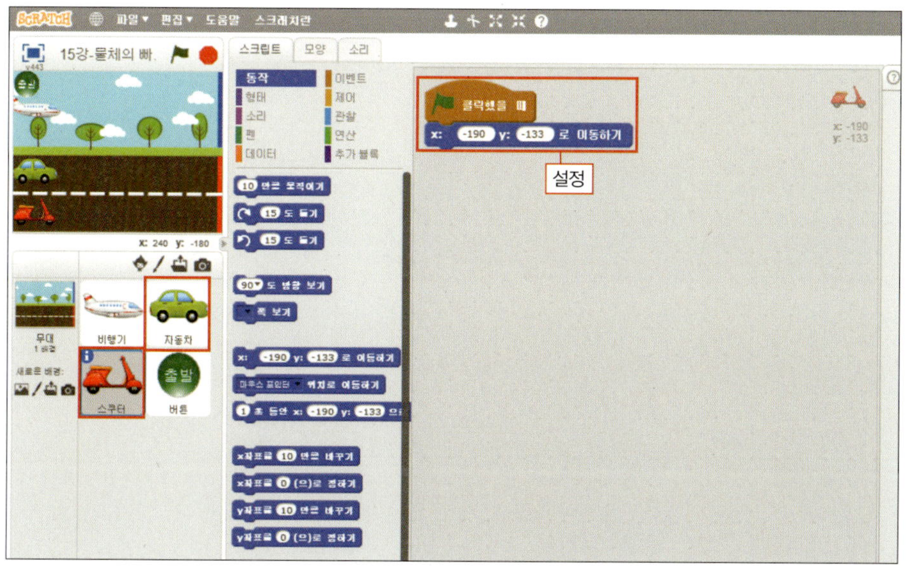

(1) '버튼' 스프라이트(출발)를 선택한 후, 이벤트 팔레트의 클릭했을 때 블록을 드래그하고, 형태 팔
레트의 모양을 도착 ▼ (으)로 바꾸기 블록을 연결한 후, ▼를 클릭하여 [출발1]을 선택합니다.

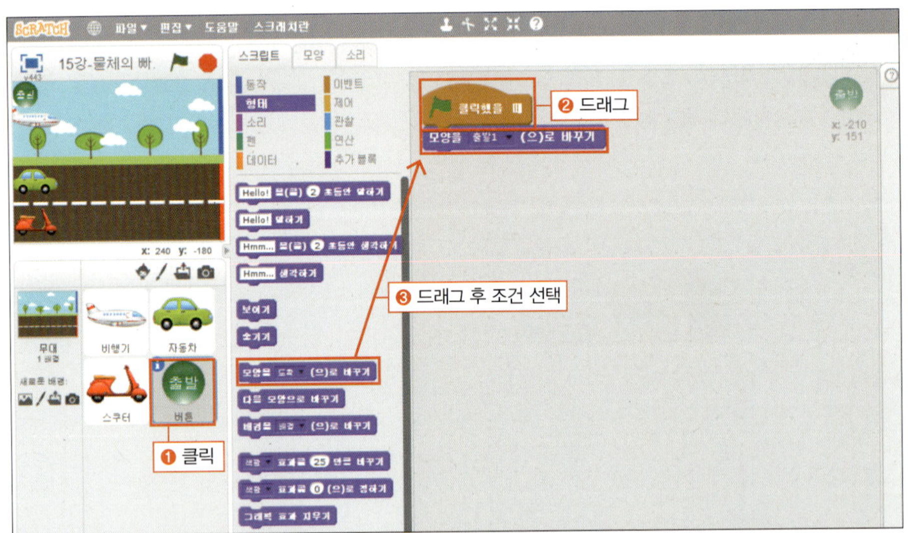

(2) '버튼' 스프라이트(출발)를 클릭했을 때, 버튼이 눌린 효과를 주기 위해 이벤트 팔레트의
이 스프라이트를 클릭했을 때 블록을 드래그하고, 형태 팔레트의 모양을 도착 ▼ (으)로 바꾸기 블록을 연결한 후,
▼를 클릭하여 [출발2]를 선택합니다. 제어 팔레트의 1 초 기다리기 블록을 연결하고 '0.1'초를
입력합니다.

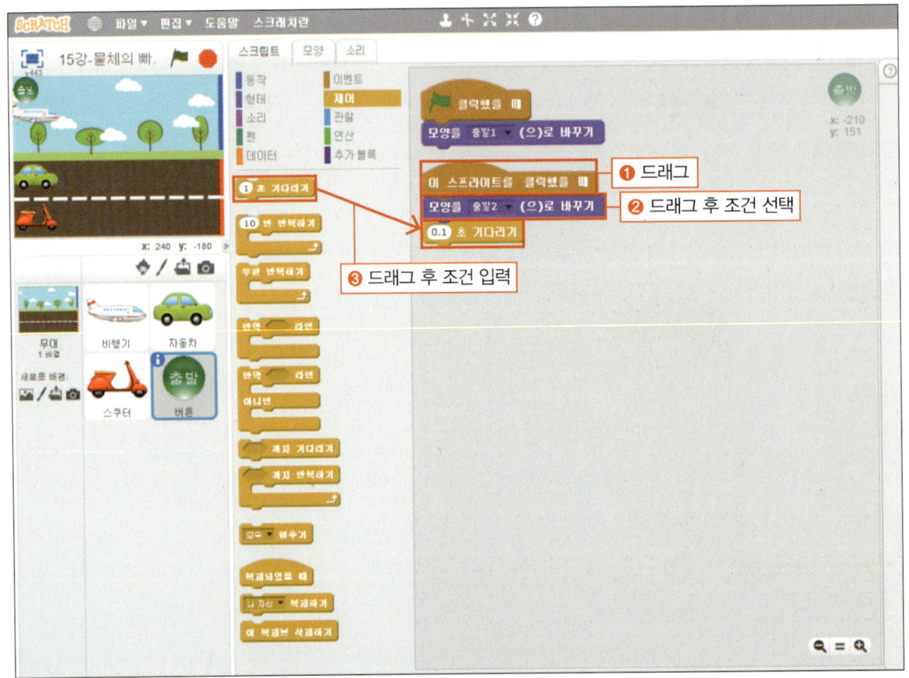

0.1 초 기다리기 블록을 사용하여야만 모양을 출발2 ▼ (으)로 바꾸기 블록과 모양을 이동중 ▼ (으)로 바꾸기 블록이 실행되는 과정이 보입니다.

(3) 형태 팔레트의 모양을 도착 ▼ (으)로 바꾸기 블록을 ▼를 클릭하여 [이동중]을 선택하여 연결합니다. 이벤트 팔레트의 메시지1 ▼ 방송하기 블록의 ▼를 클릭하여 [출발] 메시지를 만들고 선택합니다.

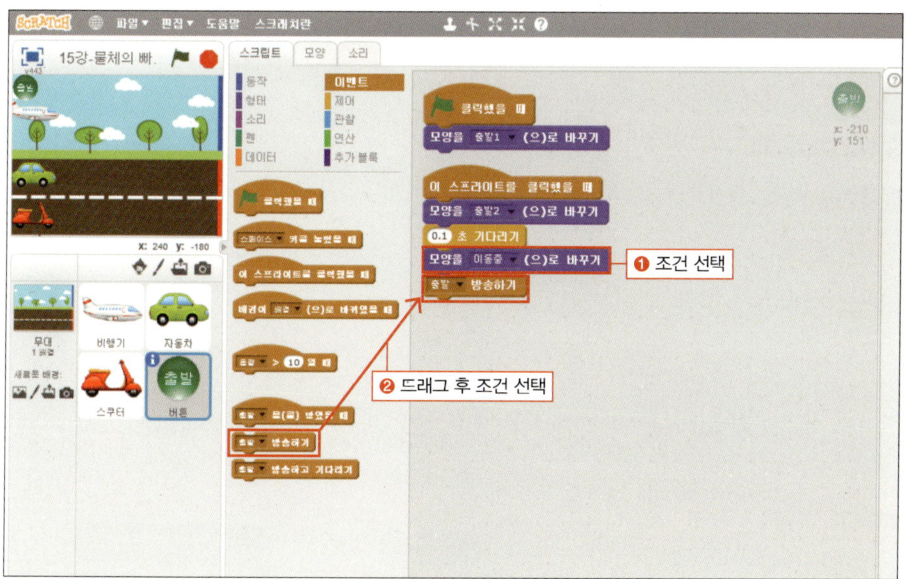

(4) '버튼' 스프라이트( )가 '출발1' 모양일 때만 스크립트를 실행하기 위해서 이 스프라이트를 클릭했을 때 블록 아래의 블록들을 만약 모양 # = 1 라면 블록의 안으로 연결합니다.

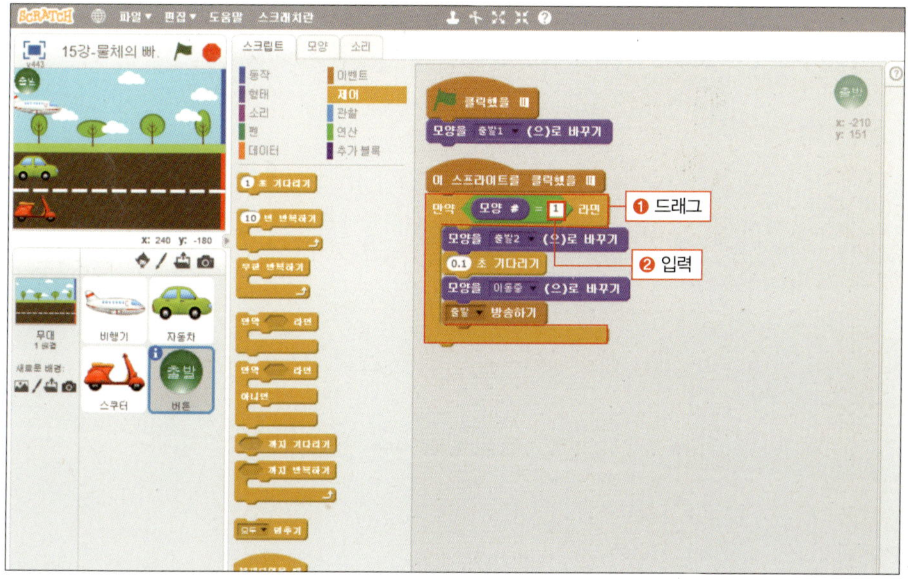

3 | 도착점까지 이동시키기

(1) (출발)을 클릭했을 때, 출발 ▼ 방송하기 블록이 실행되고, '출발' 방송을 받았을 때의 스크립트를 작성하기 위해, '비행기' 스프라이트( )를 선택한 후, 이벤트 팔레트의 출발 ▼ 을(를) 받았을 때 블록을 드래그하고, ▼를 클릭하여 '출발'을 선택합니다.

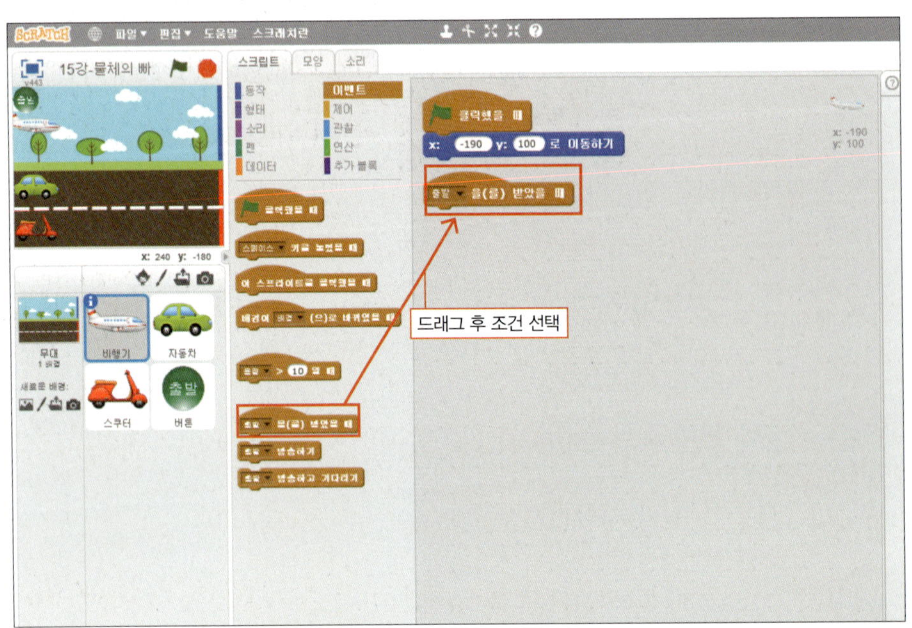

(2) 제어 팔레트의 까지 반복하기 블록을 드래그하고, 관찰 팔레트의 색에 닿았는가? 블록의 칼라상자를 [무대( )]의 도착점 색(■)으로 변경한 후, 까지 반복하기 블록의 조건에 연결합니다.

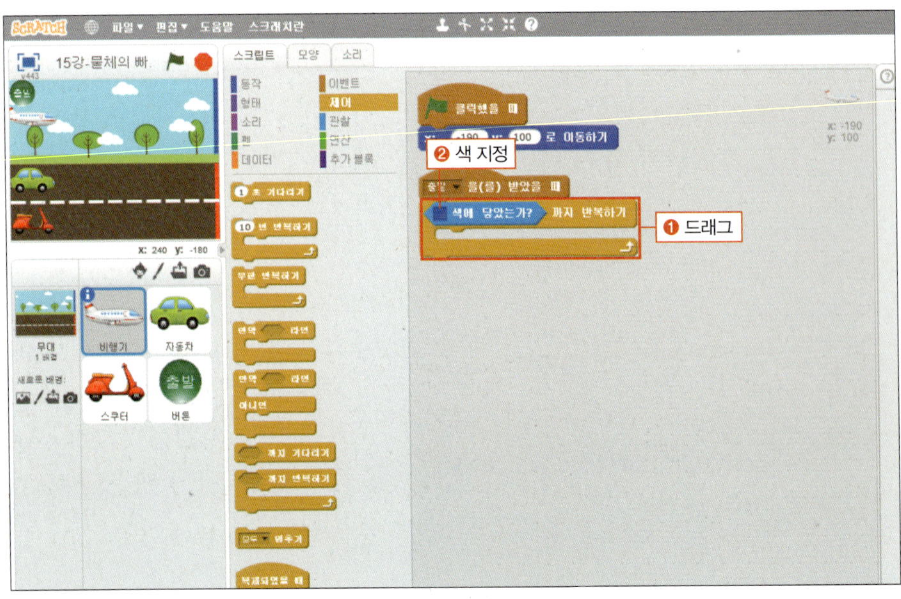

(3) 동작 팔레트의 10 만큼 움직이기 블록을 드래그하여 '27'만큼으로 변경한 후, 만약 모양 # = 1 라면 블록의 안으로 연결합니다. 정해진 거리를 이동하는 데 걸린 시간을 표현하기 위해, 형태 팔레트의 Hello! 말하기 블록을 드래그하고, '100km 이동하는데 7분 걸렸어.'를 입력합니다.

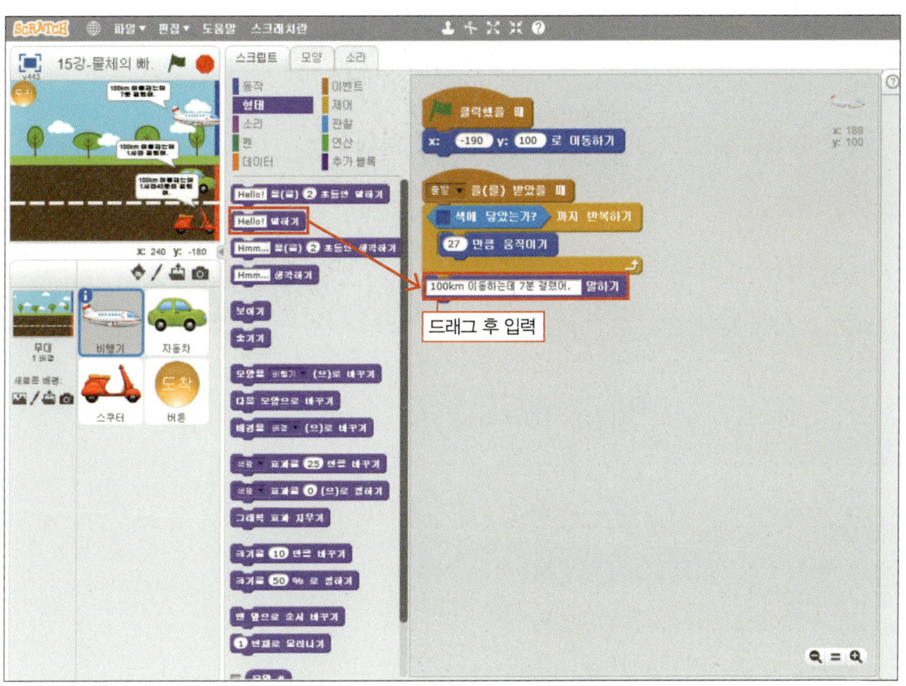

(4) '자동차' 스프라이트( )와 '스쿠터' 스프라이트( )도 같은 방법으로 스크립트를 작성합니다. 메시지1 방송하기 블록의 ▼ 클릭하여 [도착] 메시지를 만들고 선택한 후, 연결합니다.

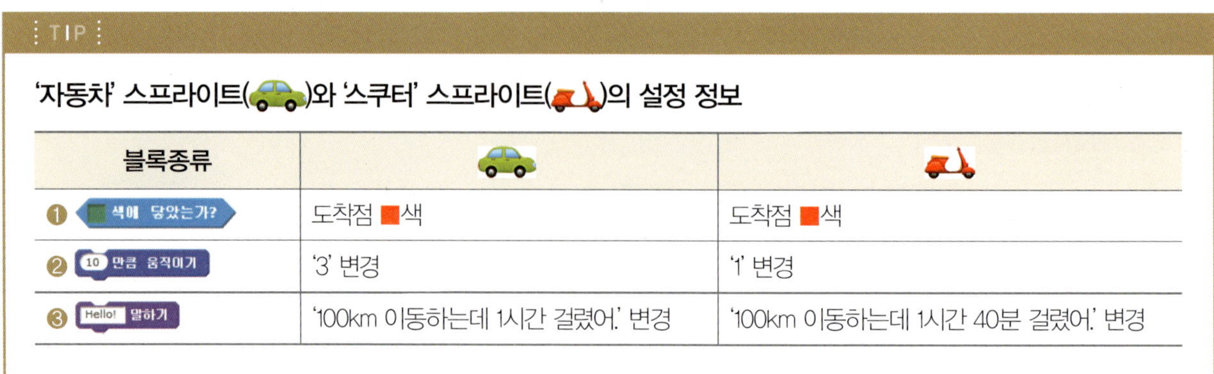

블록종류	자동차	스쿠터
❶ 색에 닿았는가?	도착점 ■색	도착점 ■색
❷ 10 만큼 움직이기	'3' 변경	'1' 변경
❸ Hello! 말하기	'100km 이동하는데 1시간 걸렸어.' 변경	'100km 이동하는데 1시간 40분 걸렸어.' 변경

(7) 가 마지막으로 도착하면 '버튼' 스프라이트(이동중)를 '도착' 모양(도착)으로 바꾸기 위해 이벤트 팔레트의 도착 을(를) 받았을 때 블록을 드래그한 후, 형태 팔레트의 모양을 도착 (으)로 바꾸기 블록을 연결합니다. [실행(▶)] 버튼을 클릭한 후 '버튼' 스프라이트(출발)를 클릭하면 , , 가 정해진 각각의 속도로 도착점까지 이동한 후 각각의 빠르기에 대한 정보를 말합니다.

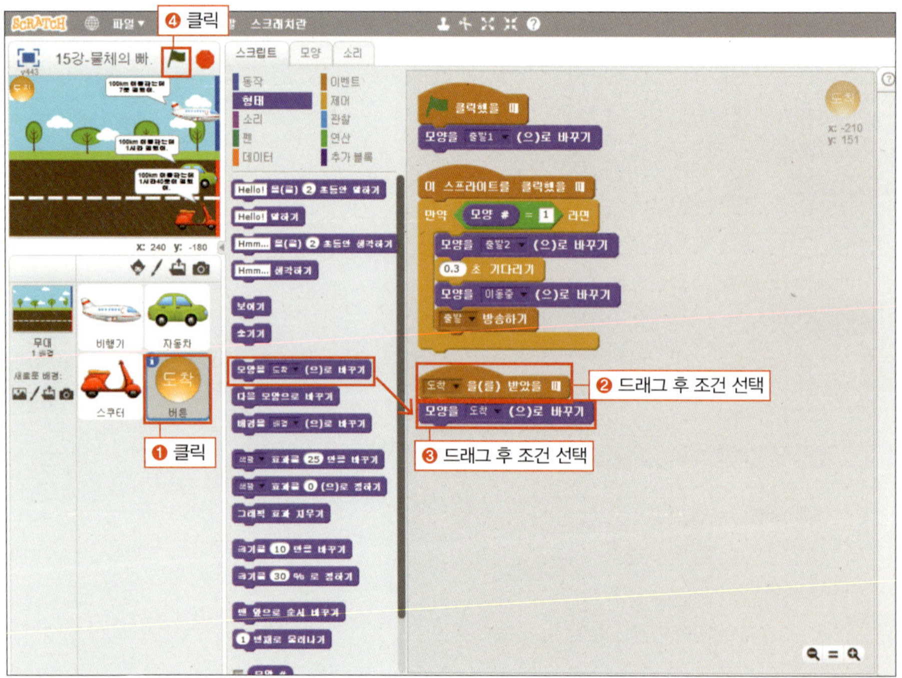

사고력 향상 문제

- 예제 파일 I 15강-물체의 빠르기_완성.sb2
- 완성 파일 I 15강-물체의 빠르기_사고력향상_완성.sb2
- 추가 이미지 I 배경1.png, 배경2.png, 배경3.png

1 연산 팔레트의 ▢＝▢ 블록과 동작 팔레트의 x좌표 블록을 이용하여 ✈️, 🚗, 🛵 가 움직이는 까지 반복하기 블록의 조건을 수정하세요.

2 배경을 추가하여 좀 더 실감나게 움직이는 효과를 나타내 보세요.

▲ 배경1　　　　　▲ 배경2　　　　　▲ 배경3

HINT

1 '교통수단' 스프라이트(✈️ 🚗 🛵)의 도작섬 x좌표 값

- '비행기' 스프라이트(✈️) : 'x=283'
- '자동차' 스프라이트(🚗) : 'x=276'
- '스쿠터' 스프라이트(🛵) : 'x=270'

2 ・ 제어 팔레트의 1 초 기다리기 블록을 사용합니다.

・ 기존의 배경을 없애고, 배경(배경1.png, 배경2.png, 배경3.png)을 추가합니다.

16 밤하늘의 별 제어 블록2

제어 블록은 반복되는 블록을 묶거나 조건에 따라 다른 기능을 해야 할 때 또는 스프라이트를 복제하는 블록입니다. 밤하늘에 수많은 별들이 나타나게 제어 블록을 이용하여 표현해봅니다.

- 예제 파일 l 16강-밤하늘의 별_예제.sb2
- 완성 파일 l 16강-밤하늘의 별_완성.sb2
- 사용 방법 l 별들이 나타나면, 클릭하여 별을 삭제하고, 정해진 별개수가 되면 멈춥니다.

 **교과 내용 파악하기**

1 | 교과 연계 : 5학년 과학 [태양계와 별]

2 | 교과 핵심 내용

(1) 별 : 빛을 내는 천체.

　❶ 별은 먼 거리에 있어 지구에서 볼 때 작은 점으로 보임.

　❷ 낮에는 태양 빛으로 별을 볼 수 없고 밤이 되면 볼 수 있음.

(2) 별자리 : 별의 무리를 지어 신화에 나오는 물건이나 동물 등의 이름을 붙여 놓은 것.

3 | 교과 핵심 확인 문제

다음은 무엇에 대한 설명인지 써 보세요. (　　　　　　)

빛을 내는 천체로 낮에는 태양 빛으로 볼 수 없고 밤이 되면 볼 수 있는 것.

 **블록 이해하기**

제어 팔레트는 반복되는 블록을 묶거나 조건에 따라 다른 기능을 해야 할 때 또는 스프라이트를 복제합니다.

❶ 복제되었을 때 : 스프라이트가 복제 되었을 때 복제된 스프라이트에게 이후 명령을 실행하는 블록입니다.

❷ 나 자신▼ 복제하기 : 스프라이트를 복제하는 블록입니다. 나 자신을 복제하거나 다른 스프라이트를 복제할 수도 있습니다. 복제는 무한대로 되는 것이 아니라 최대 301개까지 됩니다.

❸ 이 복제본 삭제하기 : 복제된 스프라이트를 삭제하는 블록입니다. 복제된 스프라이트가 실행해야 할 스크립트 가장 밑에 두면 스크립트 실행을 다 한 후 사라집니다.

Point 0.3 생각하기

1 | 알고리즘

(1) [실행(▶)] 버튼을 클릭하면 배경1에서 별(☆)들이 복제되어 나타납니다.

(2) 별을 클릭하면 별개수가 증가하고, 정해진 별개수가 되었을 때 모두 멈춥니다.

2 | 순서도

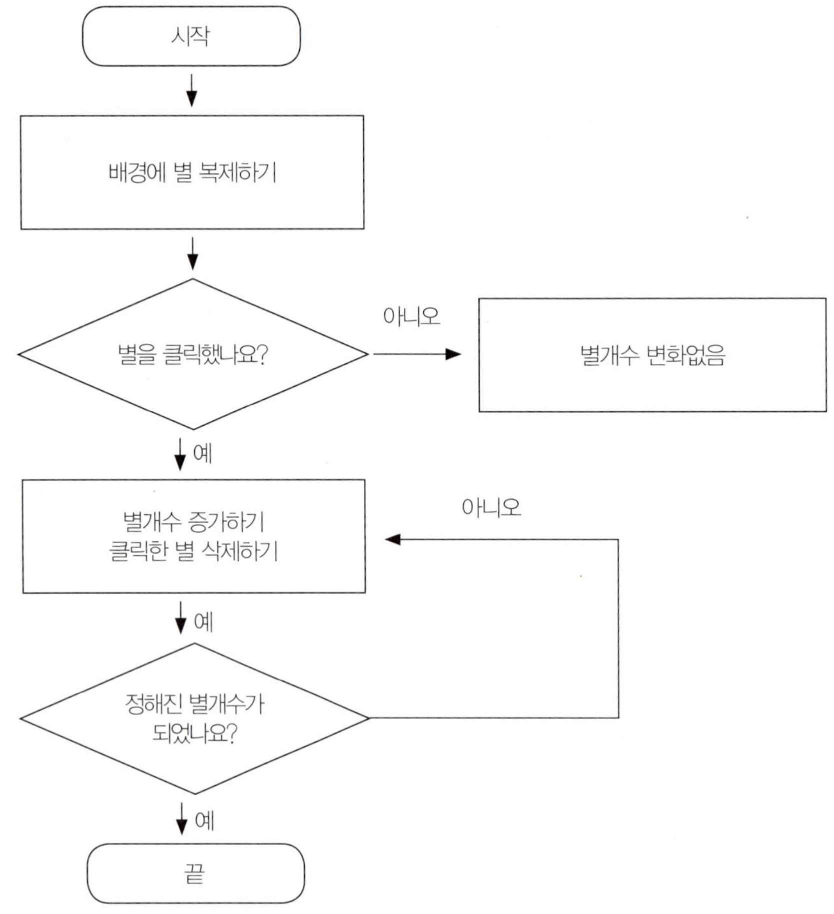

프로젝트 시작하기

1 | 별 복제하고 나타내기

(1) '16강-밤하늘의 별_예제.sb2' 파일을 엽니다. '별' 스프라이트별(☆)를 선택한 후, **이벤트** 팔레트의 **클릭했을 때** 블록을 드래그하고, 클릭한 별개수를 세기 위해 **데이터** 팔레트의 **변수 만들기** 버튼을 클릭하여 '별개수'를 만들고, **별개수 ▼ 을(를) 0 로 정하기** 블록을 연결한 후 **형태** 팔레트의 **숨기기** 블록을 연결합니다.

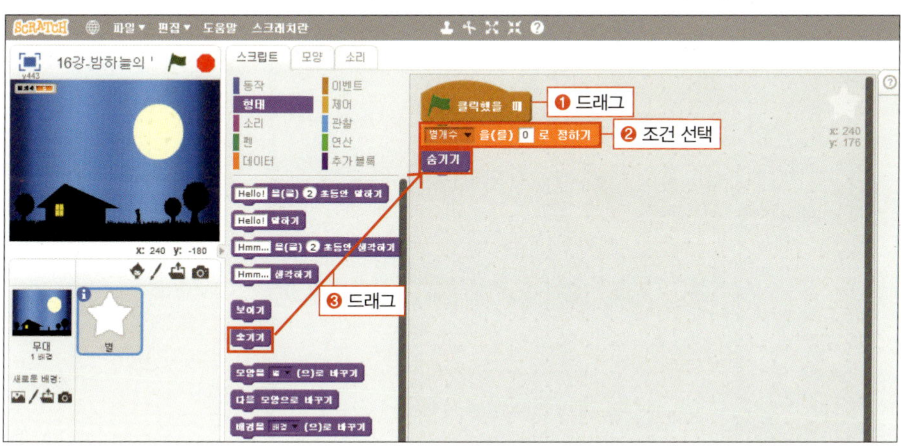

(2) '별' 스프라이트(☆)를 복제하기 위해 **제어** 팔레트의 **무한 반복하기** 블록을 연결한 다음 **제어** 팔레트의 **1 초 기다리기** 블록을 연결하고, '0.5'초를 입력한 후 **제어** 팔레트의 **나 자신 ▼ 복제하기** 블록을 연결합니다.

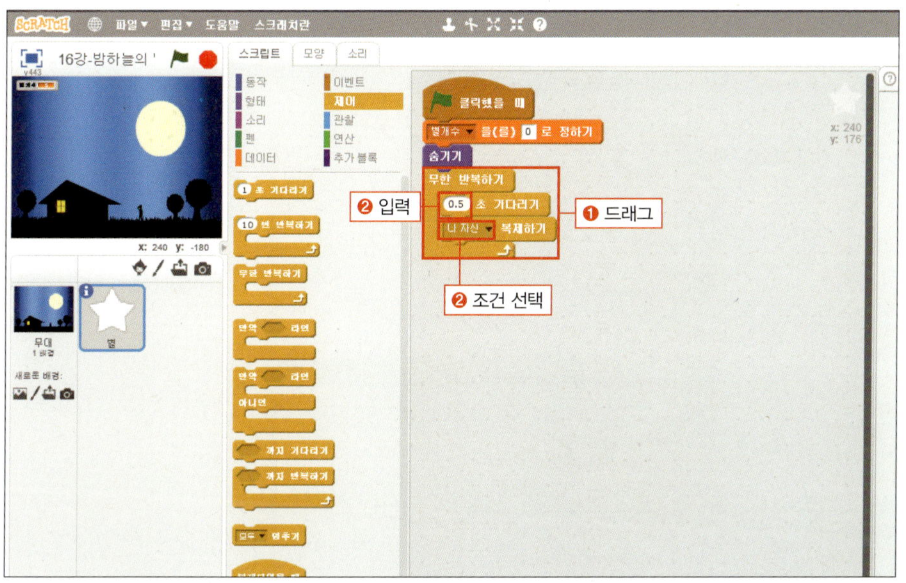

(3) 복제되었을 때 밤하늘에 별을 나타내기 위해 제어 팔레트의 복제되었을 때 블록을 연결한 후 동작 팔레트의 x: ● y: ● 로 이동하기 블록을 연결합니다. x축에는 연산 팔레트의 1 부터 10 사이의 난수 블록을 드래그하고, 첫 번째 칸에는 '-230', 두 번째 칸에는 '230'을 입력하고, y축에는 1 부터 10 사이의 난수 블록을 드래그한 후 첫 번째 칸에는 '0', 두 번째 칸에는 '170'을 입력한 후 제어 팔레트의 무한 반복하기 블록을 연결한 다음 형태 팔레트의 보이기 블록을 연결합니다.

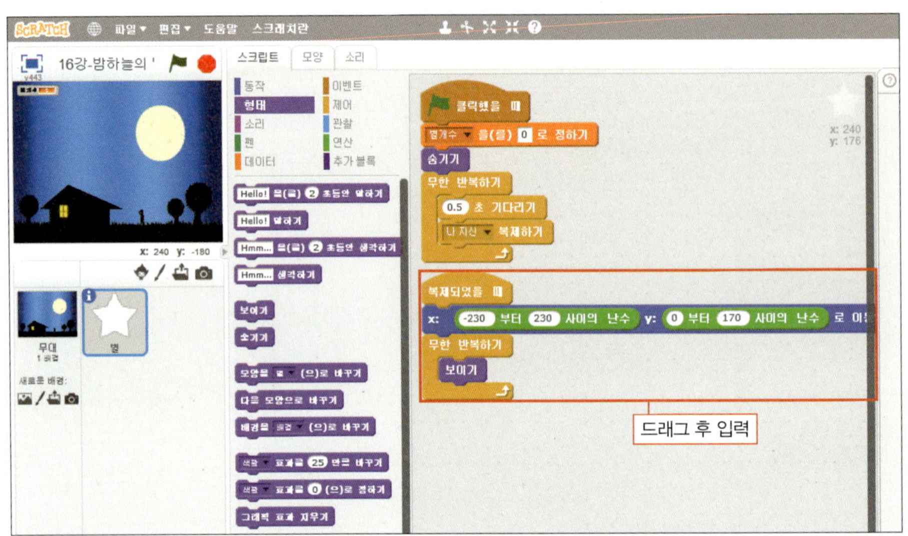

(4) 제어 팔레트의 만약 ~ 라면 블록을 연결한 후 연산 팔레트의 ● = ● 블록을 드래그한 후 첫 번째 칸에는 데이터 팔레트의 별개수 블록을 드래그하고, 두 번째 칸에는 '20'을 입력하고, 안에는 제어 팔레트의 모두 멈추기 블록을 연결합니다.

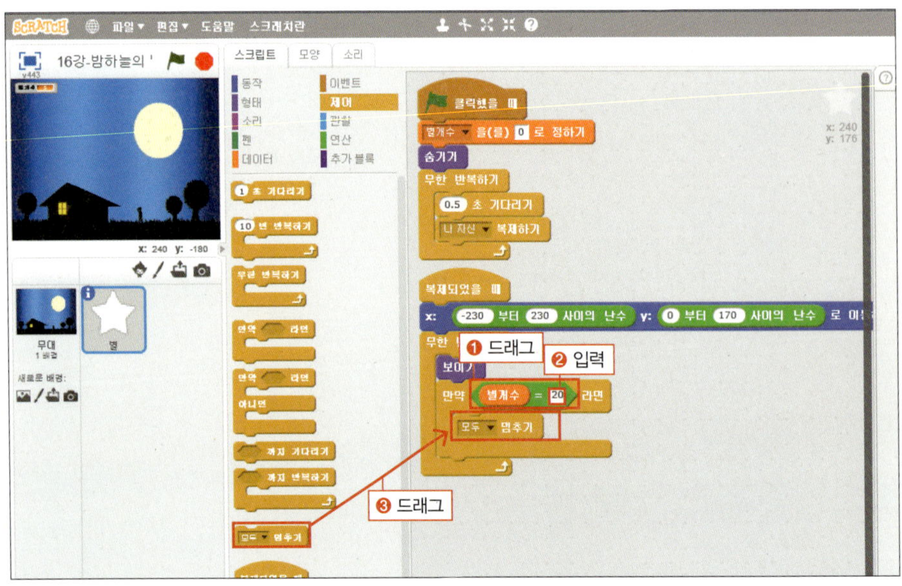

2 | 별개수 증가하고 삭제하기

(1) **이벤트** 팔레트의 〔이 스프라이트를 클릭했을 때〕 블록을 드래그하고, **제어** 팔레트의 〔무한 반복하기〕 블록을 연결합니다.

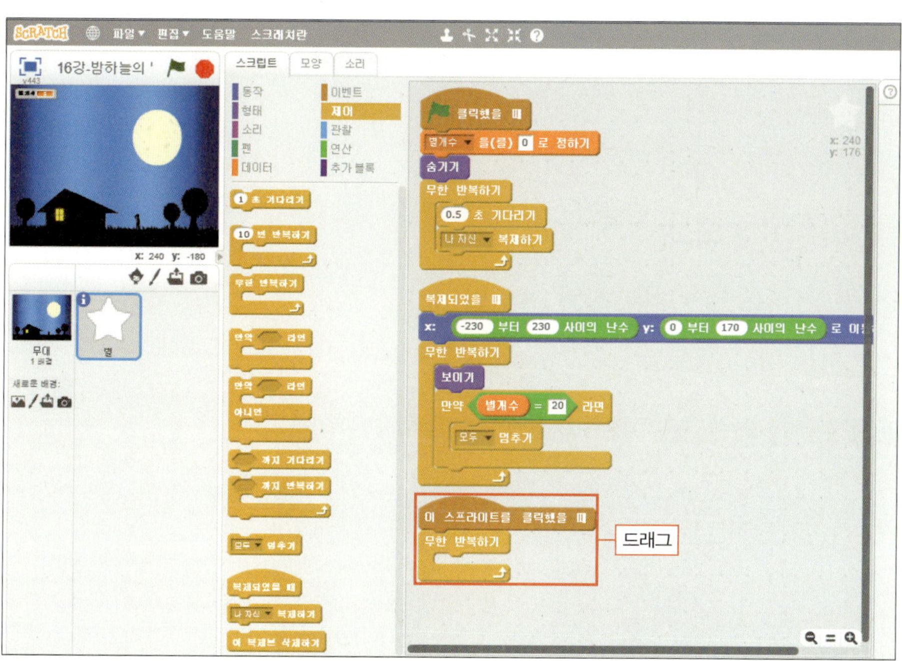

(2) 별개수를 증가시키고, 별을 삭제하기 위해 **데이터** 팔레트의 〔별개수 ▼ 을(를) 1 만큼 바꾸기〕 블록을 연결하고, **제어** 팔레트의 〔이 복제본 삭제하기〕 블록을 연결한 후 [실행(▶)] 버튼을 클릭하여 별들이 나타나고, 삭제됨을 확인합니다.

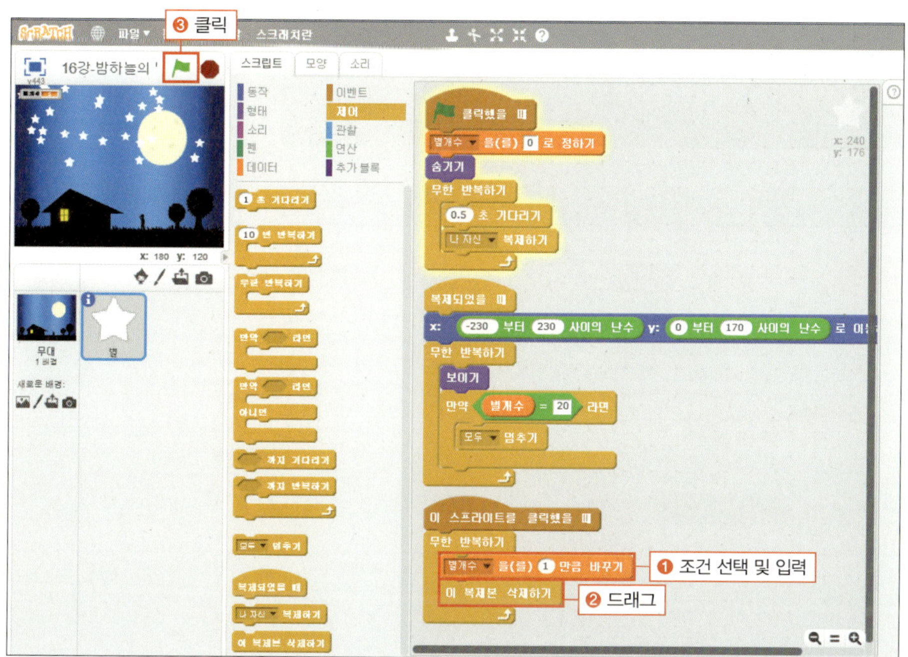

사고력 향상 문제

● 예제 파일 | 16강-밤하늘의 별_완성.sb2
● 완성 파일 | 16강-밤하늘의 별_사고력향상_완성.sb2

1 별을 다양한 색으로 바꾸어 봅니다.

2 별개수가 10 이상이면 별개수를 2개씩 증가시켜 봅니다.

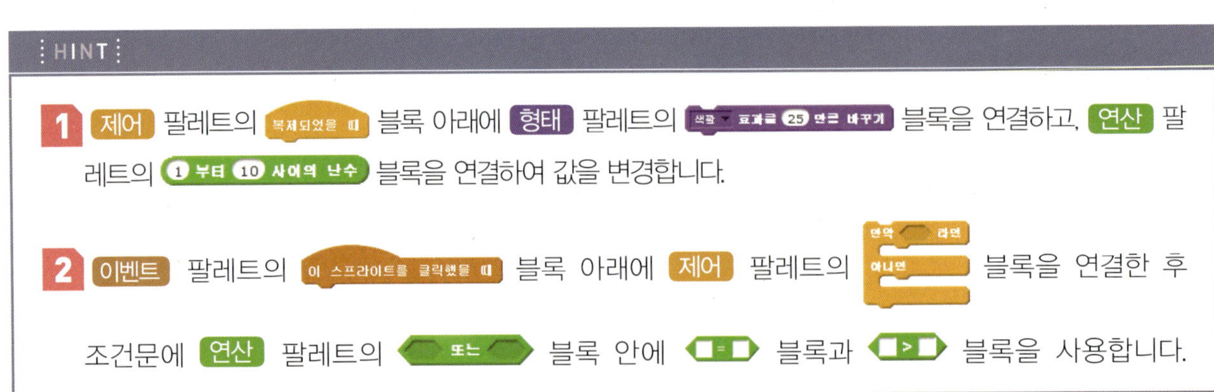

17 지구의 공전 제어 블록3

제어 블록은 반복되는 블록을 묶거나 조건에 따라 다른 기능을 해야 할 때 또는 스프라이트를 복제하는 블록입니다. 태양 주위를 도는 지구의 공전을 제어 블록을 이용하여 표현해봅니다.

- 예제 파일 | 17강–지구의 공전_예제.sb2
- 완성 파일 | 17강–지구의 공전_완성.sb2
- 사용 방법 | 프로젝트를 실행하면 태양 주위를 지구가 공전합니다.

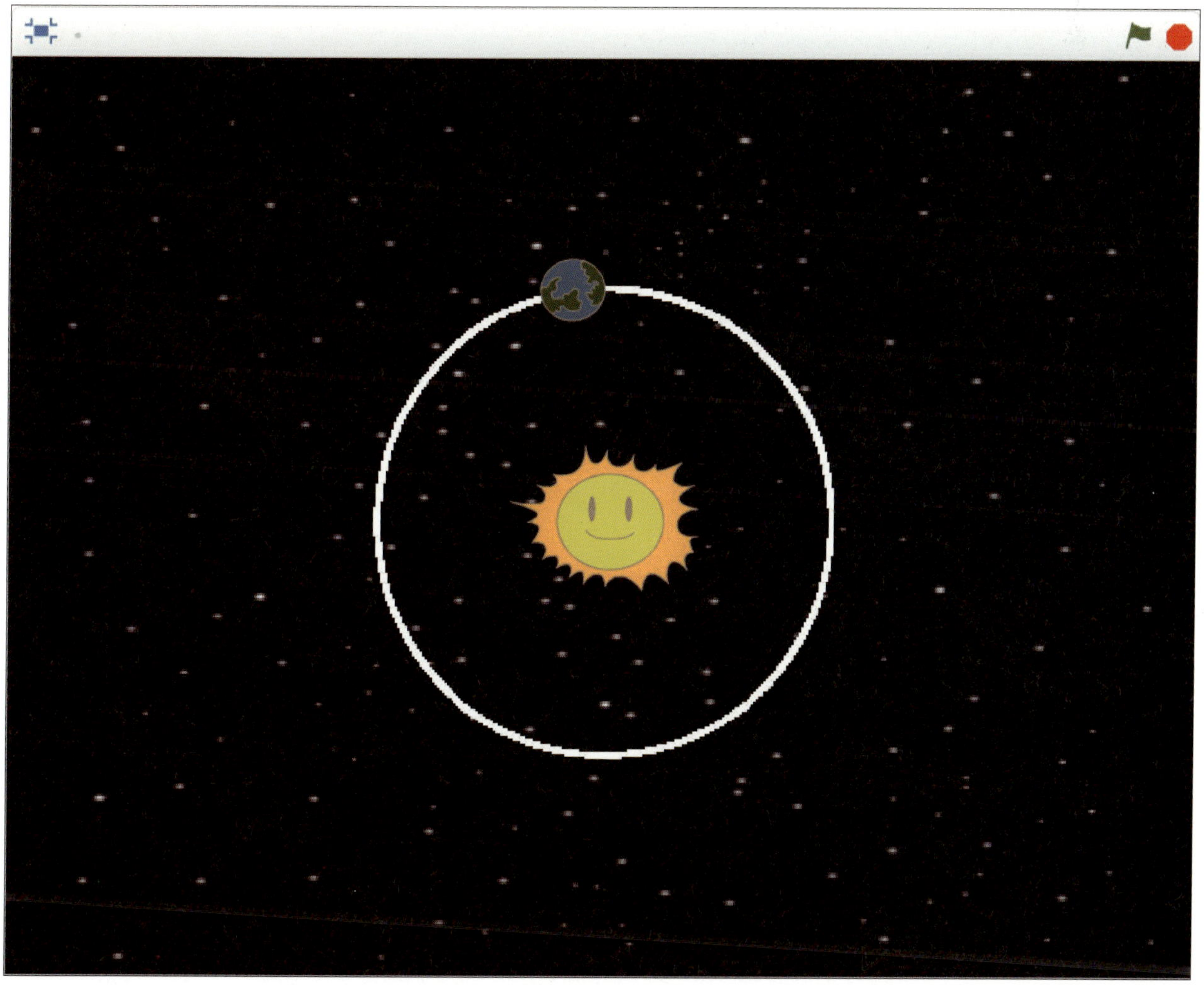

1 | 교과 연계 : 6학년 과학 [지구와 달의 운동]

2 | 교과 핵심 내용

(1) 계절에 따라 별자리가 달라지는 것은 지구의 공전 때문입니다.

(2) 지구의 공전

❶ 지구가 태양을 중심으로 둘레를 회전하는 것입니다.

❷ 지구는 서쪽에서 동쪽으로 공전합니다. 즉, 지구는 시계 반대 방향으로 공전합니다.

❸ 계절에 따라 보이는 별자리가 달라지는 까닭은 지구가 태양 주위를 공전하기 때문입니다.

3 | 교과 핵심 확인 문제

괄호안에 들어갈 단어는 무엇일까요? (   )

지구는 (   )쪽에서 (   )쪽으로 공전한다. 즉 지구는 시계 반대 방향으로 공전한다.

 블록 이해하기

제어 팔레트는 반복되는 블록을 묶거나 조건에 따라 다른 기능을 해야 할 때 또는 스프라이트를 복제합니다.

❶ 무한 반복하기 : 블록 안의 스크립트를 무한 반복하는 블록입니다. 따라서 이 블록 아래에는 다른 블록을 연결할 수 없습니다.

❷ 번 반복하기 : 블록 안의 스크립트를 정해진 횟수만큼 반복하는 블록입니다. 정해진 횟수만큼 반복 후 다음 블록을 실행합니다.

❸ 복제되었을 때 : 스프라이트가 복제되었을 때 복제된 스프라이트에게 이후 명령을 실행하는 블록입니다.

❹ 나 자신 복제하기 : 스프라이트를 복제하는 블록입니다. 나 자신을 복제하거나 다른 스프라이트를 복제할 수도 있습니다. 복제는 무한대로 되는 것이 아니라 최대 301개까지 됩니다.

❺ 이 복제본 삭제하기 : 복제된 스프라이트를 삭제하는 블록입니다. 복제된 스프라이트가 실행해야 할 스크립트 가장 밑에 두면 스크립트 실행을 다 한 후 사라집니다.

1 | 알고리즘

(1) [실행(▶)] 버튼을 클릭하면 '태양' 스프라이트(☀)가 확대/축소를 반복합니다.

(2) '지구' 스프라이트(🌏)를 클릭하면 '태양' 스프라이트(☀) 주위를 왼쪽에서 오른쪽으로 원을 그리며 [정지(●)] 버튼을 클릭할 때까지 계속 돕니다.

2 | 순서도

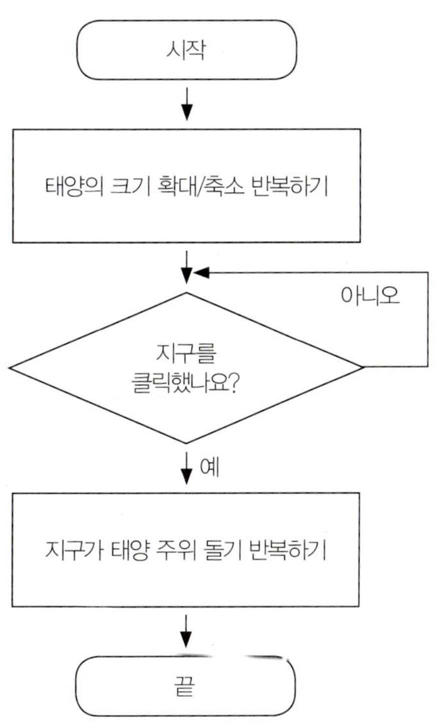

1 | 태양 나타내기

(1) '17강−지구의 공전_예제.sb2' 파일을 엽니다. '태양' 스프라이트()를 선택한 후, **이벤트** 팔레트의 클릭했을 때 블록을 드래그하고, '태양' 스프라이트( )의 위치를 지정하기 위해 **동작** 팔레트의 x: 0 y: 0 로 이동하기 블록을 연결하고 'x: 0', 'y: 0'을 입력합니다. 크기를 줄이기 위해서 **형태** 팔레트의 크기를 100 % 로 정하기 블록을 연결하고 '50%'로 변경합니다.

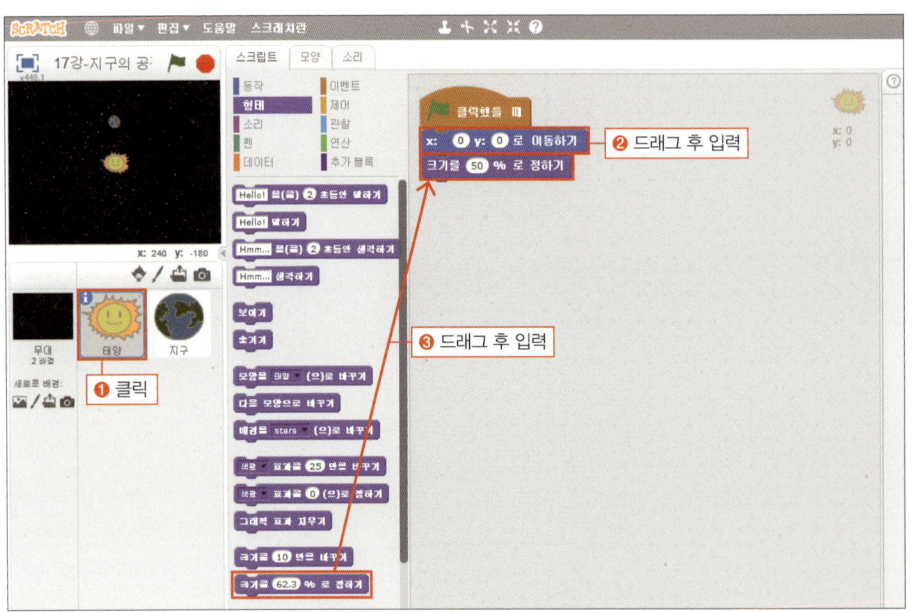

(2) **제어** 팔레트의 10 번 반복하기 블록을 무한 반복하기 블록 안에 연결하고 '50'으로 변경한 다음 **형태** 팔레트의 크기를 10 만큼 바꾸기 블록을 연결하고 '0.3'만큼으로 변경하면 스프라이트의 크기가 0.3만큼 50번 확대됩니다. 반대로 스프라이트의 크기를 축소하기 위해서는 크기를 10 만큼 바꾸기 블록의 값을 '−0.3'만큼으로 변경합니다.

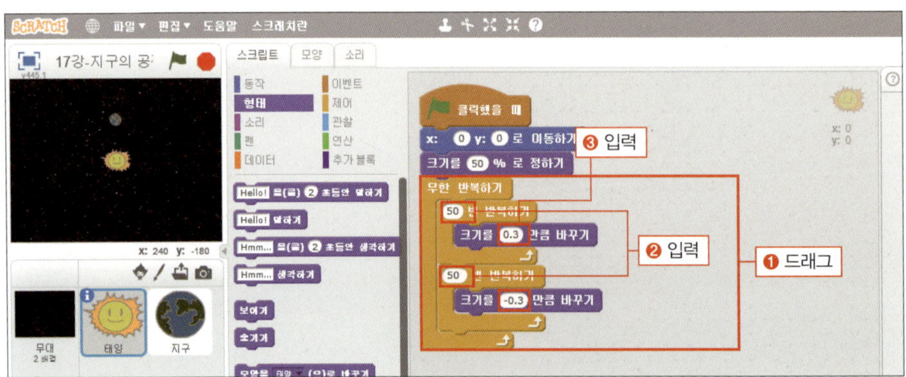

2 | 지구가 태양을 공전하기

(1) '지구' 스프라이트(◐)를 선택한 후, 이벤트 팔레트의 클릭했을 때 블록을 드래그하고, '지구' 스프라이트(◐)의 위치를 지정하기 위해 동작 팔레트의 x: 0 y: 0 로 이동하기 블록을 연결하고 'x: 0', 'y: 90'을 입력합니다. 크기를 줄이기 위해서 형태 팔레트의 크기를 100 % 로 정하기 블록을 연결하고 '30'%로 변경하고 왼쪽에서 오른쪽으로 돌기 위해서 동작 팔레트의 90 도 방향 보기 블록을 연결하고 ▼를 클릭하여 [−90(왼쪽)]을 선택합니다.

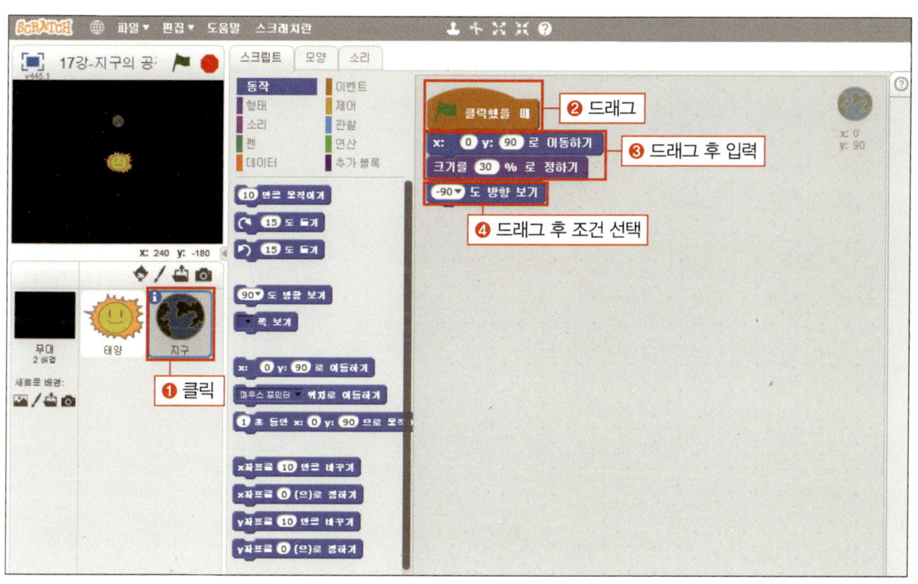

(2) '지구' 스프라이트(◐)가 태양을 공전하는 경로를 그리기 위해 펜 팔레트의 지우기 블록을 연결하여 이전에 그린 그림을 지우고, 그리기 위해 펜 내리기 블록을 연결합니다. 펜 색깔을 ■(으)로 정하기 블록을 연결하고 마우스로 원하는 색상을 클릭하여 펜의 색을 정합니다. 펜의 굵기를 정하기 위해 펜 굵기를 1 (으)로 정하기 블록을 연결하고 '2'로 변경합니다.

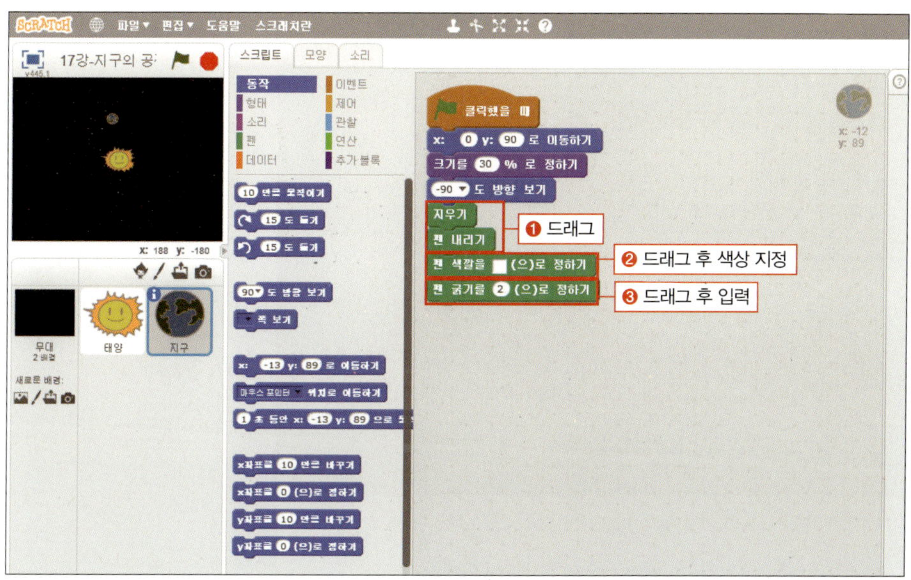

(3) 태양을 공전하게 하기 위해 이벤트 팔레트의 이 스프라이트를 클릭했을 때 블록을 드래그하고, 계속 공전하게 하기 위해 제어 팔레트의 무한 반복하기 블록 안에 동작 팔레트의 15 도 돌기 블록을 연결하고 '0.5'도로 변경합니다. 10 만큼 움직이기 블록을 연결하고 '0.8'만큼으로 변경합니다.

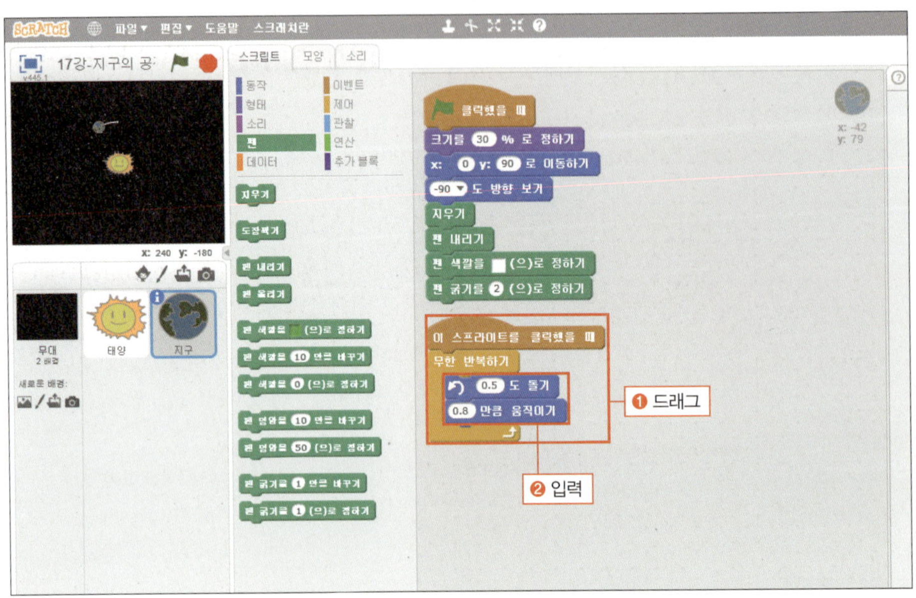

(4) [실행( )] 버튼을 클릭한 후 '지구' 스프라이트( )를 클릭하면 '지구' 스프라이트( )가 경로를 그리며 '태양' 스프라이트( )를 공전합니다.

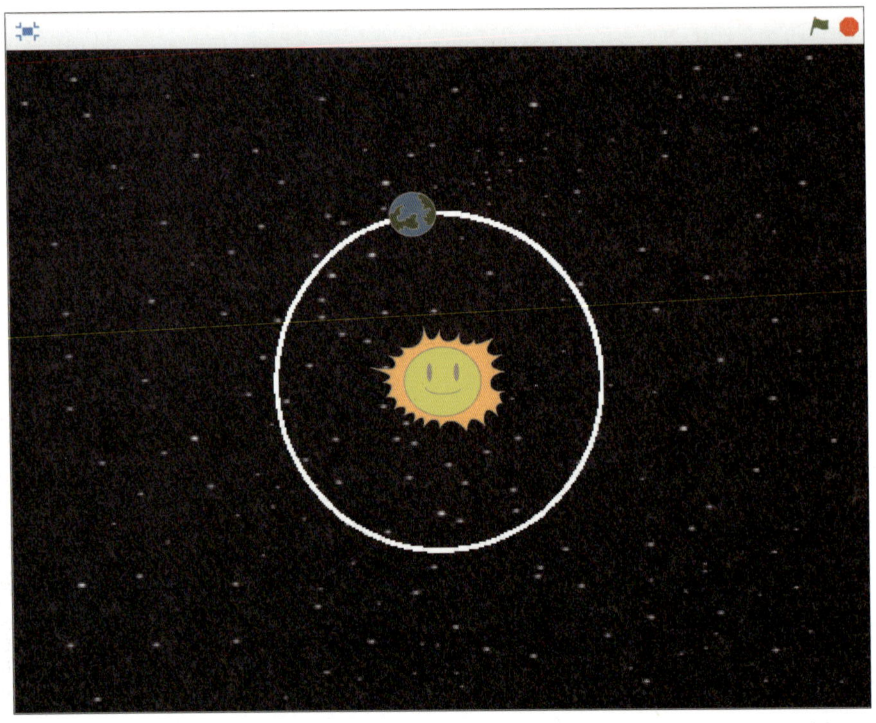

사고력 향상 문제

○ 예제 파일 | 17강-지구의 공전_완성.sb2
○ 완성 파일 | 17강-지구의 공전_사고력향상_완성.sb2

1 '달' 스프라이트( )가 '지구' 스프라이트( )를 공전하는 스크립트를 작성하세요.

2 '별' 스프라이트가 무대에 랜덤하게 나타나도록 스크립트를 작성하세요.

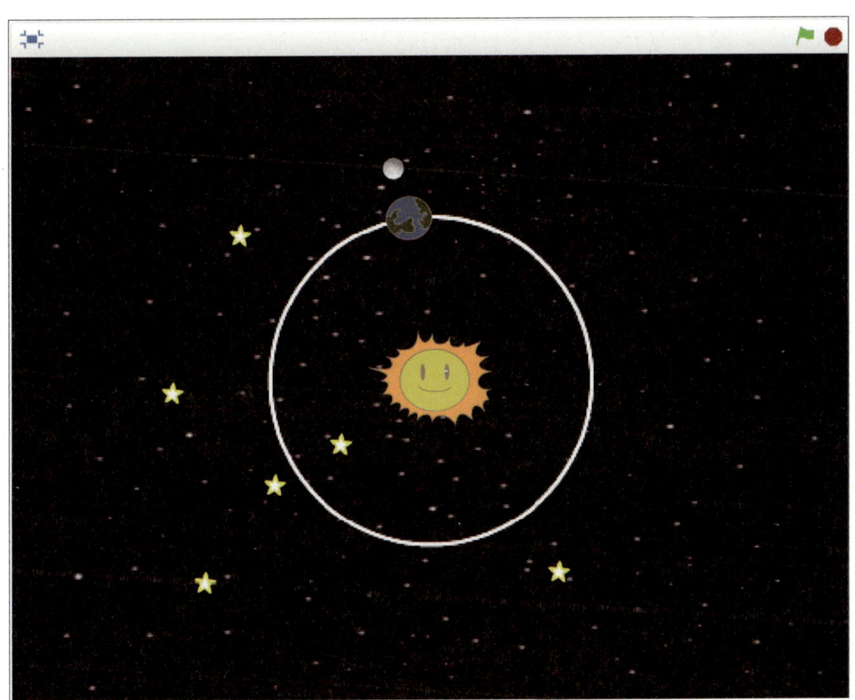

HINT

1 '달' 스프라이트( ) 정보

- 시작 위치 : 'x: 0', 'y: 120'
- **동작** 팔레트의 ◖5 도 돌기 블록 사용하기
- **동작** 팔레트의 지구▾ 위치로 이동하기 블록 사용하기
- 크기 : '20'%
- '30' 만큼 움직이기

2 • **이벤트** 팔레트의 나 자신▾ 복제하기 블록과 **연산** 팔레트의 1 부터 10 사이의 난수 블록을 사용하세요.

- 무대의 크기 : 'x: −240 ~ 240', 'y: −180 ~ 180'

18 빛과 그림자 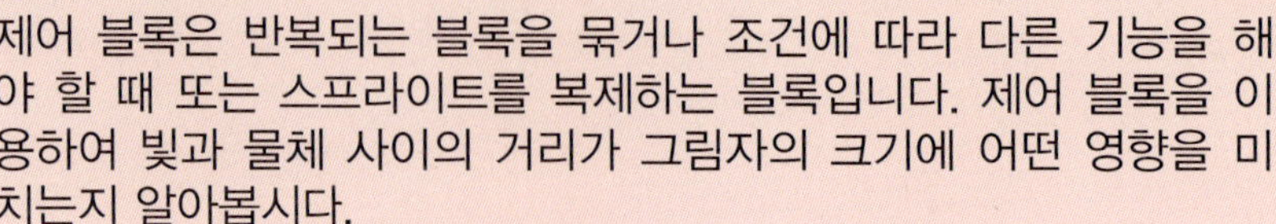 제어 블록4

제어 블록은 반복되는 블록을 묶거나 조건에 따라 다른 기능을 해야 할 때 또는 스프라이트를 복제하는 블록입니다. 제어 블록을 이용하여 빛과 물체 사이의 거리가 그림자의 크기에 어떤 영향을 미치는지 알아봅시다.

- **예제 파일 |** 18강-빛과 그림자_예제.sb2
- **완성 파일 |** 18강-빛과 그림자_완성.sb2
- **사용 방법 |** 화살표 버튼을 이용하여 경찰의 손전등(빛)과 도둑(물체)의 거리를 조절해 보면서 그림자의 크기를 관찰해봅니다.

교과 내용 파악하기

1 | 교과 연계 : 4학년 과학 [거울과 그림자]

2 | 교과 핵심 내용

(1) 그림자 : 광원(빛)이 물체를 비출때 물체가 빛을 가려서 그 물체 뒷면에 생기는 그늘.

(2) 광원(빛)과 그림자의 관계

　❶ 광원(빛)과 물체가 가까워질수록 그 물체의 그림자의 크기는 커집니다.

　❷ 광원(빛)과 물체가 멀어질수록 그 물체의 그림자의 크기는 작아집니다.

3 | 교과 핵심 확인 문제

- 물체와 빛의 거리가 멀어질수록 그 물체의 그림자 크기는 (작아진다, 커진다).
- 물체와 빛의 거리가 가까워질수록 그 물체의 그림자 크기는 (작아진다, 커진다).

블록 이해하기

제어 팔레트는 반복되는 블록을 묶거나 조건에 따라 다른 기능을 해야 할 때 또는 스프라이트를 복제합니다.

❶ [만약 라면] : 만약 주어진 조건이 맞다면 블록 안의 스크립트를 실행하는 블록입니다.

❷ [만약 라면 / 아니면] : 만약 주어진 조건이 맞다면 첫 번째 스크립트를 실행하고, 주이진 조건이 아니라며 두 번째 스크립트를 실행합니다.

❸ [까지 반복하기] : 정해진 조건을 만족할 때까지 블록 안의 스크립트를 실행합니다.

생각하기

1 | 알고리즘

(1) [실행(🏴)] 버튼을 클릭하면 , , 를 보여줍니다.

(2) '빛 가까이' 스프라이트(⬅)를 누르면 가 쪽으로 가까이 이동하고, 의 크기가 커집니다.

(3) '빛 멀리' 스프라이트(➡)를 누르면 가 쪽에서 멀리 이동하고, 의 크기가 작아집니다.

2 | 순서도

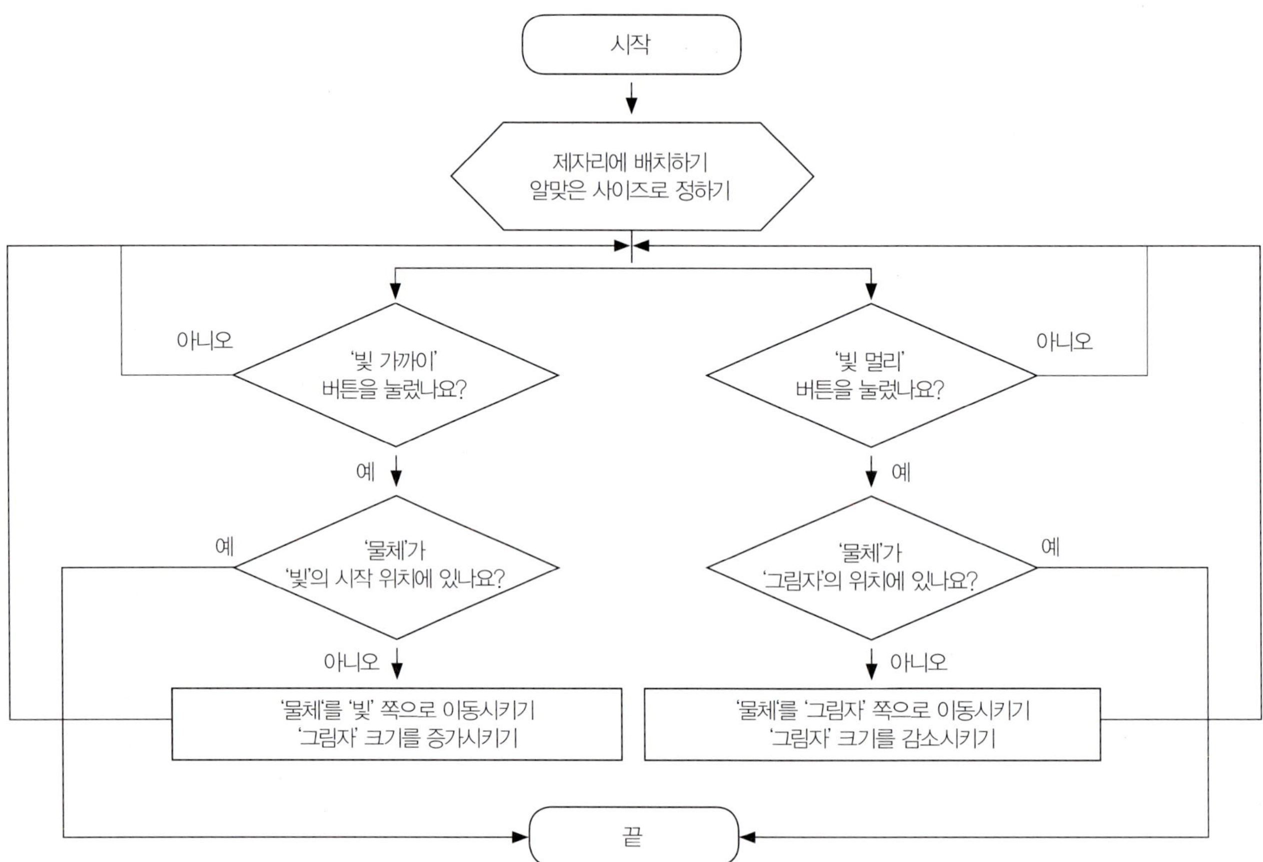

1 | [빛 가까이] 버튼과 [빛 멀리] 버튼 준비시키기

(1) '18강–빛과 그림자_예제.sb2' 파일을 엽니다. '빛 가까이' 스프라이트(←)를 선택한 후, 이벤트 팔레트의 클릭햇을 때 블록을 드래그하고, 동작 팔레트의 x: ○ y: ○ 로 이동하기 블록을 연결한 후, 'x: −190', 'y: 120'을 입력합니다. 이벤트 팔레트의 이 스프라이트를 클릭했을 때 블록을 드래그하고, 메시지1 ▼ 방송하기 블록의 ▼를 클릭하여 [빛과 가까워지기] 메시지를 만들고 선택합니다.

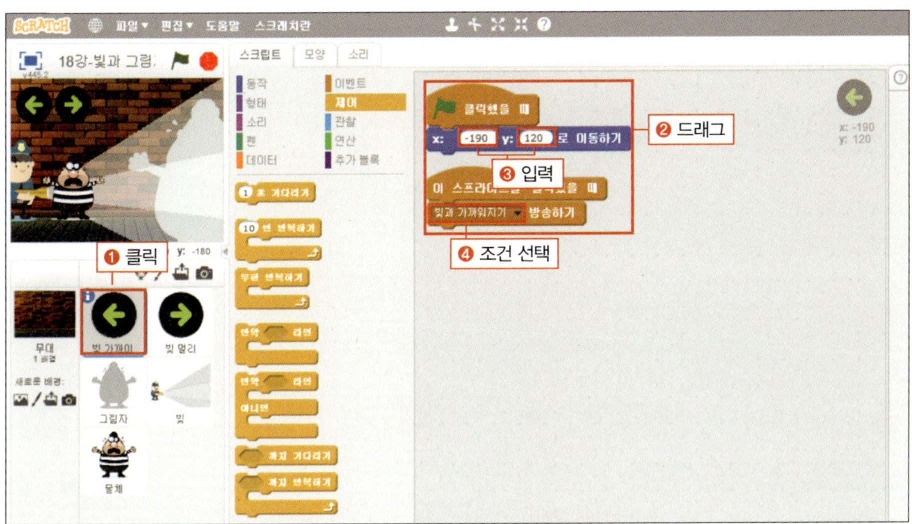

(2) '빛 멀리' 스프라이트(→)를 선택한 후, 동일한 방법으로 스크립트를 작성합니다. 알맞은 x, y 좌표는 'x: −95', 'y: 120'입니다. 메시지1 ▼ 방송하기 블록의 ▼를 클릭하여 [빛과 멀어지기] 메시지를 만들고 선택합니다.

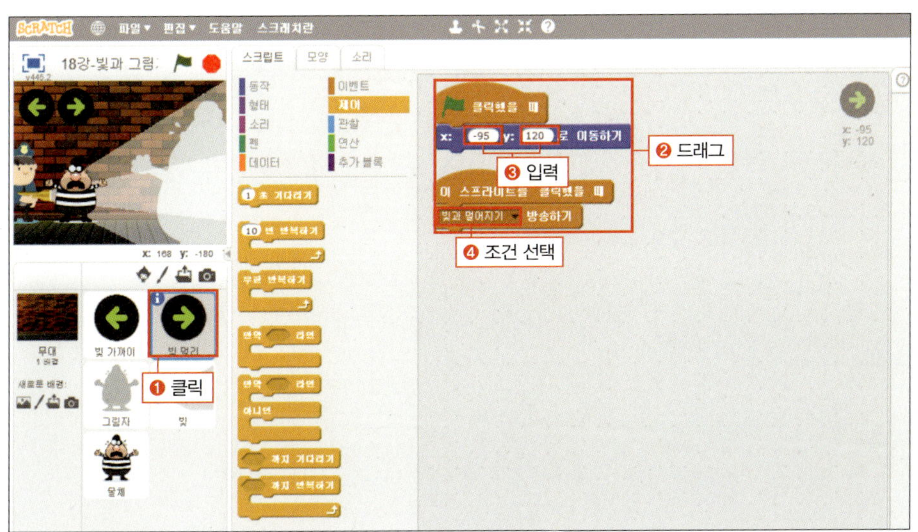

(1) '빛' 스프라이트(👮)를 선택한 후, 이벤트 팔레트의 클릭했을 때 블록을 드래그하고, 동작 팔레트의 x: ● y: ● 로 이동하기 블록을 연결한 후, 'x: -40', 'y: -90'을 입력합니다.

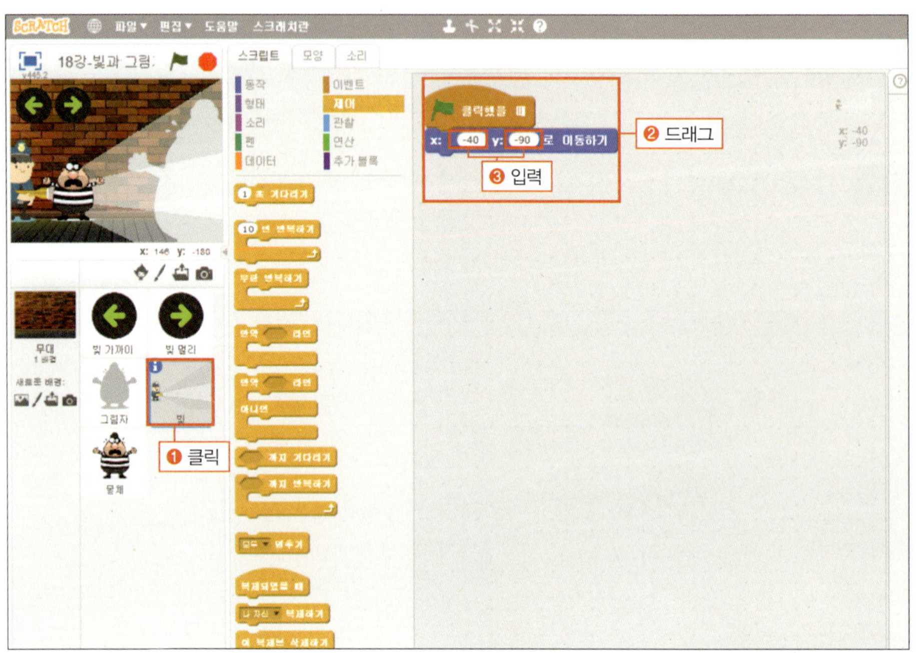

(2) '물체' 스프라이트(👳)를 선택한 후, 이벤트 팔레트의 클릭했을 때 블록을 드래그하고, 동작 팔레트의 x: ● y: ● 로 이동하기 블록을 연결한 후, 'x: -100', 'y: -60'을 입력합니다. 형태 팔레트의 모양을 도둑_놀람 (으)로 바꾸기 블록을 연결한 후, ▼를 클릭하여 [도둑_놀람]을 선택합니다.

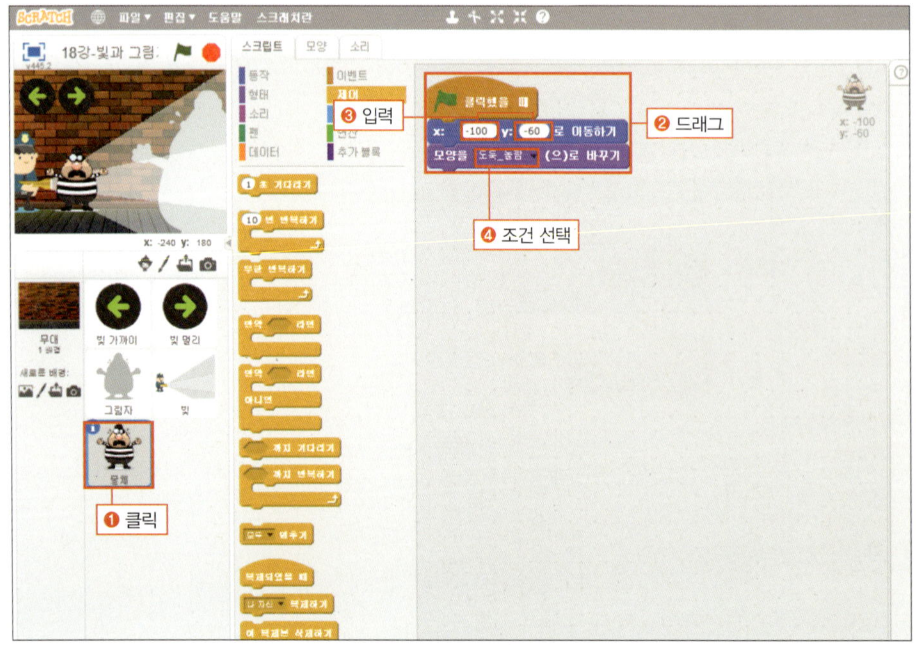

(3) 버튼을 클릭했을 때, '물체' 스프라이트(🤺)의 'x좌표〉−100' 이라면 '빛' 스프라이트(👮) 쪽으로 이동하기 위해 이벤트 팔레트의 message1 ▾ 을(를) 받았을 때 블록의 ▼를 클릭하여 [빛과 가까워지기] 메시지를 선택하고 드래그합니다. 제어 팔레트의 만약 ～ 라면 블록을 연결한 후, 연산 팔레트의 ◁ > ▷ 의 첫 번째 칸에는 동작 팔레트의 x좌표 블록을 연결하고, 두 번째 칸에는 '−100'을 입력합니다.

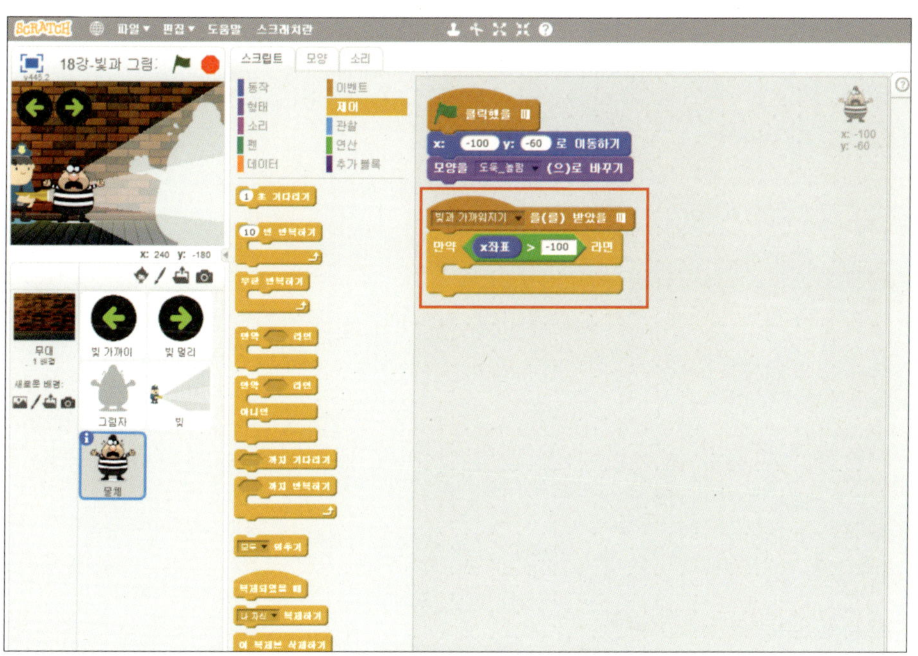

(4) 동작 팔레트의 x좌표를 10 만큼 바꾸기 블록을 만약 x좌표 > −100 라면 블록의 안에 연결하고, '−30'만큼을 입력합니다.

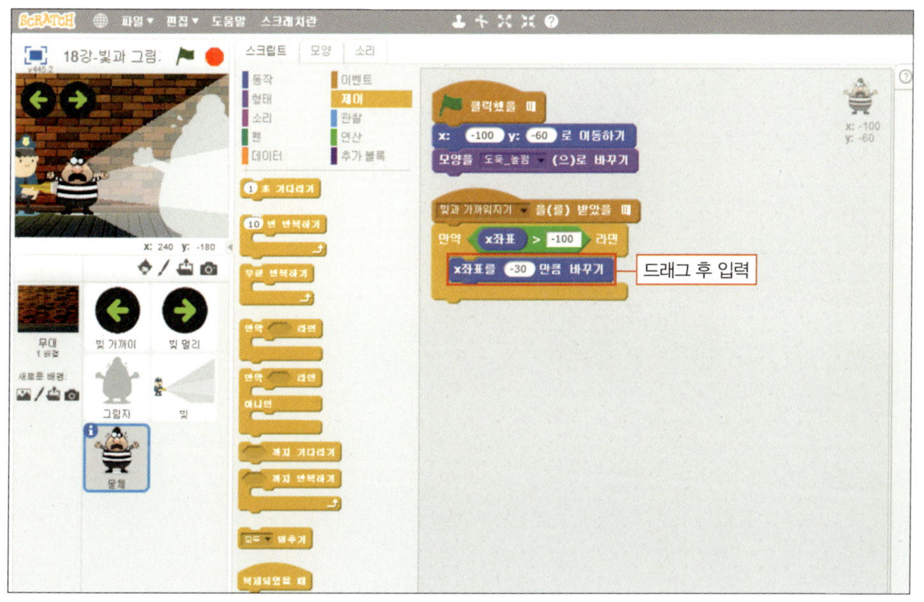

(5) 버튼을 클릭했을 때, (🦹)의 'x좌표 〈 200'이라면 (🥚)쪽으로 이동하기 위해 이벤트
팔레트의 메시지1 을(를) 받았을 때 블록의 ▼를 클릭하여 [빛과 멀어지기] 메시지를 선택하고 드래
그합니다. 제어 팔레트의 만약 라면 블록을 연결한 후, 연산 팔레트의 〈 〉 의 첫
번째 칸에는 동작 팔레트의 x좌표 블록을 연결하고, 두 번째 칸에는 '200'을 입력합니다.

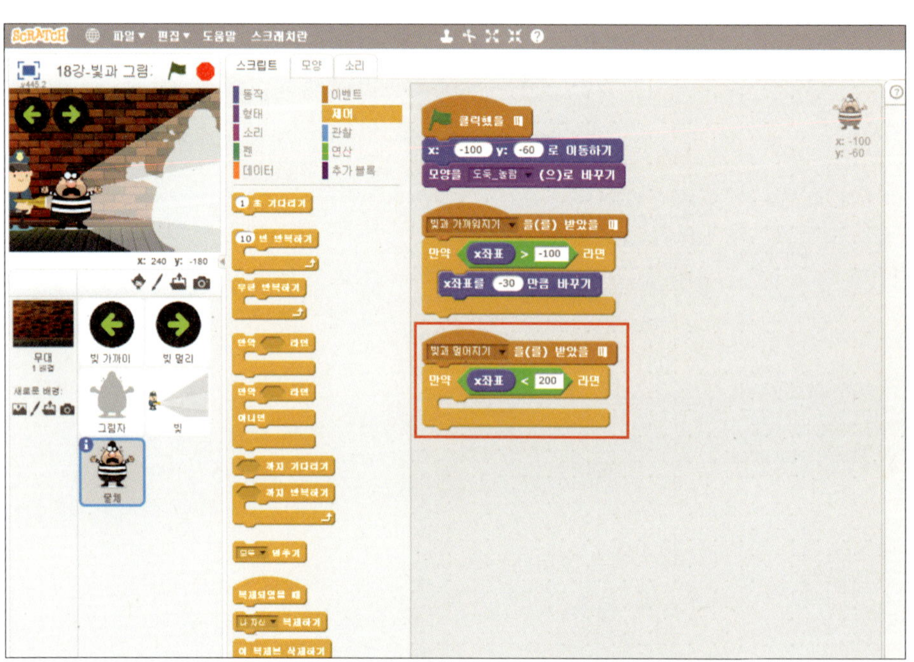

(6) 동작 팔레트의 x좌표를 10 만큼 바꾸기 블록을 만약 x좌표 < 200 라면 블록의 안에 연결하고, '-30'만
큼을 입력합니다.

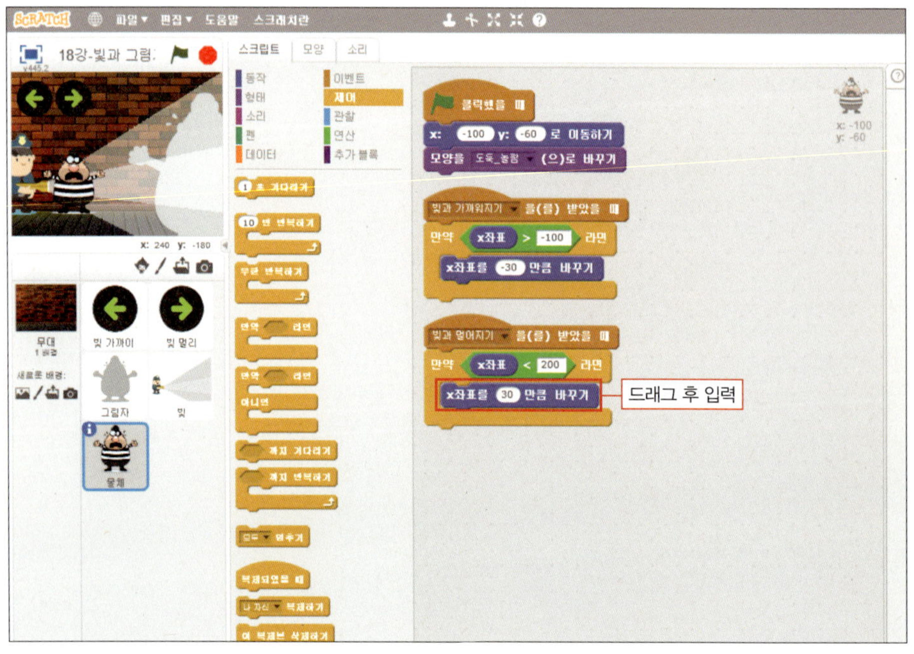

(1) '그림자' 스프라이트( )를 선택한 후, 이벤트 팔레트의 클릭했을 때 블록을 드래그하고, 동작 팔레트의 x: ● y: ● 로 이동하기 블록을 연결한 후, 'x: 200', 'y: −45'를 입력합니다. 형태 팔레트의 크기를 100 % 로 정하기 블록과 모양을 도둑_놀람_그림자 ▼ (으)로 바꾸기 블록을 연결합니다.

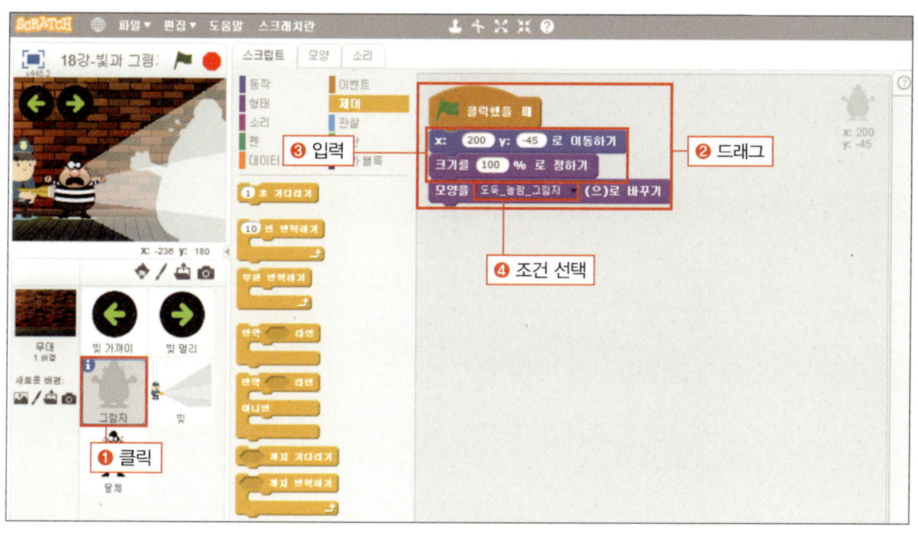

(2) ← 버튼을 클릭했을 때, '그림자' 스프라이트( )의 크기가 100%보다 작다면 크기를 증가하기 위해 이벤트 팔레트의 메시지1 ▼ 을(를) 받았을 때 블록의 ▼를 클릭하여 [빛과 가까워지기] 메시지를 선택하고 드래그합니다. 제어 팔레트의 만약 라면 블록을 연결한 후, 연산 팔레트의 ◁ < ▷ 의 첫 번째 칸에는 형태 팔레트의 크기 블록을 연결하고, 두 번째 칸에는 '100'을 입력합니다.

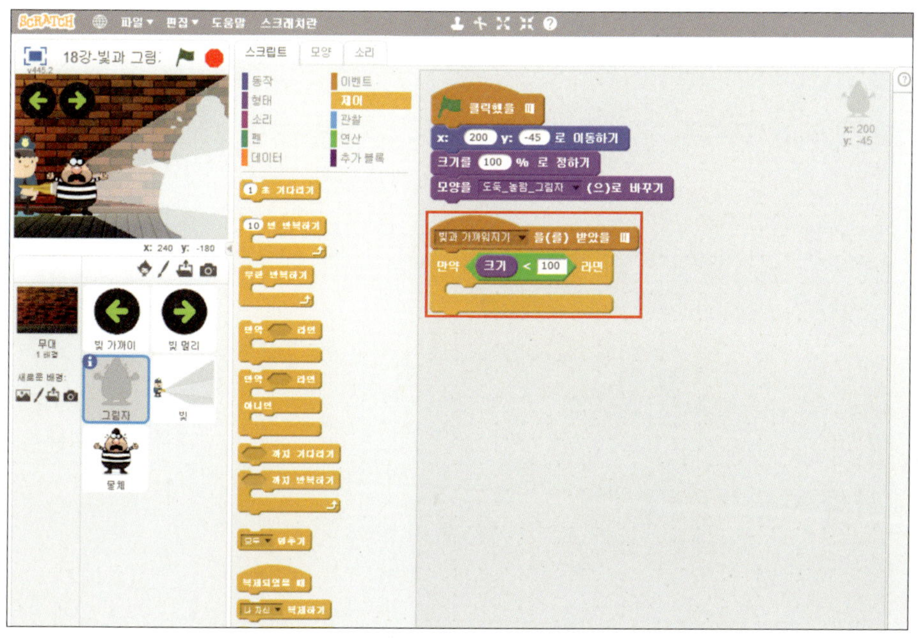

(3) 형태 팔레트의 크기를 10 만큼 바꾸기 블록을 만약 크기 < 100 라면 블록의 안에 연결하고, '6' 만큼

을 입력합니다. 버튼을 클릭했을 때, (　)의 크기가 40%보다 크다면 크기를 감소

하기 위해 이벤트 팔레트의 메시지1 ▼ 을(를) 받았을 때 블록의 ▼를 클릭하여 [빛과 멀어지기] 메시

지를 선택하고 드래그합니다. 제어 팔레트의 만약 　 라면 블록을 연결한 후, 연산 팔레트의

　 > 　 의 첫 번째 칸에는 형태 팔레트의 크기 블록을 연결하고, 두 번째 칸에는

'40'을 입력합니다.

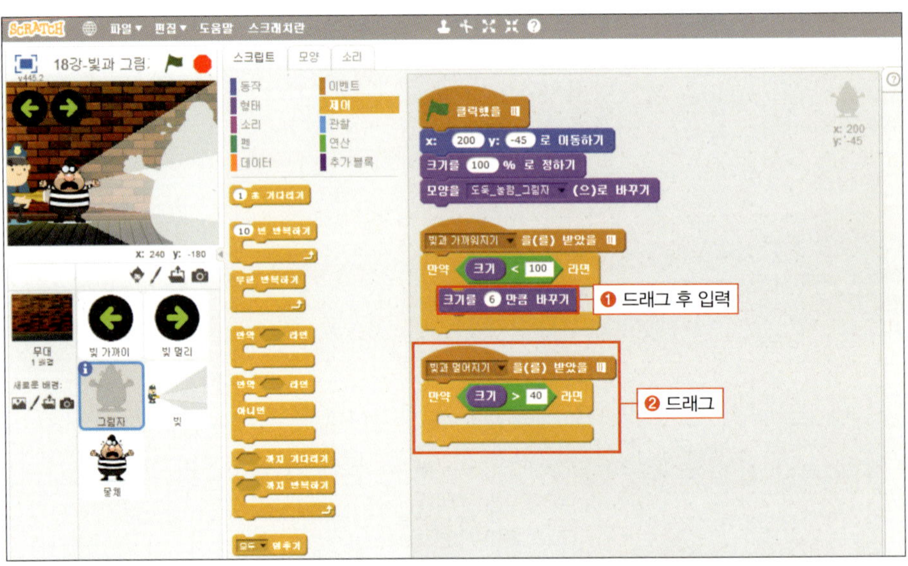

(4) 형태 팔레트의 크기를 10 만큼 바꾸기 블록을 만약 크기 > 40 라면 블록의 안에 연결하고,

'6'만큼을 입력합니다. [실행(　)] 버튼을 클릭한 후 　나 　를 클릭하여

빛과 물체의 거리에 따른 그림자의 크기 변화를 알아봅니다.

사고력 향상 문제

○ 예제 파일 | 18강-빛과 그림자_완성.sb2
○ 완성 파일 | 18강-빛과 그림자_사고력향상_완성.sb2

1 '물체' 스프라이트( )가 이동할 때와 '빛' 스프라이트( )과 가장 멀어졌을 때의 이미지를 바꿔보세요.

2 한 번의 클릭으로 '빛'과 '물체'의 거리를 조절해보세요.

> **HINT**
>
> **1** '물체' 스프라이트( )와 '그림자' 스프라이트( )의 [모양] 탭에 있는 새로운 모양을 이용합니다.
>
> **2** 연산 팔레트의 [=] 블록과 제어 팔레트의 [까지 반복하기] 블록을 연결합니다.

19 산성 용액과 염기성 용액 1 

관찰 블록은 프로그램에서 조건이나 스프라이트의 상태 등에 대한 변화 값을 가지는 블록입니다. 리트머스 종이가 산성 용액과 염기성 용액에 닿았을 때의 상태를 관찰하여 용액의 성질을 분류해봅니다.

- **예제 파일 |** 19강–산성 용액과 염기성 용액_예제.sb2
- **완성 파일 |** 19강–산성 용액과 염기성 용액_완성.sb2
- **사용 방법 |** '푸른 리트머스 종이'가 여러 종류의 '산과 염기 용액'에 잠기도록 〈스페이스〉키를 눌렀는지 관찰합니다.

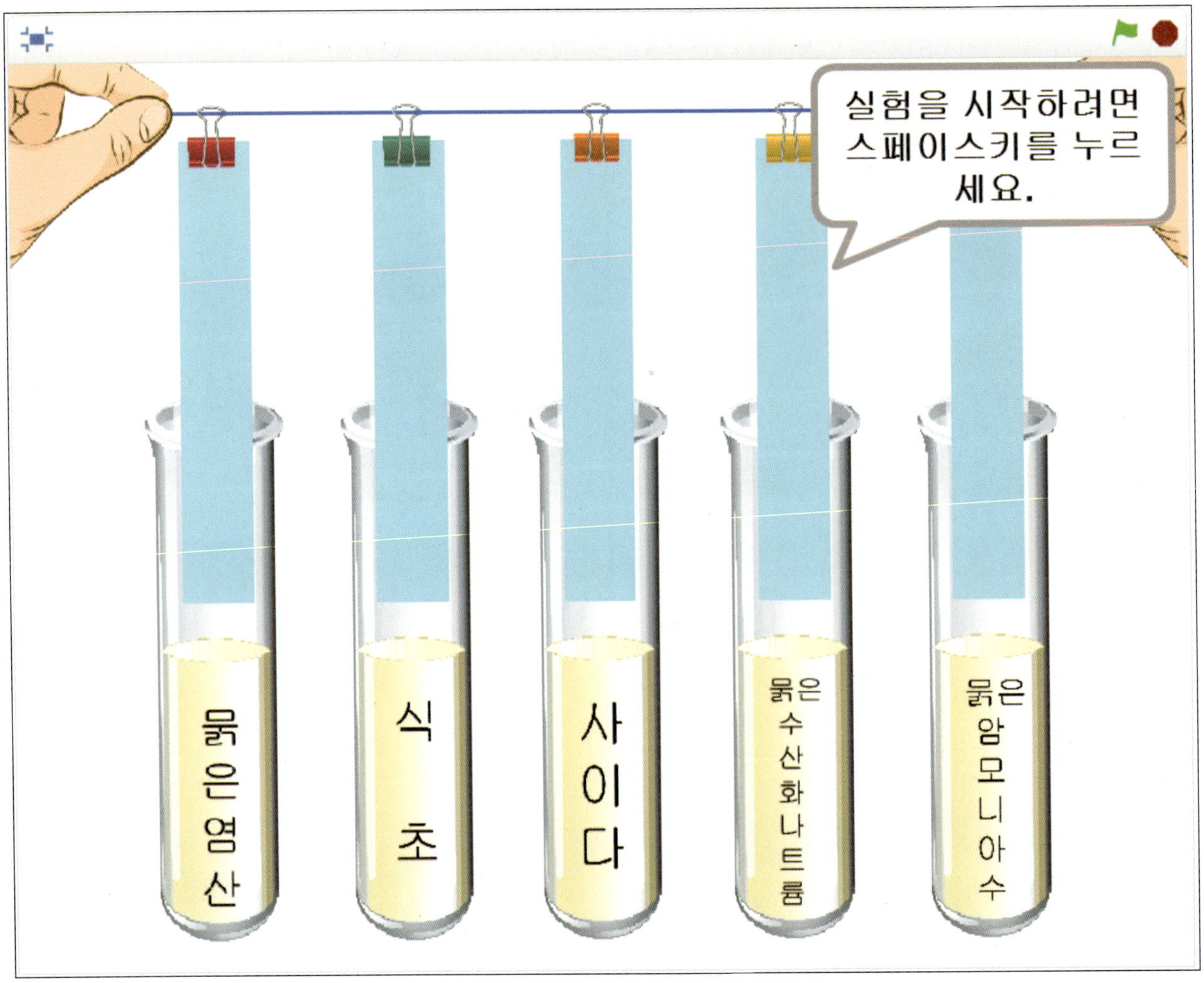

교과 내용 파악하기

1 | 교과 연계 : 5학년 과학 [산과 염기]

2 | 교과 핵심 내용

(1) 물질은 그 성질에 따라 산성, 염기성, 중성을 띠고 있습니다.

(2) 산성 물질의 특징

　❶ 신맛이 납니다.

　❷ 레몬, 식초, 김치, 요구르트, 탄산음료, 묽은 염산 등이 있습니다.

(3) 염기성 물질의 특징

　❶ 쓴맛이 납니다.

　❷ 비누, 샴푸, 세제, 묽은 수산화나트륨, 묽은 암모니아수 등 미끈거리는 성질이 있습니다.

3 | 교과 핵심 확인 문제

다음 중 염기성인 물질은 어느 것입니까? (　　　　　)

① 비누　② 사이다　③ 요구르트　④ 오렌지　⑤ 김치

생각하기

관찰 팔레트는 특정 조건이나 스프라이트의 상태 등에 대한 변화 값을 가지는 블록입니다.

❶ [스페이스 ▼ 키를 눌렀는가?] : 특정한 키를 눌렀는가?를 관찰하는 블록입니다. 이 블록이 ▼를 클릭하면 특정 키 종류가 리스트로 펼쳐집니다.

TIP
[스페이스 ▼ 키를 눌렀는가?] **블록의 선택키 종류** 스페이스, 방향키(위쪽, 아래쪽, 오른쪽, 왼쪽 화살표), any(아무키), 알파벳(a~z), 숫자(0~9)

블록 이해하기

1 │ 알고리즘

(1) [실행(🚩)] 버튼을 클릭하면 푸른색 리트머스를 보여줍니다.

(2) **Space Bar** 를 누르면 푸른색 리트머스 종이를 여러 가지 용액이 담겨 있는 시험관에 적시고, 리트머스 종이의 색깔 변화를 확인하고 그 용액의 성질을 말합니다.

2 │ 순서도

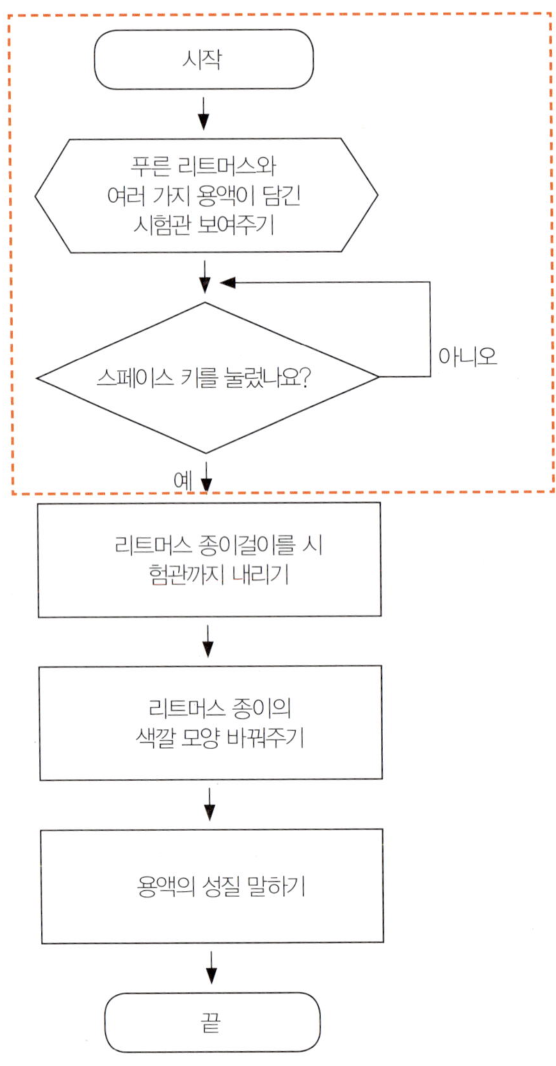

프로젝트 시작하기

1 | 시험관과 리트머스 종이 준비하기

(1) '19강–산성 용액과 염기성 용액_예제.sb2' 파일을 엽니다. '묽은 염산' 스프라이트( )를 선택하고, [스크립트] 탭을 클릭한 후 이벤트 팔레트의 클릭했을 때 블록을 드래그합니다. 동작 팔레트의 x: 0 y: 0 로 이동하기 블록을 드래그하여, 'x: –158', 'y: –60'을 입력합니다.

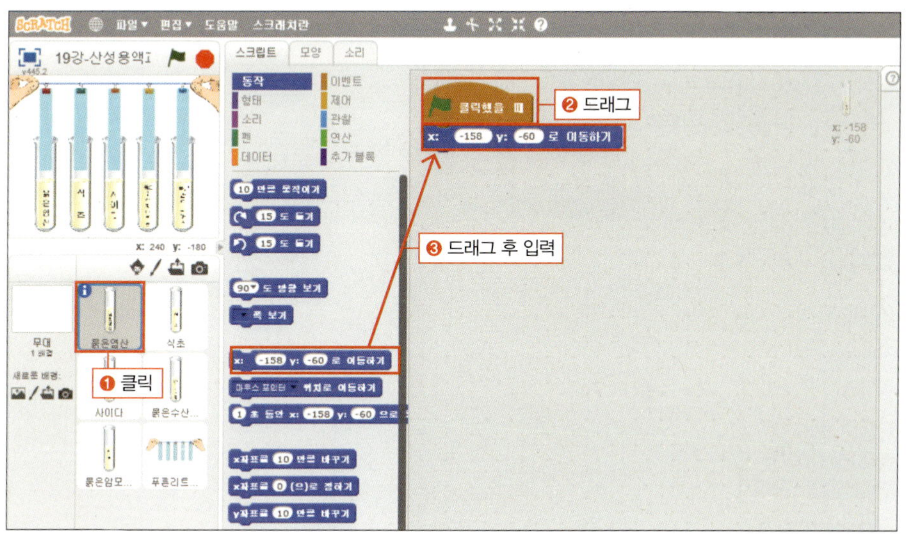

(2) '식초', '사이다', '묽은수산화나트륨', '묽은암모니아수' 스프라이트( )도 동일한 방법으로 스크립트를 작성합니다.

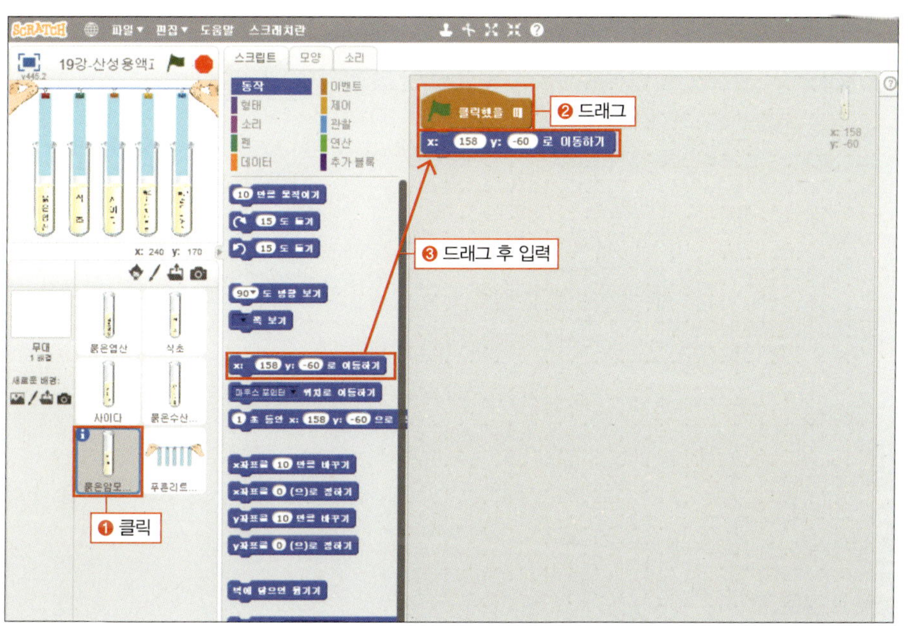

용액 스프라이트의 x, y값은 다음과 같습니다.
- '식초' 스프라이트 : 'x: –78', 'y: –60'
- '사이다' 스프라이트 : 'x: 0', 'y: –60'
- '묽은 수산화나트륨' 스프라이트 : 'x: 78', 'y: –60'
- '묽은 암모니아수' 스프라이트 : 'x: 158', 'y: –60'

(3) '푸른리트머스' 스프라이트(　)를 선택하고, 이벤트 팔레트의 클릭했을 때 블록을 드래그

합니다. 동작 팔레트의 x: 0 y: 0 로 이동하기 블록을 연결하고, 'x: 0', 'y: 100'을 입력합니다.

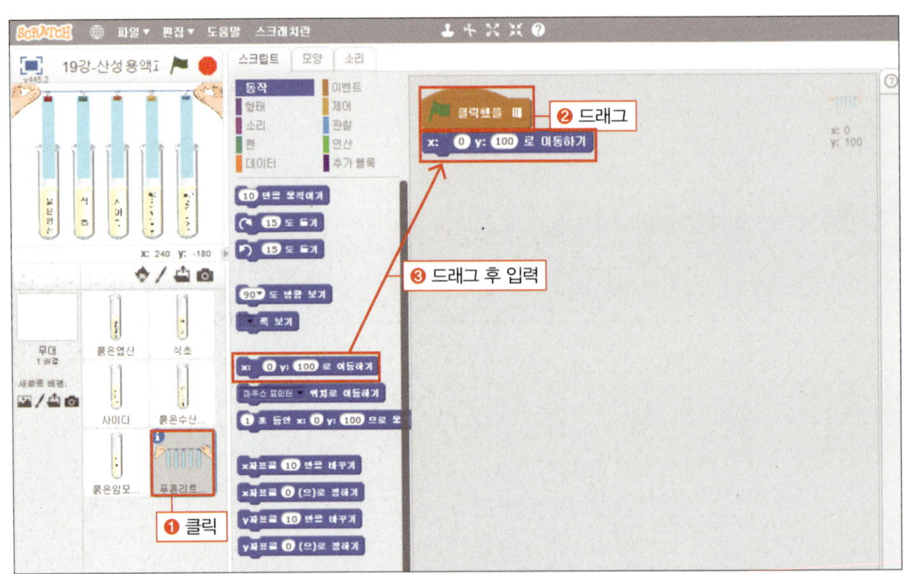

(4) 형태 팔레트의 모양을 푸른리트머스01 (으)로 바꾸기 블록을 연결하고, ▼를 클릭하여 [푸른리트머스

01]을 선택하고, 보이기 블록을 연결합니다. 형태 팔레트의 Hello! 을(를) 2 초동안 말하기 블록을
연결하고, '실험을 시작하려면 스페이스키를 누르세요.', '3'초를 입력합니다.

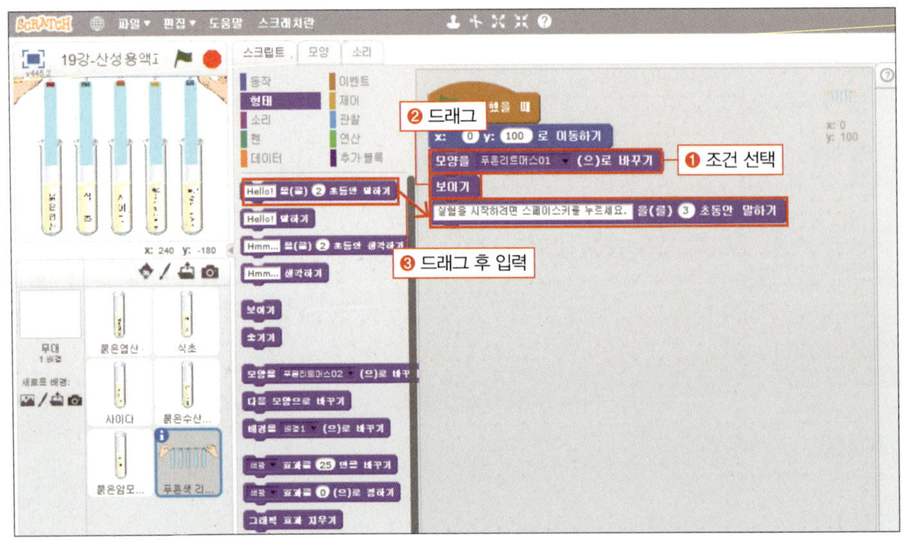

2 | 실험시작키(스페이스키) 관찰하기

(1) [무대]를 선택하고, 이벤트 팔레트의 클릭했을 때 블록을 드래그합니다. 제어 팔레트의 만약 라면 블록을 드래그하고, 관찰 팔레트의 스페이스 키를 눌렀는가? 블록을 조건에 결합합니다.

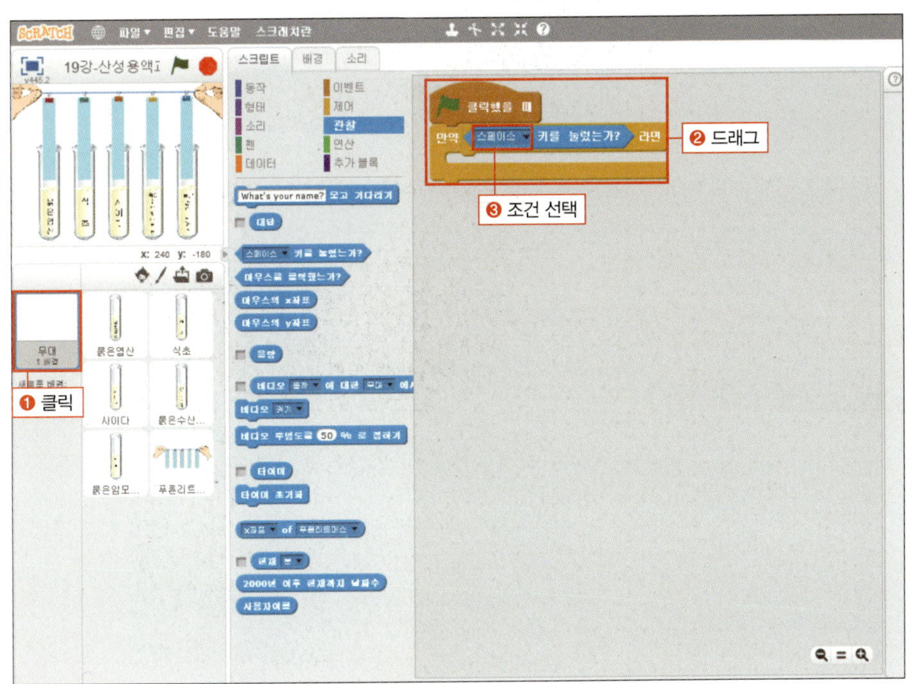

(2) 이벤트 팔레트의 메시지1 방송하기 블록의 ▼를 클릭하여 [푸른리트머스] 메시지를 만들고 선택한 후, 만약 스페이스 키를 눌렀는가? 라면 블록의 안으로 연결합니다. 제어 팔레트의 무한 반복하기 블록을 밖으로 연결합니다.

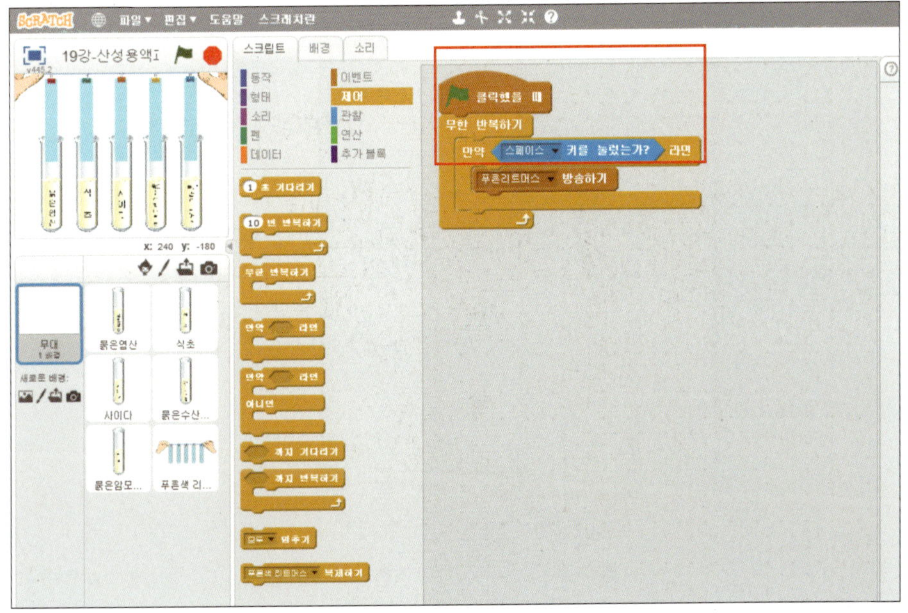

20 산성 용액과 염기성 용액 2 

관찰 블록은 프로그램에서 조건이나 스프라이트의 상태 등에 대한 변화 값을 가지는 블록입니다. 리트머스 종이가 산성 용액과 염기성 용액에 닿았을 때의 상태를 관찰하여 용액의 성질을 분류해봅니다.

- **예제 파일 l** 20강–산성 용액과 염기성 용액_예제.sb2
- **완성 파일 l** 20강–산성 용액과 염기성 용액_완성.sb2
- **사용 방법 l** `Space Bar` 를 누르면 '푸른 리트머스 종이'를 '산과 염기 용액'으로 이동시켜 적셨을 때 변화하는 종이색을 보고 산과 염기를 분류해봅니다.

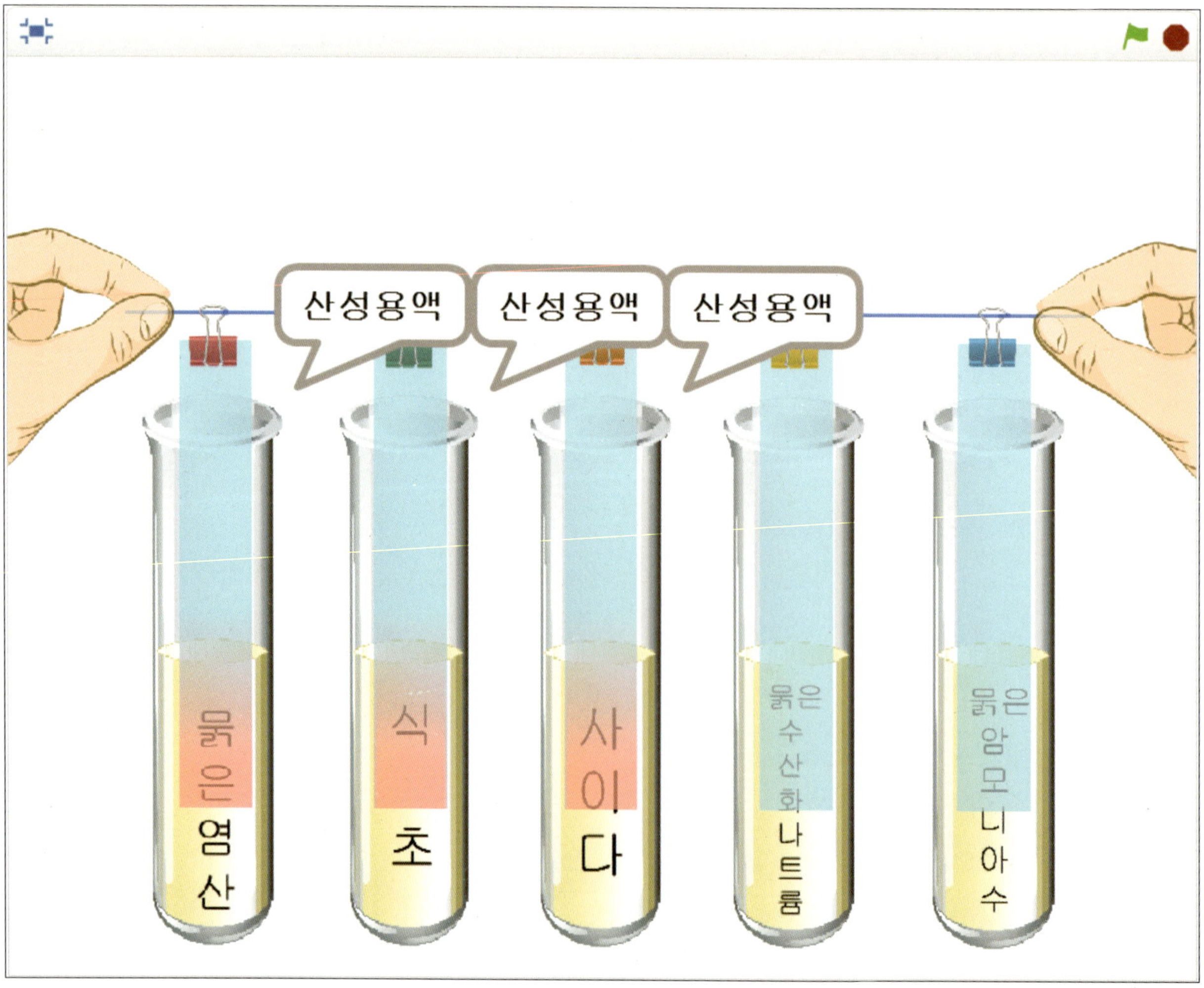

교과 내용 파악하기

1 | 교과 연계 : 5학년 과학[산과 염기]

2 | 교과 핵심 내용

(1) 물질은 그 성질에 따라 산성, 염기성, 중성을 띠고 있습니다.

(2) 리트머스 종이 : 기체와 고체에는 변화가 없지만, 물에 녹은 용액에는 그 물질의 성질에 따라 색깔이 변화합니다.

   ❶ 산성 용액 : 푸른색 리트머스 → 붉은색으로 변합니다.

   ❷ 염기성 용액 : 붉은색 리트머스 → 푸른색으로 변합니다.

3 | 교과 핵심 확인 문제

푸른색 리트머스 종이를 붉은색으로 변화시키는 물질은 어떤 성질을 띠고 있습니까?

(   )

블록 이해하기

관찰 팔레트는 특정 조건이나 스프라이트의 상태 등에 대한 변화 값을 가지는 블록입니다.

❶ **색에 닿았는가?** : 스프라이트가 특정색에 닿았는가?를 관찰하는 블록입니다.

> **TIP**
>
> **색에 닿았는가?** **블록의 색깔 바꾸기**
>
> ① **색에 닿았는가?** 블록의 색깔상자를 클릭합니다.
>
> ② 가 으로 바뀌면 스크래치 안에서 원하는 색을 클릭합니다.
>
> ③ 블록의 색깔상자가 원하는 색으로 변경되었는지 확인합니다.

❷ **색이 색에 닿았는가?** : 스프라이트의 특정색이 다른 색에 닿았는가?를 관찰하는 블록입니다.

> **TIP**
>
> **색에 닿았는가?** **블록과** **색이 색에 닿았는가?** **블록의 차이점**
>
> **색에 닿았는가?** 블록 : 스프라이트 → 특정색 닿았는지 관찰
>
> **색이 색에 닿았는가?** 블록 : 스프라이트의 특정색 → 다른 색 닿았는지 관찰

Point 03 생각하기

1 | 알고리즘

(1) [실행(▶)] 버튼을 클릭하면 푸른색 리트머스와 여러가지 용액이 담겨 있는 시험관을 보여 줍니다.

(2) 푸른색 리트머스 종이를 여러가지 용액이 담겨 있는 시험관에 잠기도록 Space Bar 를 눌렀 는지 관찰합니다.

(3) Space Bar 를 누르면 푸른색 리트머스 종이를 여러가지 용액이 담겨 있는 시험관에 잠기도 록 이동시킨 후, 리트머스 종이의 색깔 변화를 확인하고 그 용액의 성질을 말합니다.

2 | 순서도

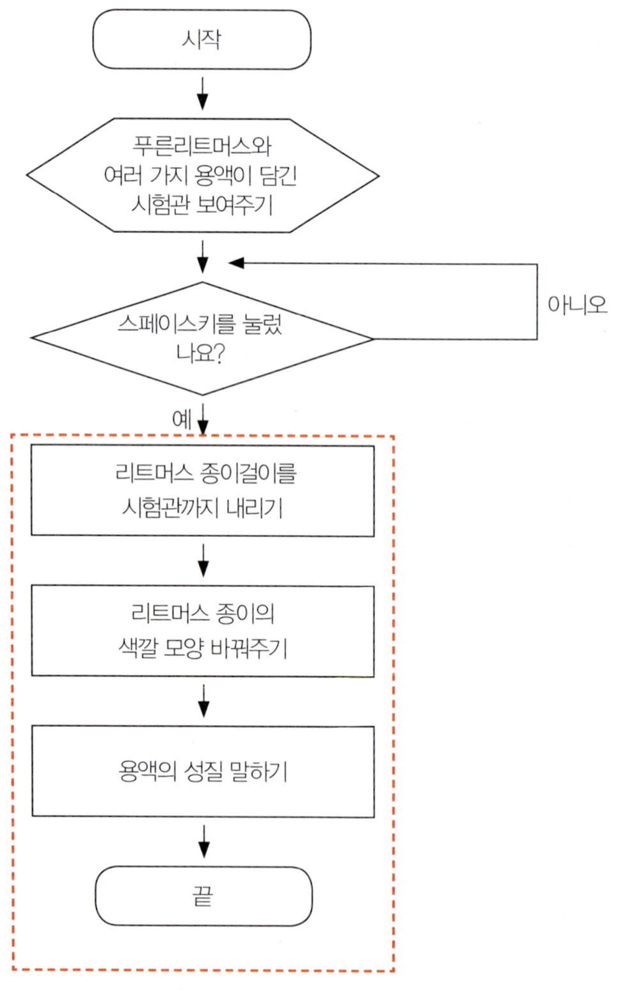

프로젝트 시작하기

1 | 리트머스 종이로 실험하기

(1) '푸른리트머스' 스프라이트(　)를 선택하고, 이벤트 팔레트의 푸른리트머스 ▼ 을(를) 받았을 때 블록을 드래그한 후, 형태 팔레트의 보이기 블록을 연결합니다. 실험하는 과정을 보이기 위해서, 동작 팔레트의 1 초 동안 x: 0 y: 80 으로 움직이기 블록을 연결하고, '5'초, 'x: 0', 'y: 0'을 입력합니다.

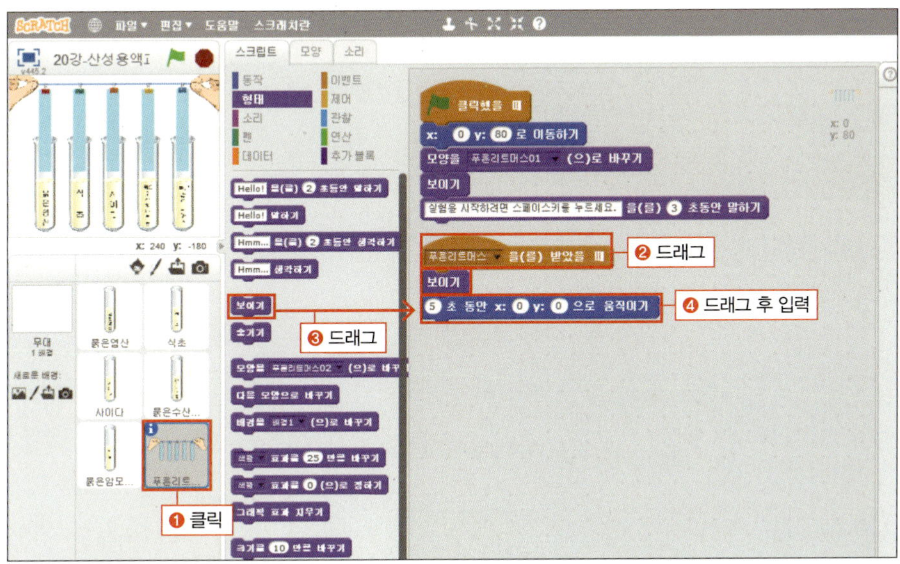

(2) 용액에 젖은 효과와 용액의 이름을 보이기 위해, 형태 팔레트의 색깔 ▼ 효과를 25 만큼 바꾸기 블록을 연결한 후, ▼를 클릭하여 [반투명]을 선택하고, '25'만큼을 입력합니다.

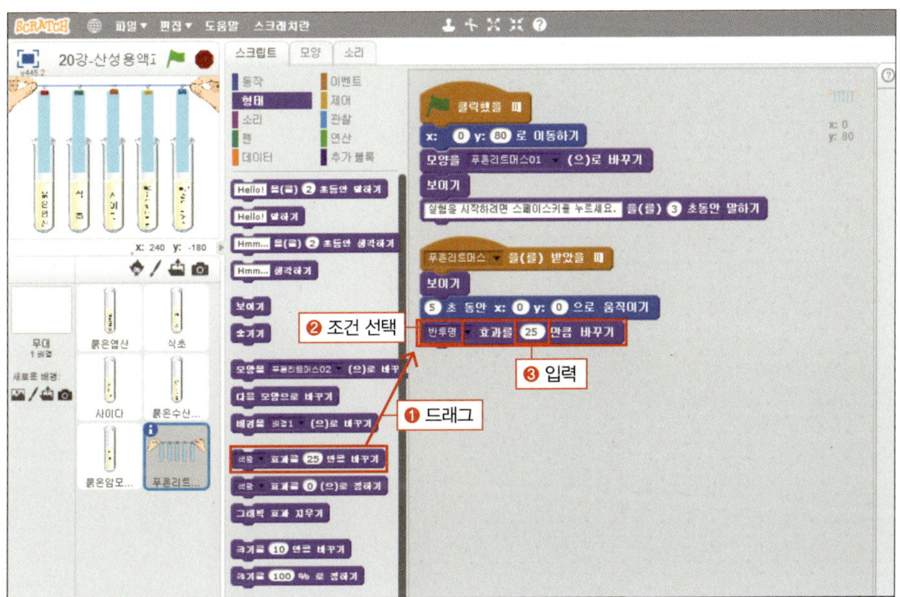

(3) 제어 팔레트의 만약 ~ 라면 블록을 드래그하고, 관찰 팔레트의 색이 색에 닿았는가? 블록
의 왼쪽 색깔상자는 '푸른리트머스' 스프라이트의 종이색인 ▢으로 설정하고, 오른쪽 색깔
상자는 '묽은 염산' 스프라이트( )의 용액색인 ▢으로 설정하여 결합합니다.

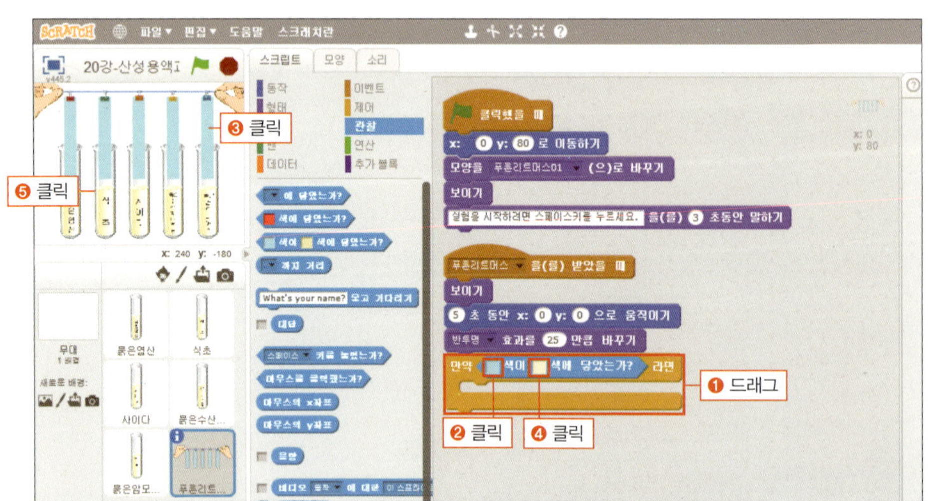

(4) 용액에 반응한 푸른색 리트머스를 만들기 위해 형태 팔레트의 모양을 푸른리트머스01 (으)로 바꾸기
블록을 연결하고, ▼를 클릭하여 [푸른리트머스02]를 선택합니다. 이벤트 팔레트의
메시지1 ▼ 방송하기 블록을 연결하고, ▼를 클릭하여 [결과알리기] 메시지를 만들어 선택합니다.
색이 색에 닿았는가? 를 계속 관찰하기 위하여 제어 팔레트의 무한 반복하기 블록을 드래그하
여, 색이 색에 닿았는가? 블록의 밖으로 연결합니다.

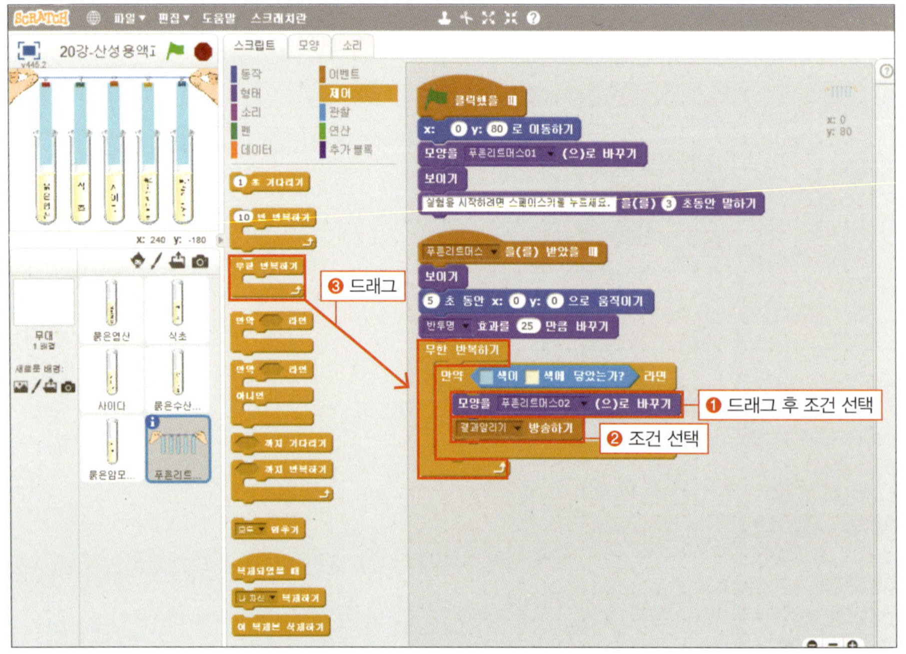

2 | 결과 알리기

(1) '묽은염산' 스프라이트(﹒)를 선택하고, **이벤트** 팔레트의 결과알리기 ▾ 을(를) 받았을 때 블록을 드래그한 후, **형태** 팔레트의 Hello! 을(를) 2 초동안 말하기 블록을 연결하고, '산성용액', '2'초를 입력합니다.

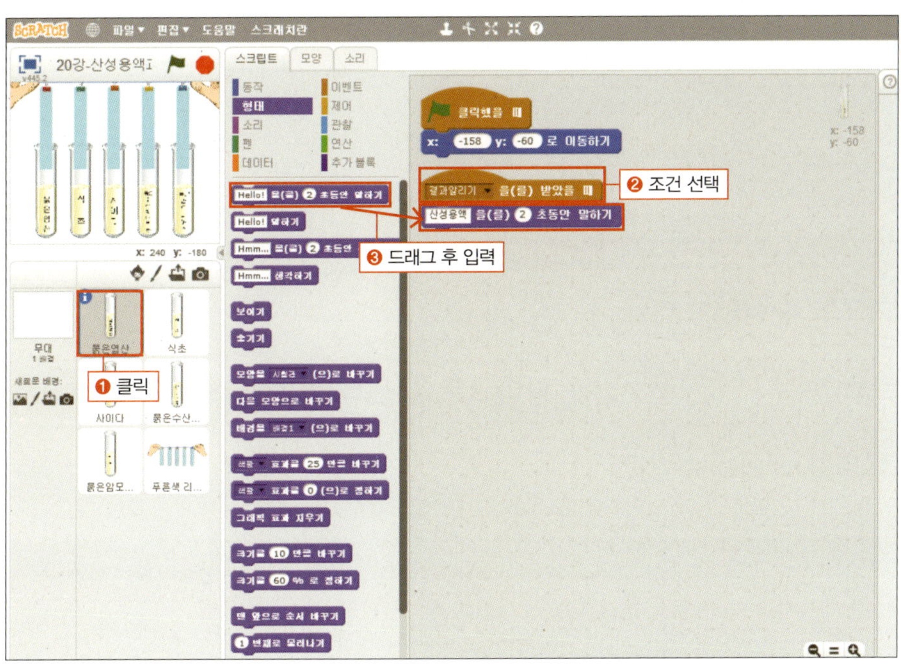

(2) '식초', '사이다' 스프라이트(﹒)도 동일한 방법으로 스크립트를 작성합니다. [실행(🏳)] 버튼을 클릭하고, Space Bar 를 클릭하면 실험이 시작되고, 푸른색 리트머스를 산과 염기 용액이 담긴 시험관으로 이동시킨 후 리트머스의 색깔이 변화하면, 변화시킨 용액의 성질을 말합니다.

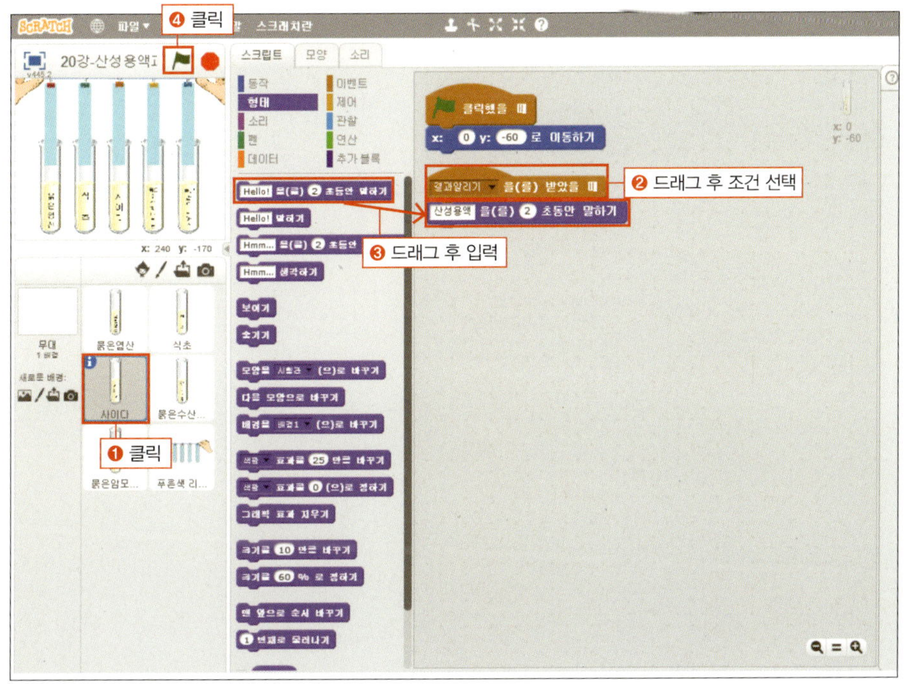

사고력 향상 문제

- 예제 파일 I 20강–산성용액과 염기성용액_사고력향상.sb2
- 완성 파일 I 20강–산성용액과 염기성용액_사고력향상_완성.sb2
- 추가 스프라이트 I 붉은리트머스.sprite2

1 `관찰` 팔레트의 `실험할 리트머스를 고르세요.(푸른색 or 붉은색) 묻고 기다리기` 블록과 `대답` 블록을 이용하여, 실험할 리트머스를 선택하도록 수정해보세요.

2 '푸른리트머스' 스프라이트( )와 같은 방법으로 '붉은리트머스' 스프라이트( ) 도 추가하여 스크립트를 작성해보세요.

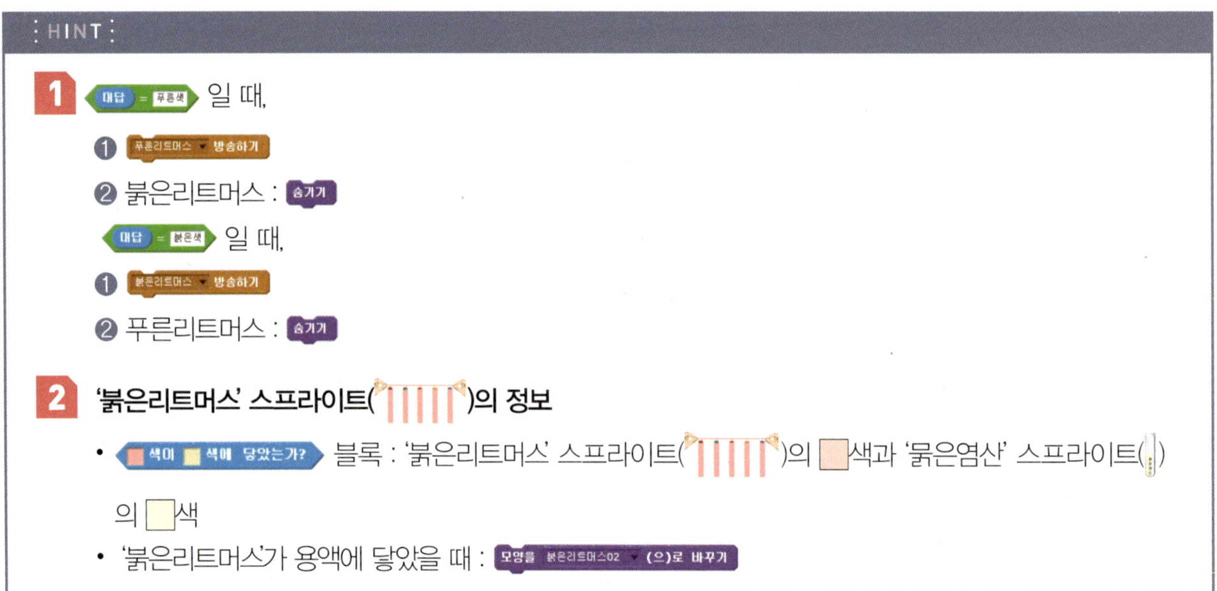

병렬 전기 회로1

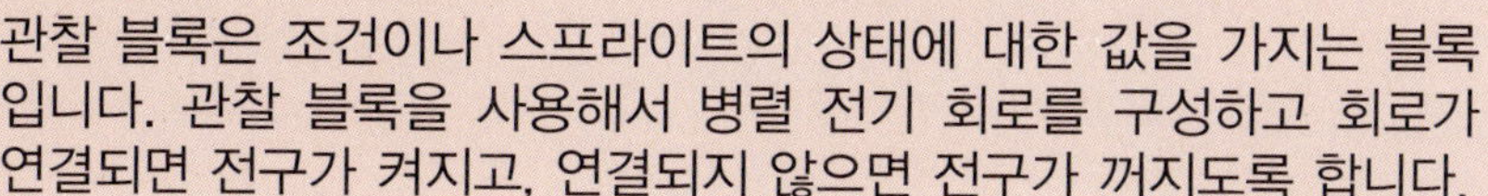

관찰 블록3

관찰 블록은 조건이나 스프라이트의 상태에 대한 값을 가지는 블록입니다. 관찰 블록을 사용해서 병렬 전기 회로를 구성하고 회로가 연결되면 전구가 켜지고, 연결되지 않으면 전구가 꺼지도록 합니다.

- **예제 파일 I** 21강–병렬 전기 회로(1)_예제.sb2
- **완성 파일 I** 21강–병렬 전기 회로(1)_완성.sb2
- **사용 방법 I** 병렬 전기회로에 전구와 전지, 스위치를 연결합니다.

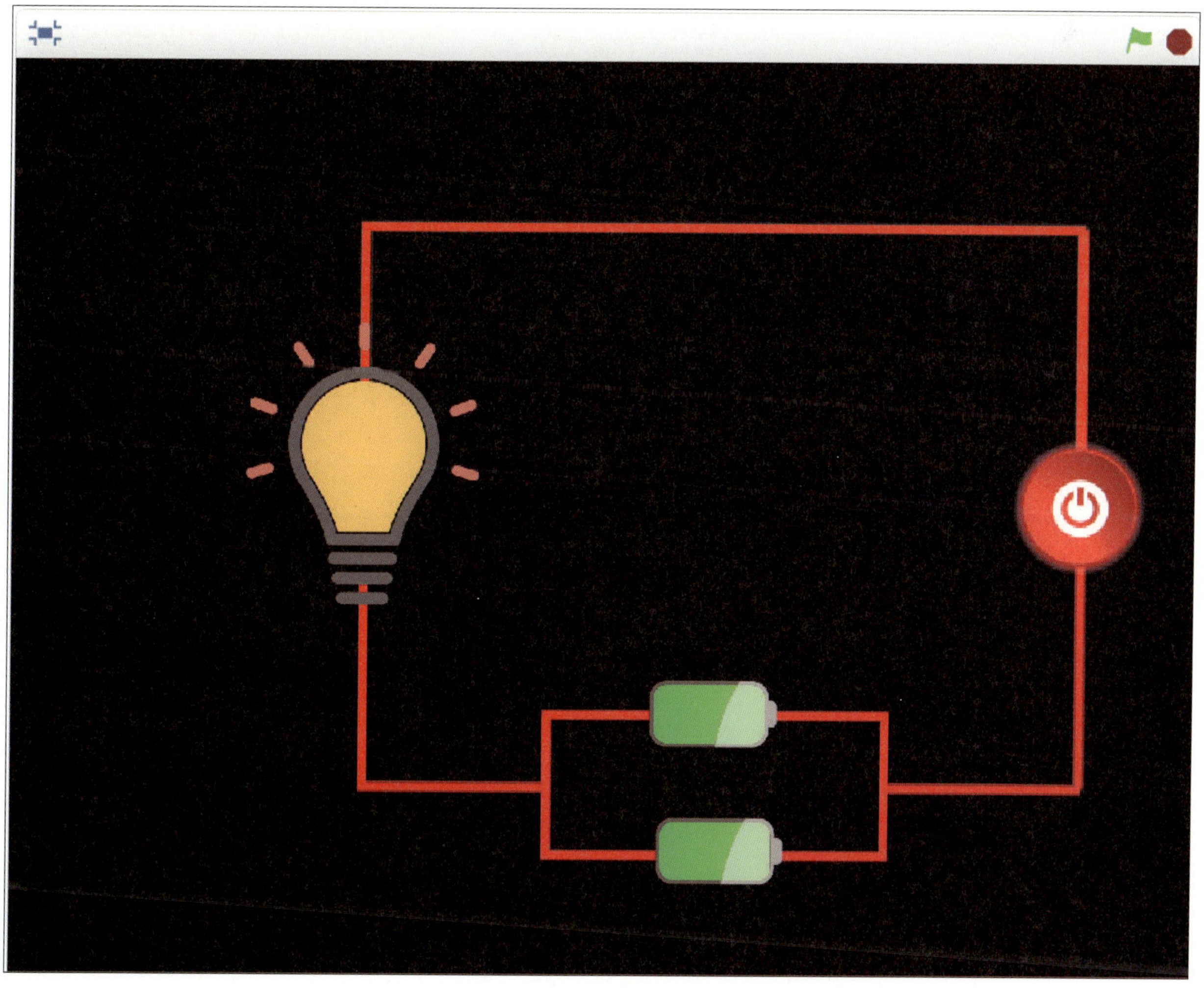

 **교과 내용 파악하기**

1 | 교과 연계 : 6학년 과학 [전기의 작용]

2 | 교과 핵심 내용 :

(1) 전기 회로 : 전지, 전구, 전선과 같은 여러 가지 전기 부품을 서로 연결하여 전기가 흐를 수 있게 한 것을 의미합니다.

(2) 전류 : 전기 회로의 전구가 켜지는 까닭은 전지가 전기 부품의 도체 부분에 전기를 흐르게 하기 때문입니다. 이때, 전기 회로에서 흐르는 전기를 전류라고 합니다.

3 | 교과 핵심 확인 문제

병렬 연결 방법에 대한 설명으로 옳은 것은 무엇일까요? (   )

① 전지를 오래 사용할 수 없다.

② 모든 전지가 한 길로 연결되어 있다.

③ 전지를 하나 빼내도 전구의 불은 꺼지지 않는다.

④ 전지를 많이 연결할수록 전구의 밝기는 밝아진다.

 **블록 이해하기**

관찰 팔레트는 조건이나 스프라이트의 상태에 대한 값을 가지는 블록입니다.

❶ ▼ 에 닿았는가? : 스프라이트가 마우스 포인터, 벽, 다른 스프라이트 등에 닿았는지에 대한 조건을 만드는 블록입니다.

 **생각하기**

1 | 알고리즘

(1) [실행(🏃)] 버튼을 클릭한 다음 '스위치' 스프라이트(◉)에 마우스가 닿도록 합니다.

(2) 전선에 '전구' 스프라이트(💡)와 '전지' 스프라이트(🔋)가 연결되어 있고 스위치가 On 상태(◉)이면 전구가 켜지고 스위치가 Off 상태(◉)이면 전구가 꺼집니다.

2 | 순서도

시작
1. 직렬 연결
2. 병렬 연결
어떤 연결인가?
1번
2번
전선에
전지와 전구가
연결되어 있는가?
아니오
예
전구가 꺼짐
아니오
스위치가
On 상태인가?
예
전구가 켜짐
끝

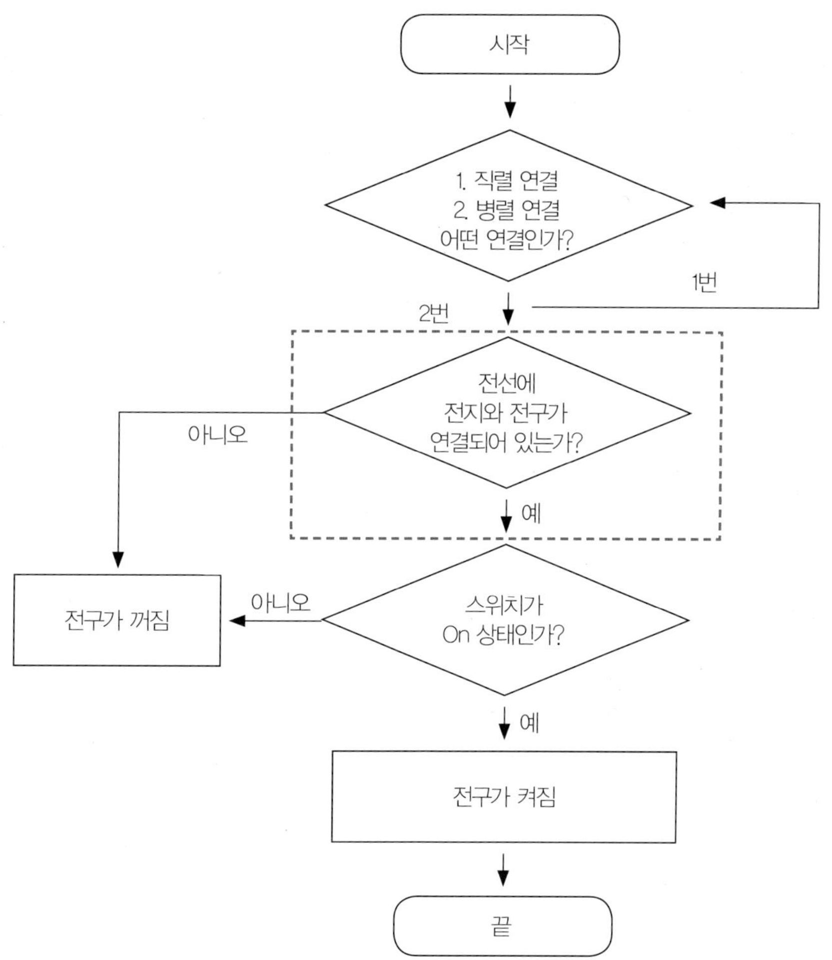

1 | 변수와 리스트 만들기

(1) '21강–병렬 전기 회로_예제.sb2' 파일을 엽니다. 프로젝트에 사용될 변수와 리스트를 **데이터** 팔레트의 `변수 만들기` 버튼과 `리스트 만들기` 버튼을 클릭하여 생성합니다.

❶ 생성하는 변수 이름 : 스위치On/Off, 스위치연결, 전구연결, 전지1연결, 전지2연결
❷ 생성하는 리스트 이름 : 묻고 답하기의 대답과 비교하기 위한 값을 저장함 : 정답

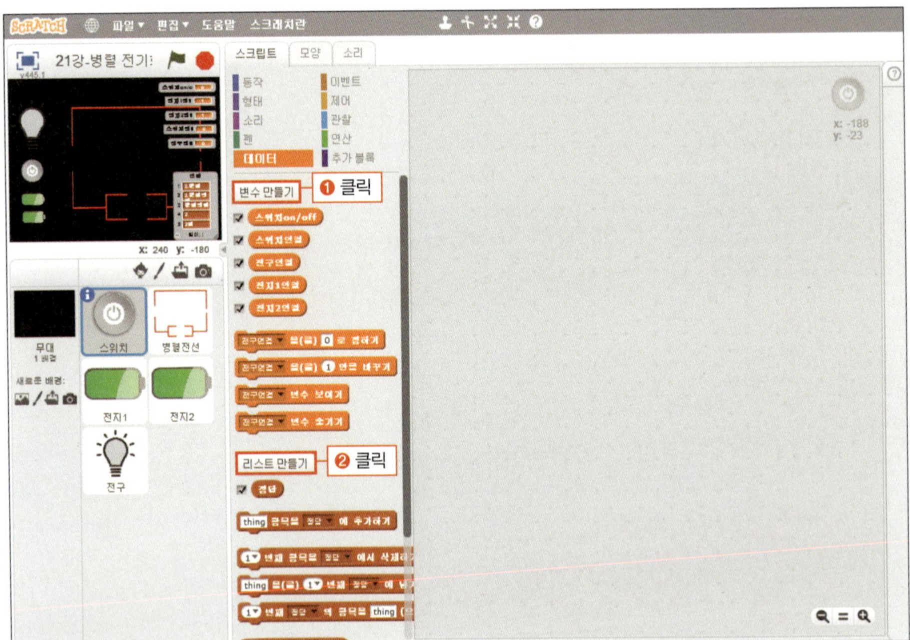

(2) 생성된 변수와 리스트 앞에 있는 체크 상자(☑)의 체크를 해제하여 무대에 보이지 않게 설정합니다.

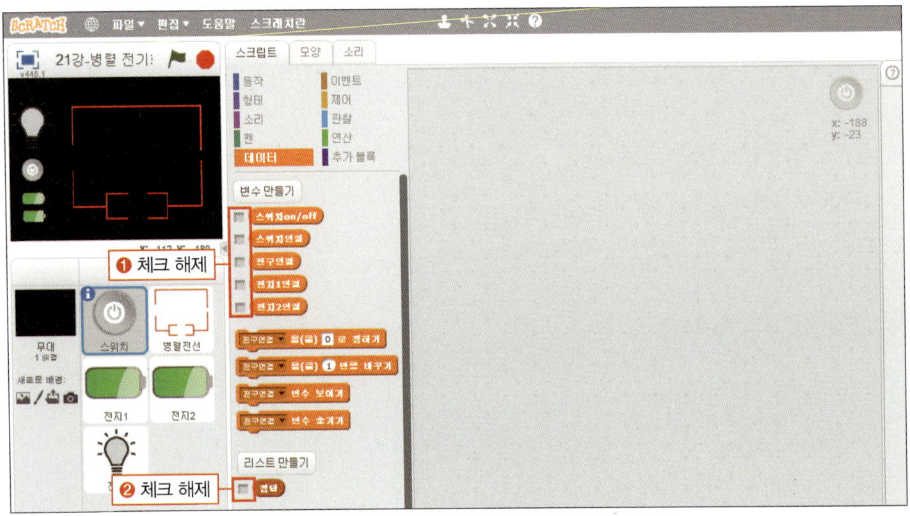

(1) '전구' 스프라이트( )와 '전지' 스프라이트( ), '스위치' 스프라이트( )를 '병렬전선' 스프라이트( )에 연결합니다. '병렬전선' 스프라이트( )를 선택한 후, 이벤트 팔레트의 클릭했을 때 블록을 드래그합니다. '병렬전선' 스프라이트( )의 위치를 지정하기 위해 동작 팔레트의 x: 0 y: 0 로 이동하기 블록을 연결하고 'x: 48', 'y: -9'를 입력합니다. 크기를 줄이기 위해서 형태 팔레트의 크기를 100 % 로 정하기 블록을 연결하고 '70'%로 변경합니다.

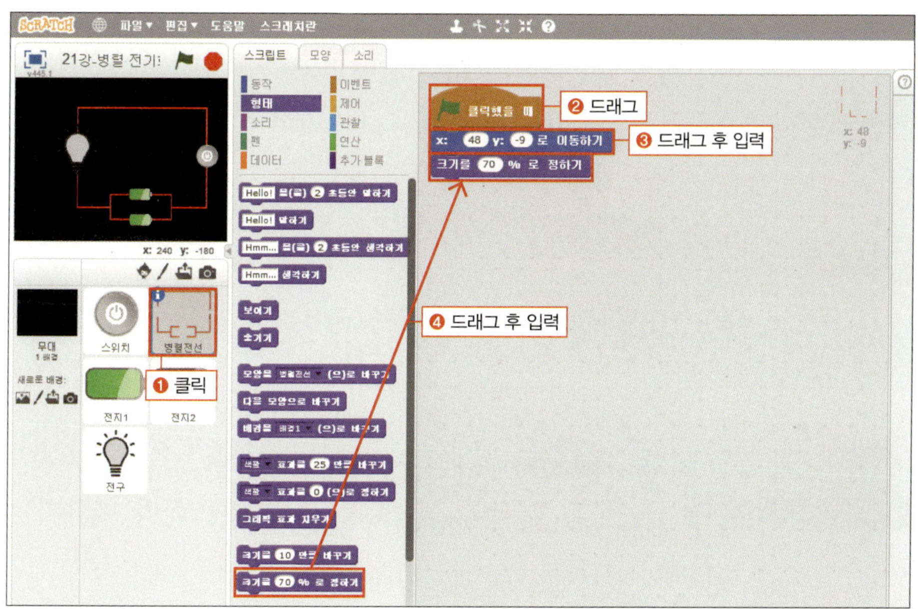

(2) 생성한 변수를 초기화하기 위해 데이터 팔레트의 스위치On/Off 을(를) 0 로 정하기 블록을 연결하고, ▼를 클릭하여 [스위치On/Off]를 선택하고 '0'을 입력합니다. 동일한 방법으로 나머지 4개의 변수 값도 모두 '0'으로 초기화합니다.

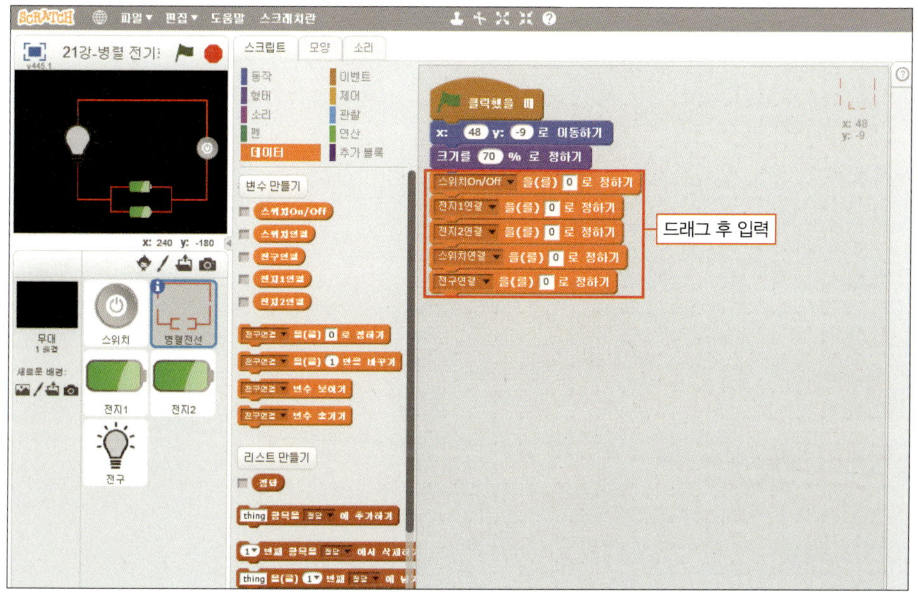

(3) 리스트 정답 의 값을 초기화하기 위해 1▼ 번째 항목을 정답▼ 에서 삭제하기 블록을 연결한 후 ▼ 를 클릭하여 [모두]을 선택하여 기존에 입력되어 있는 리스트의 모든 값을 삭제합니다. thing 항목을 정답▼ 에 추가하기 블록을 연결하여 정답이 될 값('2번', '2', '2.병렬연결', '병렬연결', '병렬')을 텍스트 상자에 입력합니다.

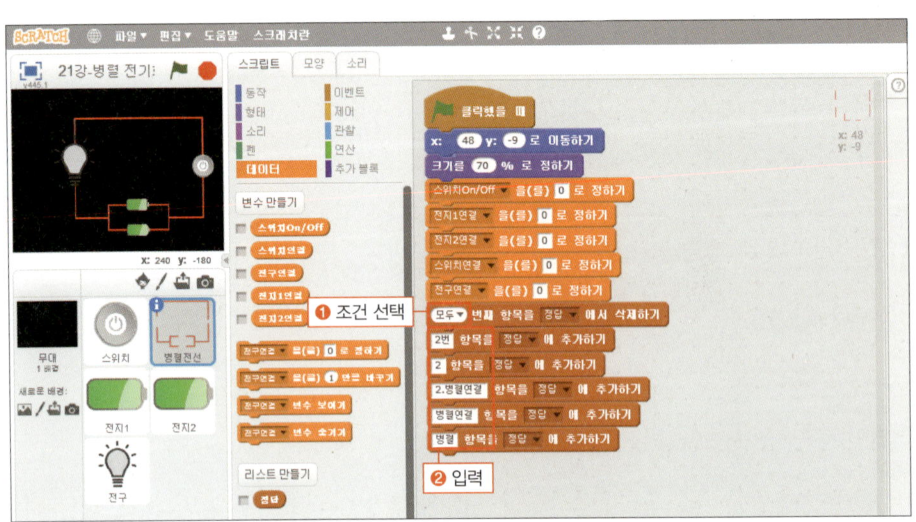

(4) '전지1' 스프라이트( )를 선택한 후, 이벤트 팔레트의 클릭했을 때 블록을 드래그하고, 형태 팔레트의 크기를 100 % 로 정하기 블록을 연결하고 '30'%로 변경합니다. '전지1' 스프라이트( )가 '병렬전선' 스프라이트( )에 닿았는지 여부를 확인하기 위해 제어 팔레트의 만약 라면 아니면 블록을 무한 반복하기 블록 안에 연결합니다. 전선에 닿았는지를 판단하기 위해 관찰 팔레트의 ▼ 에 닿았는가? 블록을 연결하고, ▼를 클릭하여 [병렬전선]으로 선택하고 전선에 닿았으면 데이터 팔레트의 전지1연결▼ 을(를) 0 로 정하기 블록을 연결한 다음 '1'로 변경합니다. 전선에 닿지 않았을 경우엔 '0'으로 정합니다.

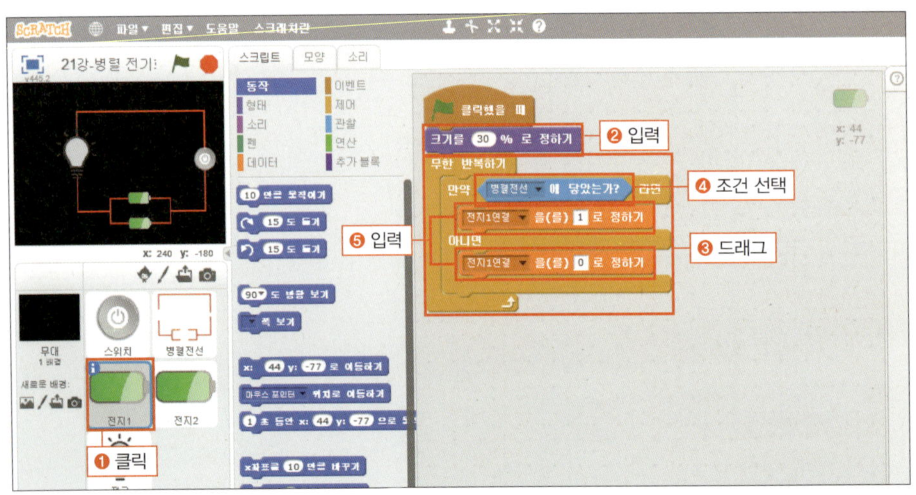

(5) '전지2' 스프라이트( )도 '전지1' 스프라이트( )와 같은 스트립트를 작성합니다.

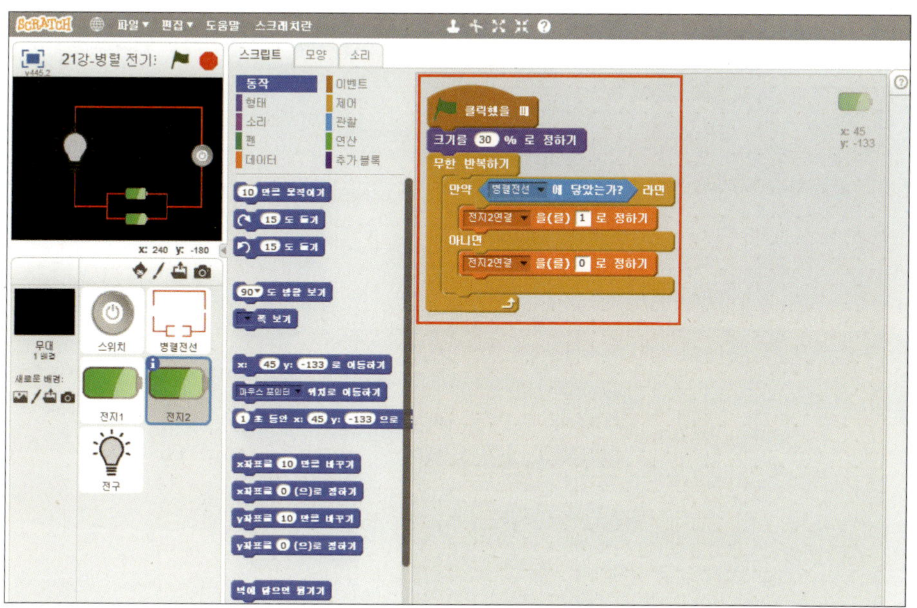

(6) '스위치' 스프라이트( )를 선택한 후, 이벤트 팔레트의 클릭했을 때 블록을 드래그하고, 형태 팔레트의 크기를 100 % 로 정하기 블록을 연결하고 '70%'로 변경합니다. 모양을 스위치-off (으)로 바꾸기 블록을 연결하고, ▼를 클릭하여 [스위치-Off]를 선택합니다.

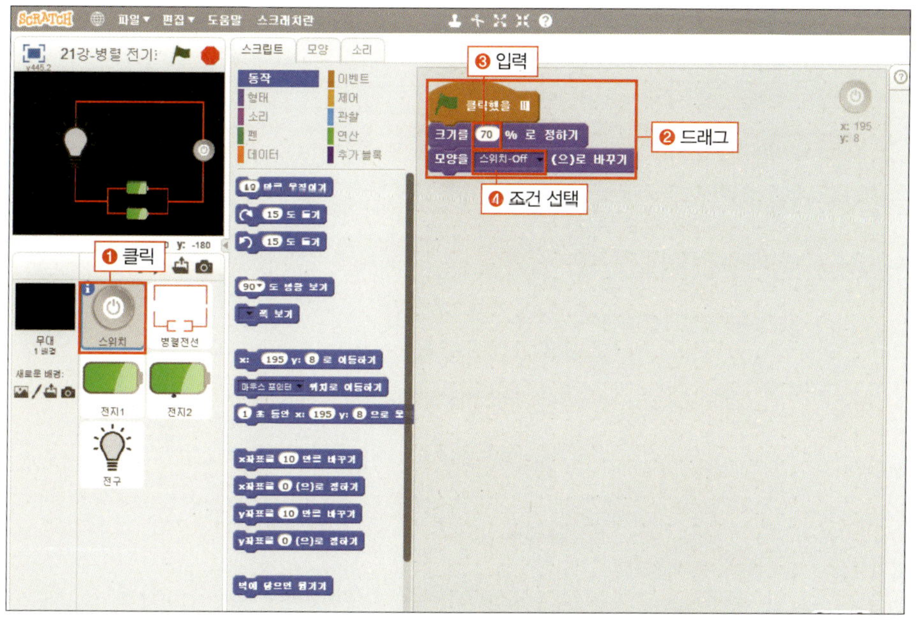

(7) '스위치' 스프라이트(◎)가 '병렬전선' 스프라이트(▭)와 마우스 포인터에 닿았는지 여부를 확인하기 위해 제어 팔레트의 〔만약 ~라면/아니면〕 블록을 〔무한 반복하기〕 블록 안에 연결합니다. 병렬전선과 마우스 포인터에 모두 닿았는지를 판단하기 위해 연산 팔레트의 〔그리고〕 블록에 관찰 팔레트의 〔▼에 닿았는가?〕 블록 2개를 연결하고, ▼를 클릭하여 [병렬전선]과 [마우스 포인터]를 각각 선택합니다.

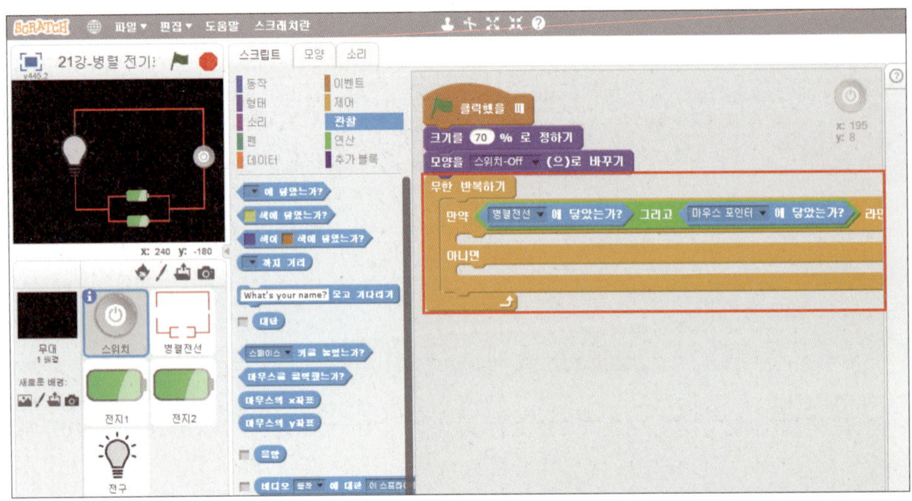

(8) '스위치' 스프라이트(◎)가 '병렬전선' 스프라이트(▭)와 마우스 포인터에 닿았다면 형태 팔레트의 〔모양을 스위치-off (으)로 바꾸기〕 블록을 연결하고, ▼를 클릭하여 [스위치-On]을 선택합니다. 데이터 팔레트의 〔스위치연결 을(를) 0 로 정하기〕 블록과 〔스위치On/Off 을(를) 0 로 정하기〕 블록을 연결한 다음 각각 '1'로 변경합니다. 닿지 않았다면 〔모양을 스위치-off (으)로 바꾸기〕 블록은 [스위치-Off]를 선택하고 〔스위치연결 을(를) 0 로 정하기〕 블록과 〔스위치On/Off 을(를) 0 로 정하기〕 블록은 각각 '0'으로 변경합니다.

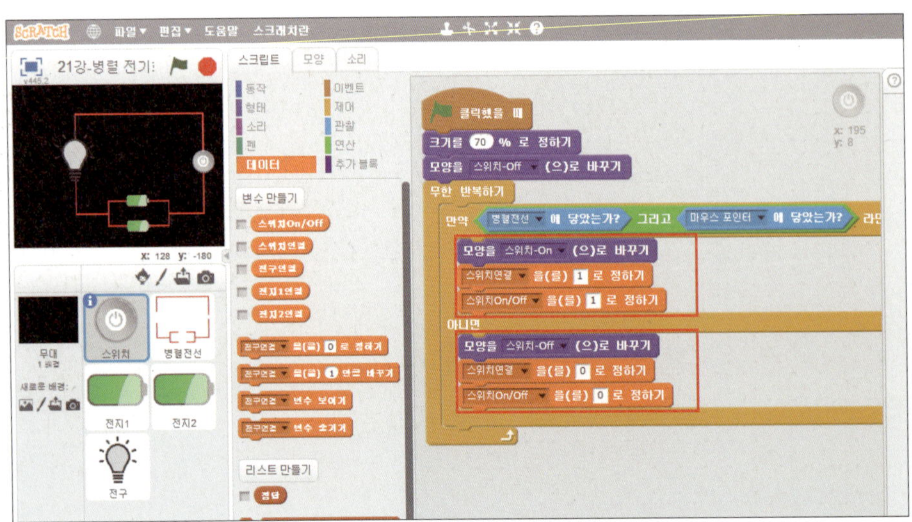

22 병렬 전기 회로2 관찰 블록4

관찰 블록은 조건이나 스프라이트의 상태에 대한 값을 가지는 블록입니다. 관찰 블록을 사용해서 병렬 전기 회로를 구성하고 회로가 연결되면 전구가 켜지고 연결되지 않으면 전구가 꺼지도록 합니다.

- **예제 파일 I** 22강-병렬 전기 회로(2)_예제.sb2
- **완성 파일 I** 22강-병렬 전기 회로(2)_완성.sb2
- **사용 방법 I** 병렬 전기 회로에서 마우스가 스위치에 닿으면 On/Off가 변경되어 전구가 켜지고 꺼집니다.

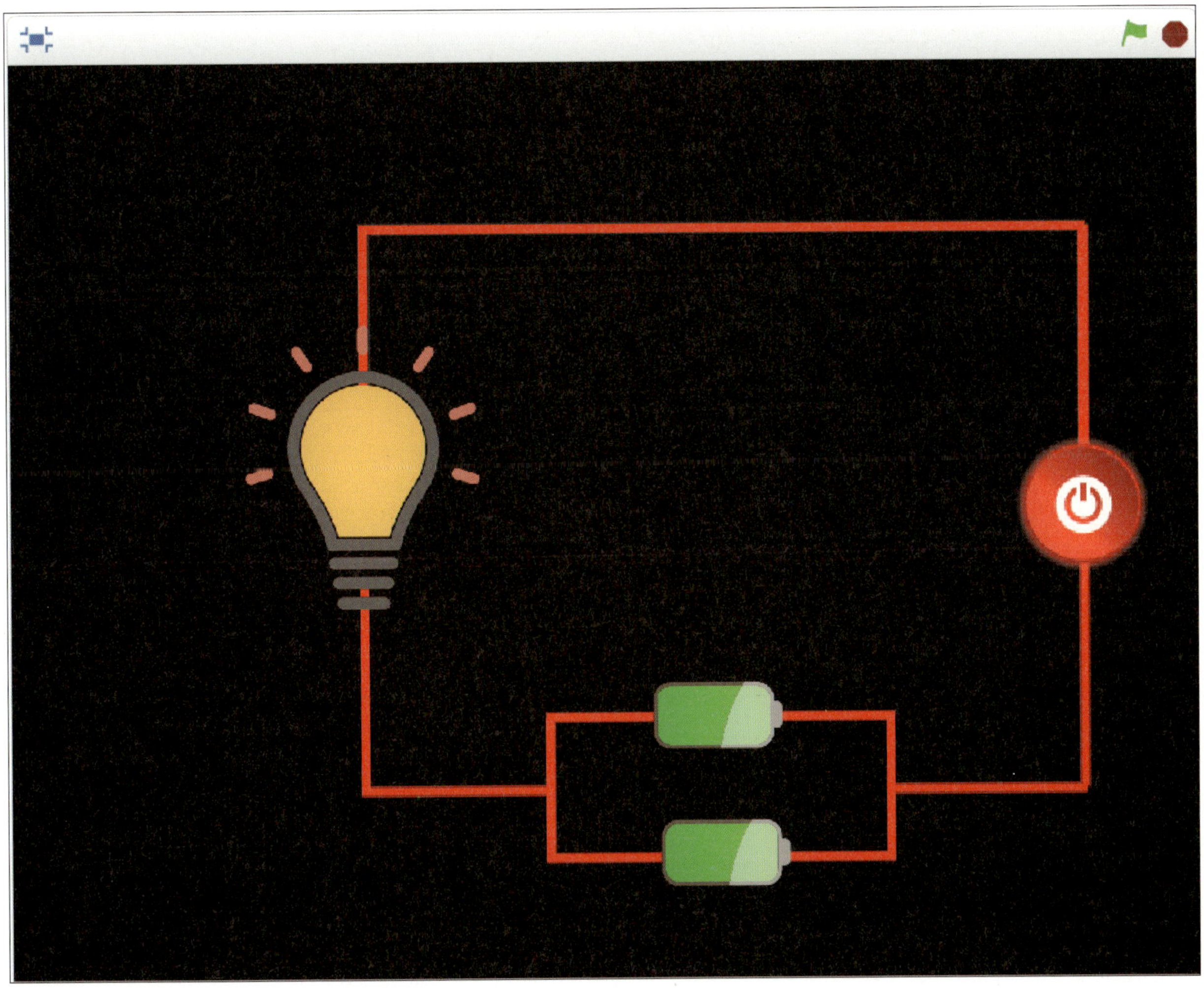

 **교과 내용 파악하기**

1 | 교과 연계 : 6학년 과학[전기의 작용]

2 | 교과 핵심 내용 :

(1) 전지의 병렬 연결 : 전기 회로에서 전지 두 개 이상을 서로 같은 극끼리 연결하여 전류를 흐를 수 있게 하는 방법

(2) 전구의 병렬 연결이 전구의 직렬 연결 보다 전구가 더 밝습니다.

3) 교과 핵심 확인 문제

전기 회로에서 전지 두 개 이상을 서로 같은 극끼리 연결하여 전류가 흐를 수 있게 하는 방법을 무엇이라고 하나요?

① 도체　② 부도체　③ 직렬 연결　④ 병렬 연결　⑤ 전구

 **블록 이해하기**

관찰 팔레트는 조건이나 스프라이트의 상태에 대한 값을 가지는 블록입니다.

① [What's your name? 묻고 기다리기] : 블록에 입력된 문장을 스프라이트가 말하기로 질문을 하고 대답을 입력할 수 있는 대화창이 나타나는 블록입니다.

② 대답 : [What's your name? 묻고 기다리기] 블록을 통해서 생성된 대화창에 입력된 값(문자 또는 숫자)이 저장되는 블록입니다.

생각하기

1 | 알고리즘

(1) [실행(▶)] 버튼을 클릭한 다음 '스위치' 스프라이트(⏻)에 마우스가 닿도록 합니다.

(2) 전선에 '전구' 스프라이트(💡)와 '전지' 스프라이트(▭)가 연결되어 있고 스위치가 On 상태(⏻)이면 전구가 켜지고 스위치가 Off 상태(⏻)이면 전구가 꺼집니다.

2 | 순서도

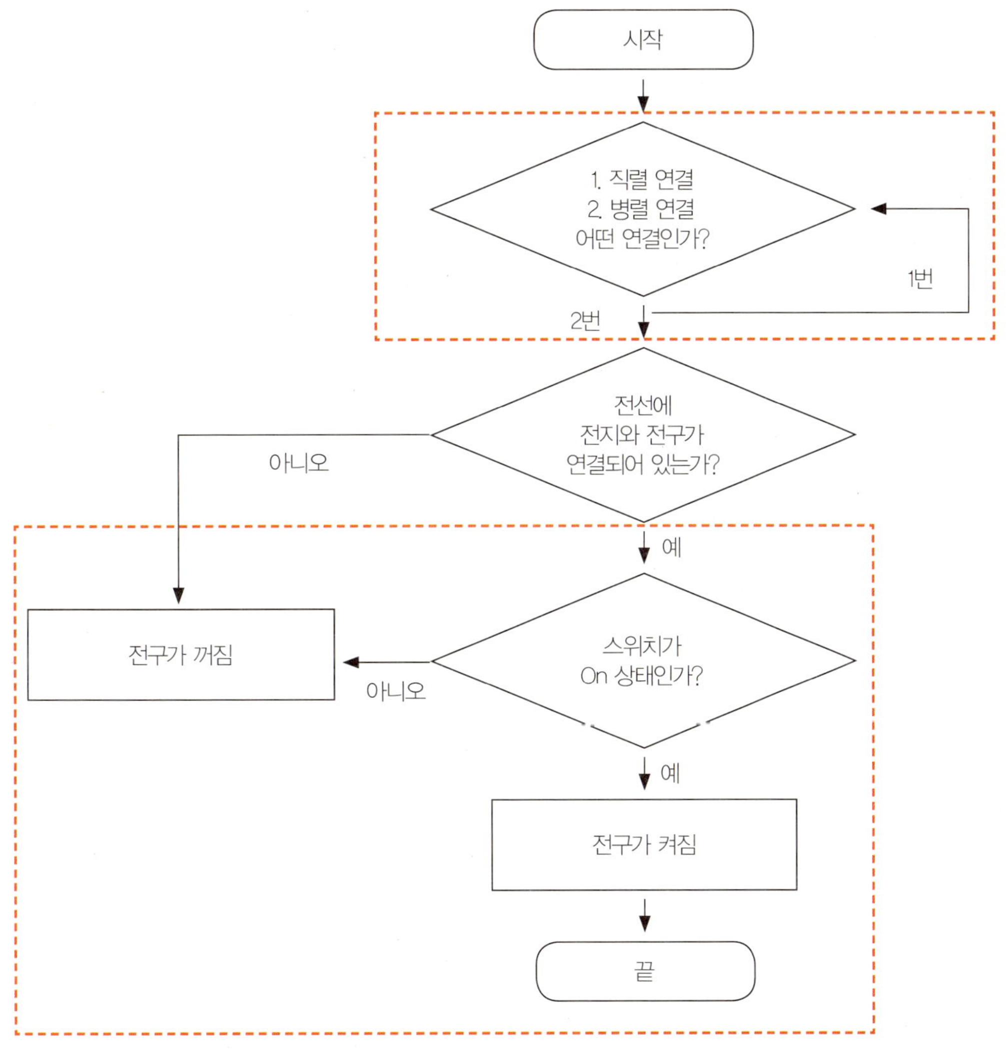

1 | 전기 회로 연결 방법 질문하기

(1) '22강-병렬 전기 회로(2)_예제.sb2' 파일을 엽니다. '전구' 스프라이트(💡)를 선택한 후, 이벤트 팔레트의 클릭했을 때 블록을 드래그하고, '전구' 스프라이트(💡) 크기를 줄이기 위해서 형태 팔레트의 크기를 100 % 로 정하기 블록을 연결하고 '35'%로 변경합니다. 스프라이트의 처음 모양을 지정하기 위해 모양을 전구-Off (으)로 바꾸기 블록을 연결하고, ▼를 클릭하여 [전구-Off]를 선택합니다.

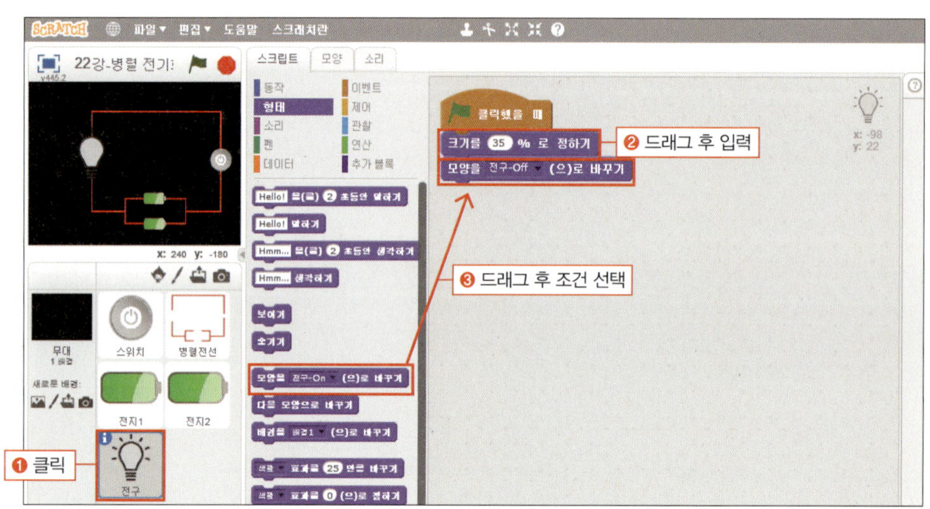

(2) 제어 팔레트의 무한 반복하기 블록을 연결하고 데이터 팔레트의 정답 리스트에 thing 포함되었는가? 블록을 연결합니다. 'thing' 부분에 관찰 팔레트의 대답 블록을 연결하고 질문을 하기 위해 What's your name? 묻고 기다리기 블록을 무한 반복하기 블록 안에 연결합니다. '이 전기회로는 다음 중 어떤 방식인가요? 1.직렬연결 2.병렬연결'을 입력합니다.

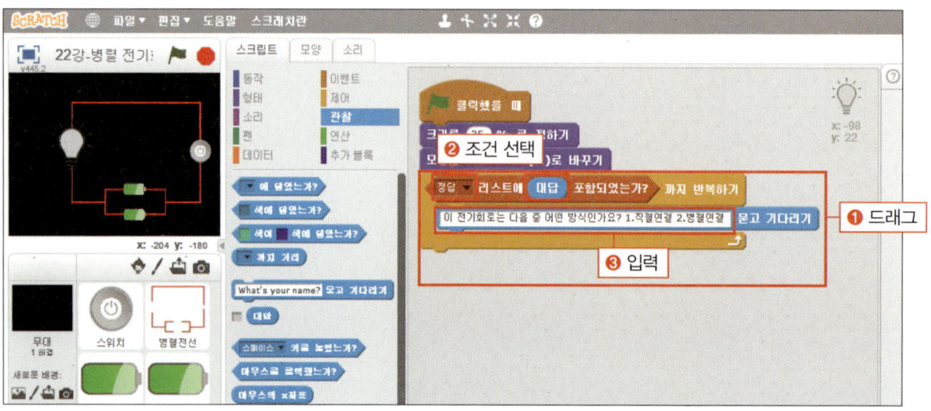

(3) 제어 팔레트의 [만약 ~라면 아니면] 블록에 데이터 팔레트의 [정답▼ 리스트에 thing 포함되었는가?] 블록을 연결하고 'thing' 부분에 관찰 팔레트의 [대답] 블록을 연결합니다. 대답이 정답이면 형태 팔레트의 [Hello! 을(를) 2 초동안 말하기] 블록을 연결한 후 '정답입니다.', '1초'로 변경합니다. 정답이 아니면 '다시 생각해 보세요.', '1초'로 변경합니다.

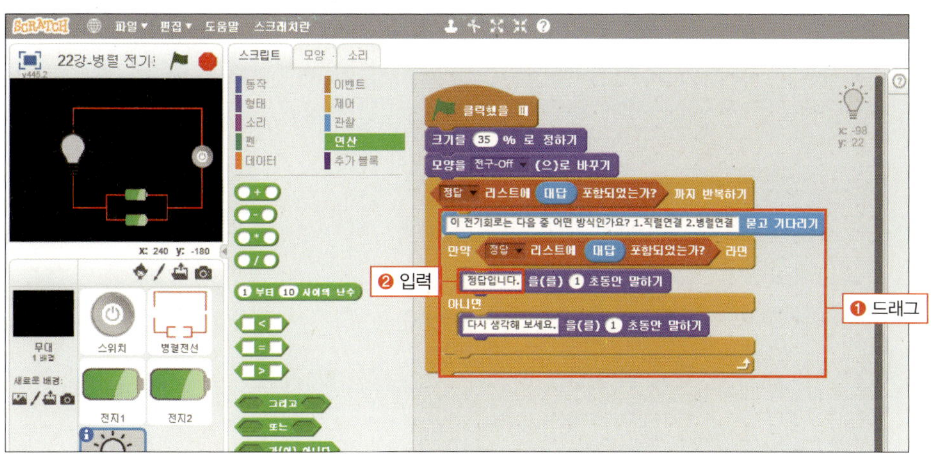

2 | 병렬 전기 회로 연결 확인하기

(1) '전구' 스프라이트( )가 '병렬전선' 스프라이트( )에 닿았는지 여부를 확인하기 위해 제어 팔레트의 [만약 ~라면 아니면] 블록을 [무한 반복하기] 블록 안에 연결합니다. 관찰 팔레트의

[▼ 에 닿았는가?] 블록을 연결하고, ▼를 클릭하여 [병렬전선]을 선택하고 전선에 닿았으면 데이터 팔레트의 [전구연결▼ 을(를) 0 로 정하기] 블록을 연결한 다음 '1'로 변경합니다. 병렬전선에 닿지 않았을 경우엔 '0'으로 정합니다.

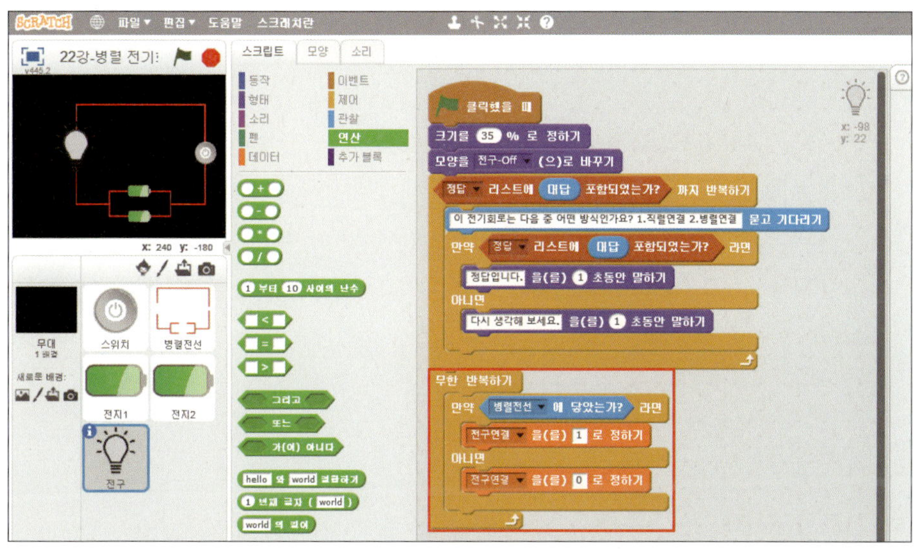

(2) '전구' 스프라이트(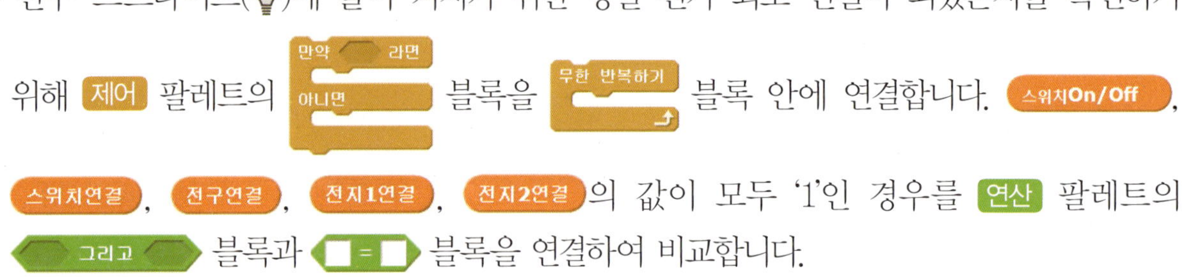)에 불이 켜지기 위한 병렬 전기 회로 연결이 되었는지를 확인하기 위해 제어 팔레트의 블록을 블록 안에 연결합니다. 스위치On/Off, 스위치연결, 전구연결, 전지1연결, 전지2연결 의 값이 모두 '1'인 경우를 연산 팔레트의 그리고 블록과 □=□ 블록을 연결하여 비교합니다.

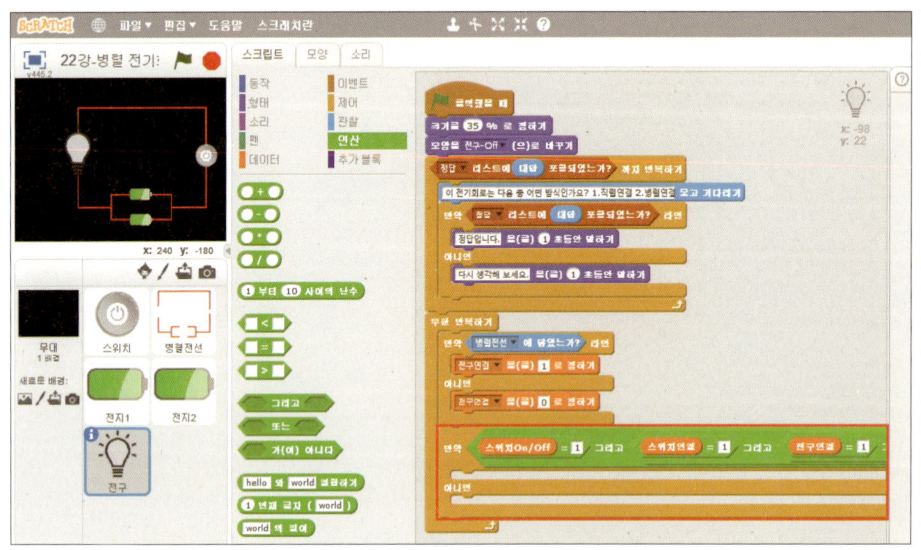

변수 여러 개의 값을 비교해야 할 때 연산 팔레트의 그리고 블록이나 □=□ 블록을 사용합니다.

예) 4개의 변수 값을 비교한 경우

(3) 변수 값이 모두 '1'이면 '전구' 스프라이트(💡)의 모양을 [형태] 팔레트의 [모양을 전구-Off ▼ (으)로 바꾸기] 블록을 연결한 다음 ▼를 클릭하여 [전구-On]을 선택하고, 그렇지 않을 경우엔 ▼를 클릭하여 [전구-Off]를 선택합니다.

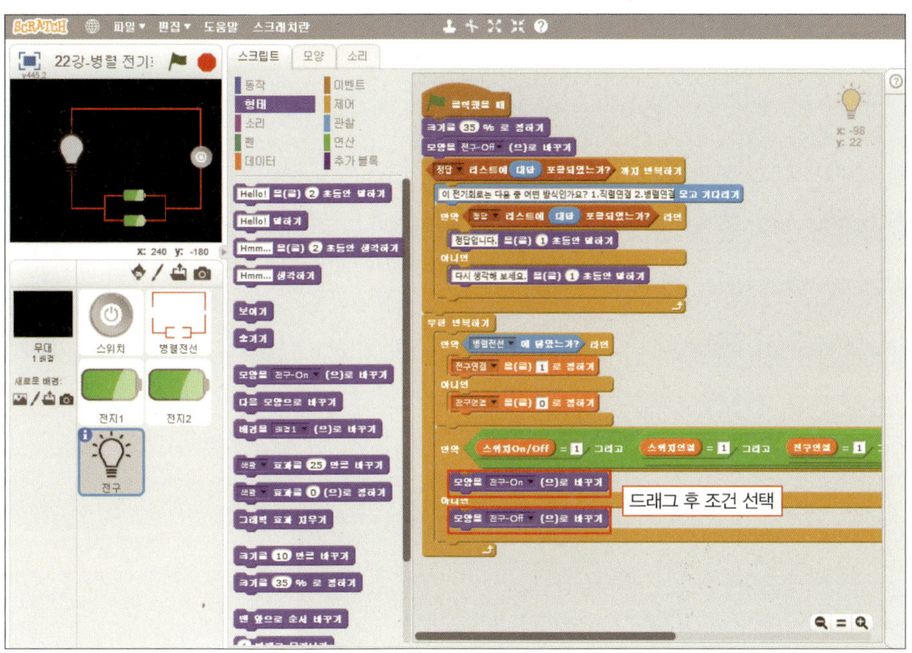

(4) [실행(📗)] 버튼을 클릭 한 후 질문에 대한 대답을 입력합니다. 대답이 정답이고 마우스가 '스위치' 스프라이트(⏻)에 닿으면 '전구' 스프라이트(💡)가 켜집니다.

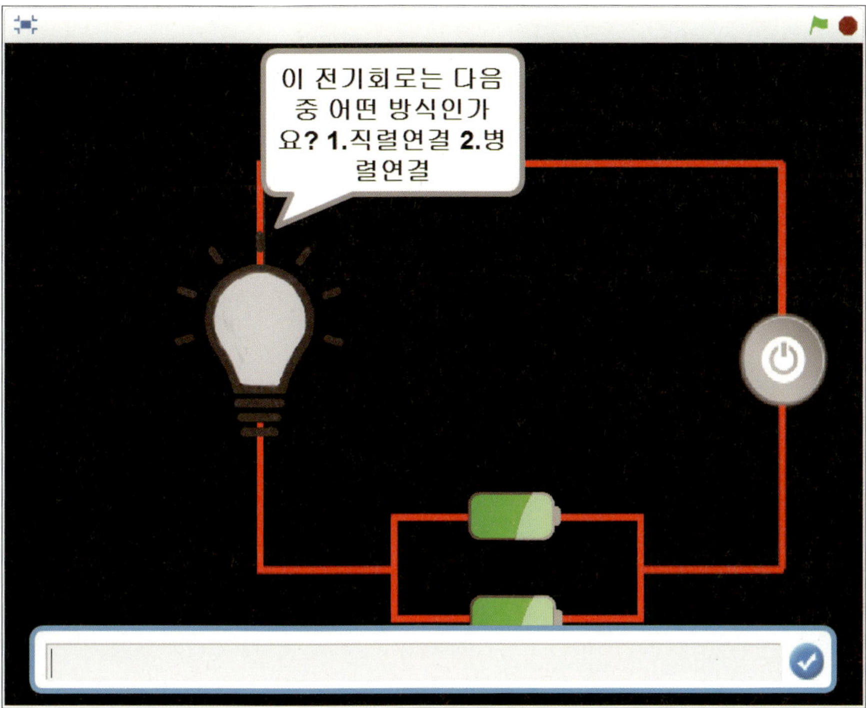

사고력 향상 문제

○ 예제 파일 l 22강–병렬 전기 회로(2)_완성.sb2
○ 완성 파일 l 22강–병렬 전기 회로(2)_사고력향상_완성.sb2

1 '전지1' 스프라이트( )가 '병렬전선' 스프라이트( )에 닿지 않아도 '전구' 스프라이트
( )가 켜지는 스크립트를 작성하세요.

2 '전지2' 스프라이트( )가 '병렬전선' 스프라이트( )에 닿지 않아도 '전구' 스프라이트
( )가 켜지는 스크립트를 작성하세요.

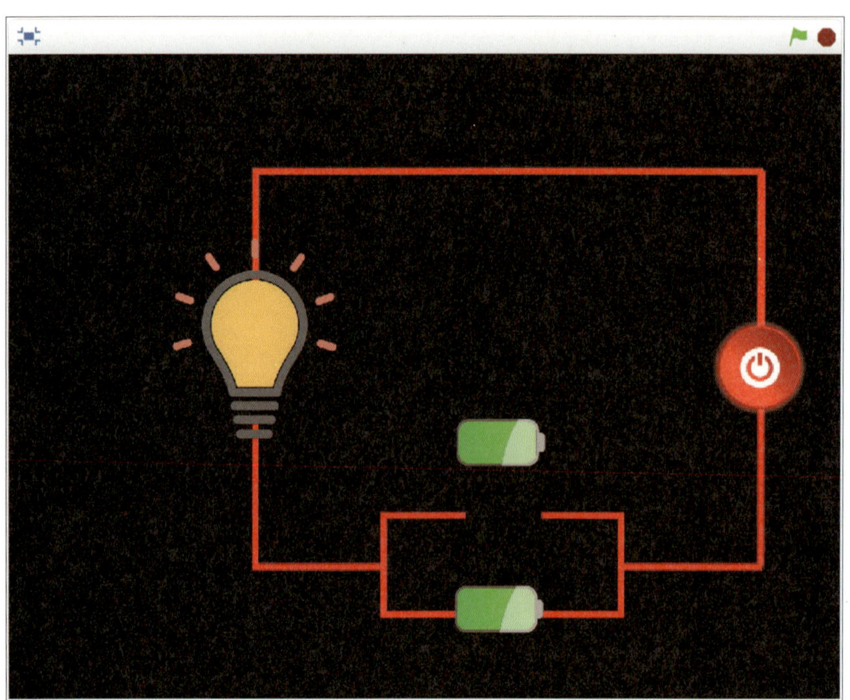

HINT

1 조건 추가하기

전구연결 = '1' 그리고 전지1연결 = '0' 그리고 전지2연결 = '1' 그리고 스위치연결 = '1' 그리고 스위치On/Off
= '1'

2 조건 추가하기

전구연결 = '1' 그리고 전지1연결 = '1' 그리고 전지2연결 = '0' 그리고 스위치연결 = '1' 그리고 스위치On/Off = '1'

23

볼록 렌즈1 연산 블록1

연산 블록은 숫자 계산이나 등호와 부등호를 이용한 논리 값 비교 및 문자열 결합 등의 기능을 하는 블록입니다. 사물을 확대해서 보는 볼록 렌즈를 연산 블록을 이용하여 표현해봅니다.

- **기본 파일 ǀ** 23강–볼록 렌즈(1)_예제.sb2
- **완성 파일 ǀ** 23강–볼록 렌즈(1)_완성.sb2
- **사용 방법 ǀ** '볼록 렌즈'를 클릭하면 마우스 포인터 위치로 이동하고, Space Bar 를 누르면 멈춥니다.

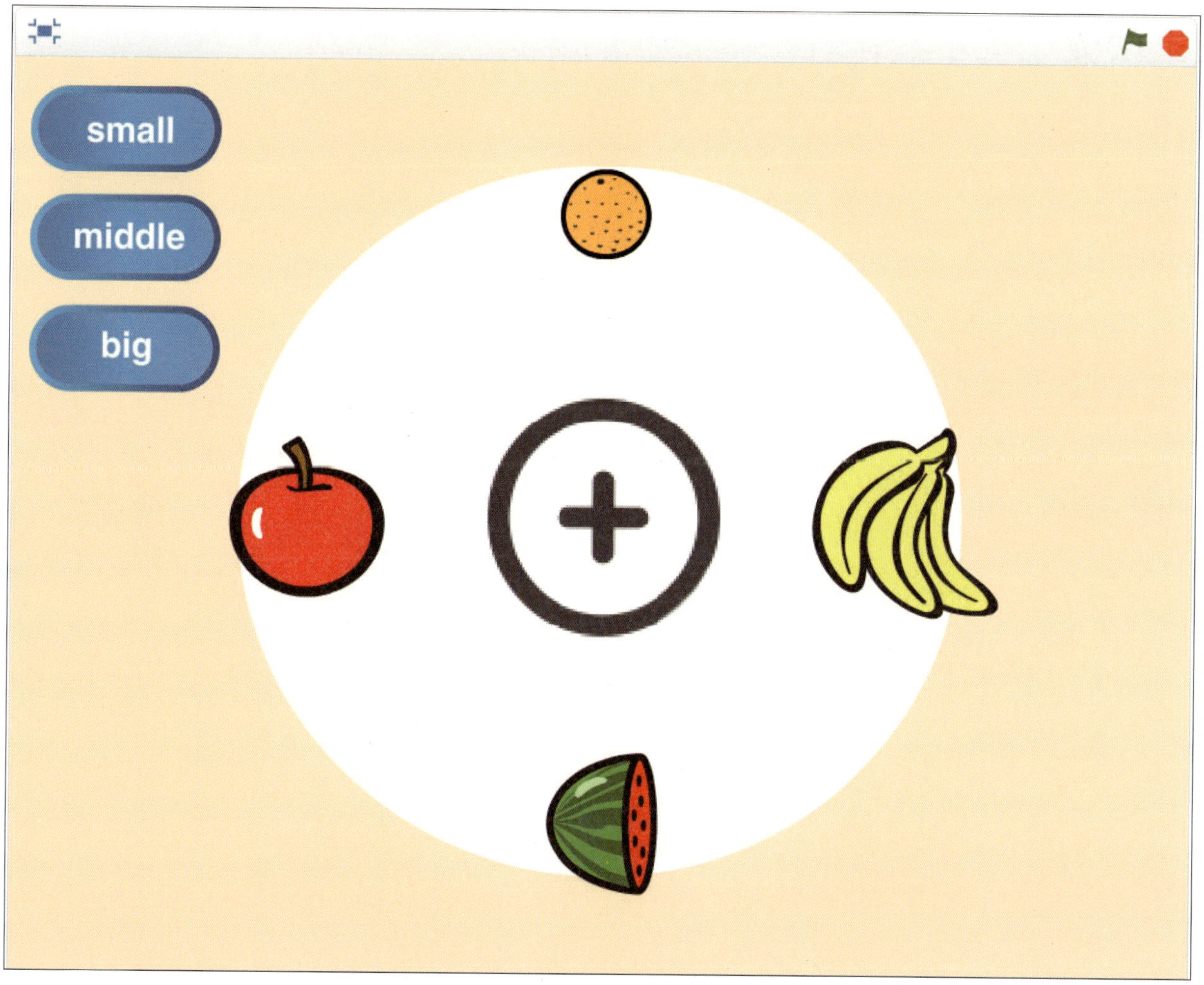

 **교과 내용 파악하기**

1 | 교과 연계 : 6학년 과학 [렌즈의 이용]

2 | 교과 핵심 내용 : 볼록 렌즈의 특징을 알아봅니다.

(1) 볼록 렌즈 : 가운데 부분이 가장자리 부분보다 두꺼운 모양의 렌즈
(2) 볼록 렌즈를 이용한 안경

　원시경 : 가까운 물체를 선명하게 보지 못한 경우에 사용

3 | 교과 핵심 확인 문제

볼록 렌즈와 오목 렌즈에 대한 설명으로 맞지 않는 것은 무엇인가요? (　　　　　)

① 볼록 렌즈로 가까이 있는 물체를 보면 똑바로 보인다.
② 오목 렌즈로 가까이 있는 물체를 보면 똑바로 보인다.
③ 오목 렌즈로 멀리 있는 물체를 보면 똑바로 보인다.
④ 볼록 렌즈로 본 물체는 언제나 크게 보인다.
⑤ 오목 렌즈로 본 물체는 언제나 크게 보인다.

 **생각하기**

연산 팔레트는 숫자 계산이나 등호와 부등호를 이용한 논리 값 비교 및 문자열 결합 등의 기능을 하는 블록입니다.

❶ 　-　　+　　*　　/　: 숫자에 대한 사칙연산을 합니다.

❷ 1 부터 10 사이의 난수 : 앞의 수와 뒤의 수 사이에서 무작위로 숫자를 결정합니다.

❸ 　<　　=　　>　: 등호와 부등호를 사용하여 논리 값을 비교합니다.

Point 03 블록 이해하기

1 | 알고리즘

(1) [실행(🏳)] 버튼을 클릭한 다음 'small' 스프라이트(small), 'middle' 스프라이트(middle), 'big' 스프라이트(big) 중 하나를 클릭한 후 '볼록 렌즈' 스프라이트(⊕)를 클릭합니다.

(2) '볼록 렌즈' 스프라이트(⊕)를 '사과' 스프라이트(🍎), '오렌지' 스프라이트(🍊), '바나나' 스프라이트(🍌), '수박' 스프라이트(🍉)로 가지고 가면 각 스프라이트가 확대됩니다.

2 | 순서도

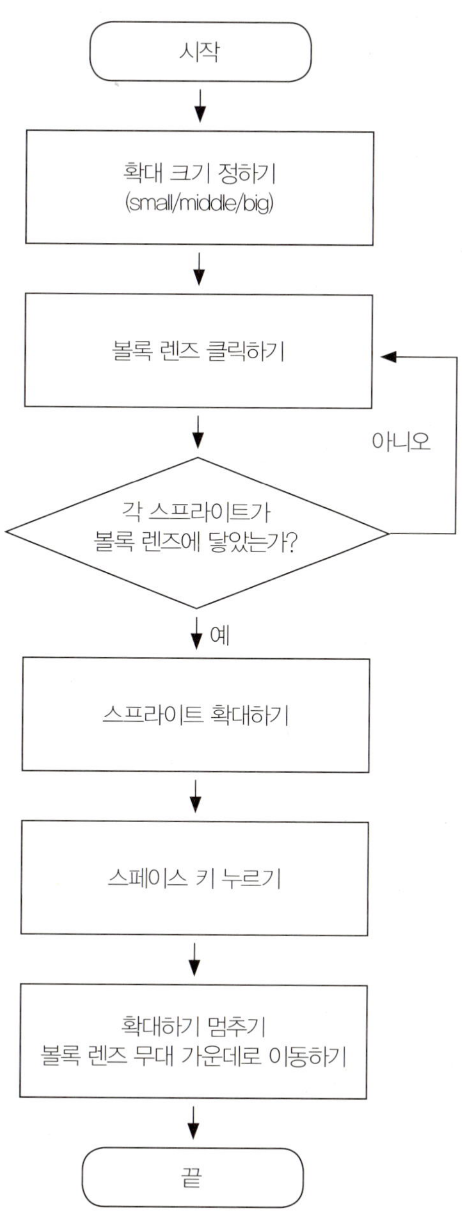

프로젝트 시작하기

1 | 변수의 초기 값 정하기

(1) '23강-볼록 렌즈_예제.sb2' 파일을 엽니다. 데이터 팔레트의 변수 만들기 버튼을 클릭하여 생성합니다. 생성된 변수 앞에 있는 체크상자(✔)의 체크를 해제합니다. '볼록 렌즈' 스프라이트(+)를 선택한 후, 이벤트 팔레트의 클릭했을 때 블록을 드래그하고, 초기 위치를 지정하기 위해 동작 팔레트의 x: 0 y: 0 로 이동하기 블록을 연결하고 'x: 0', 'y: 0'을 입력한 후 처음 모양을 설정하기 위해서 형태 팔레트의 모양을 볼록 렌즈 (으)로 바꾸기 블록을 연결한 후, ▼를 클릭하여 [볼록 렌즈]를 선택합니다.

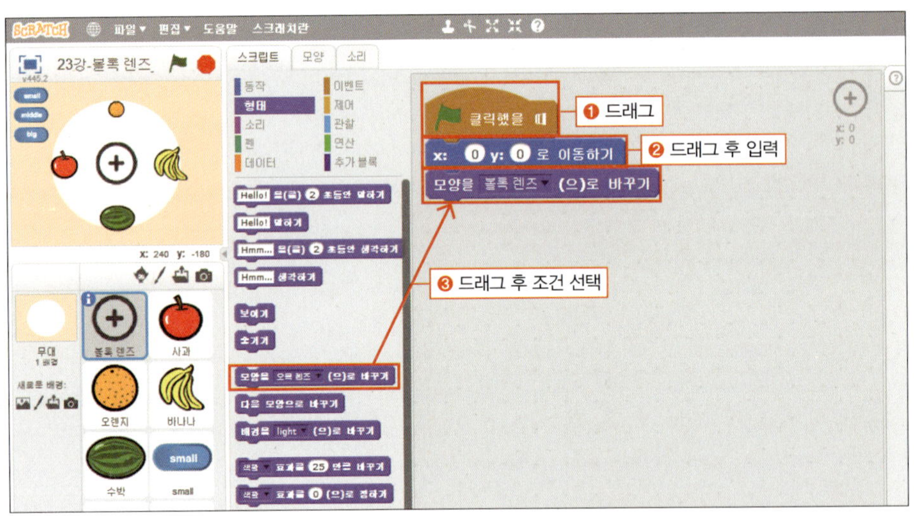

(2) 변수를 초기화하기 위해 데이터 팔레트의 x 을(를) 0 로 정하기 블록을 연결하고, ▼를 클릭하여 [x]을 선택하고 '0'을 입력합니다. 동일한 방법으로 [y]를 '0'으로 초기화합니다. '확대크기'는 '10'으로 변수 값을 초기화 합니다.

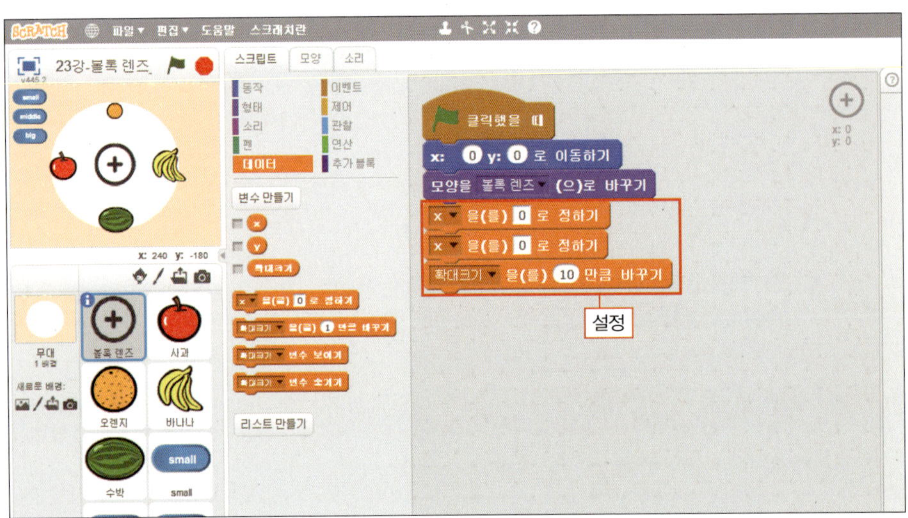

2 | 마우스 포인터 위치로 이동과 멈추기

(1) 클릭했을 때 마우스 포인터와 함께 움직이기 위해서 이벤트 팔레트의 이 스프라이트를 클릭했을 때 블록을 드래그하고, 제어 팔레트의 무한 반복하기 블록을 연결합니다. 동작 팔레트의 마우스 포인터 ▼ 위치로 이동하기 블록을 안에 연결하고 ▼를 클릭하여 [마우스 포인터]를 선택합니다. [모양] 탭의 맨 앞으로 순서 바꾸기 블록을 연결합니다.

(2) Space Bar 를 누르면 초기 위치로 이동하도록 스페이스 ▼ 키를 눌렀을 때 블록을 드래그합니다. 동작 팔레트의 x: 0 y: 0 로 이동하기 블록을 연결하고 'x: 0', 'y: 0'을 입력하고, 제어 팔레트의 모두 ▼ 멈추기 블록을 연결한 후 ▼를 클릭하여 [스프라이트에 있는 다른 스크립트]를 선택합니다. [실행(▶)] 버튼을 클릭한 후 '볼록 렌즈(⊕)'를 클릭하면 마우스 포인터 위치로 이동하고 Space Bar 를 누르면 멈춥니다.

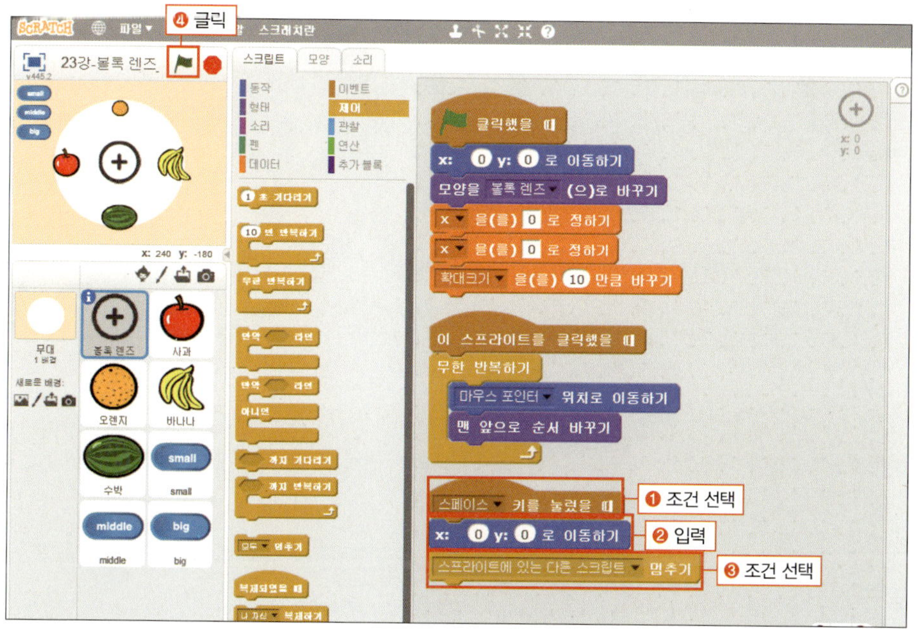

24

볼록 렌즈2 연산 블록2

연산 블록은 숫자 계산이나 등호와 부등호를 이용한 논리 값 비교 및 문자열 결합 등의 기능을 하는 블록입니다. 사물을 확대해서 보는 볼록 렌즈를 연산 블록을 이용하여 표현해봅니다.

- 기본 파일 I 24강-볼록 렌즈(2)_예제.sb2
- 완성 파일 I 24강-볼록 렌즈(2)_완성.sb2
- 사용 방법 I 볼록 렌즈를 과일에 가져가면 선택한 확대 크기에 따라 과일이 확대됩니다.

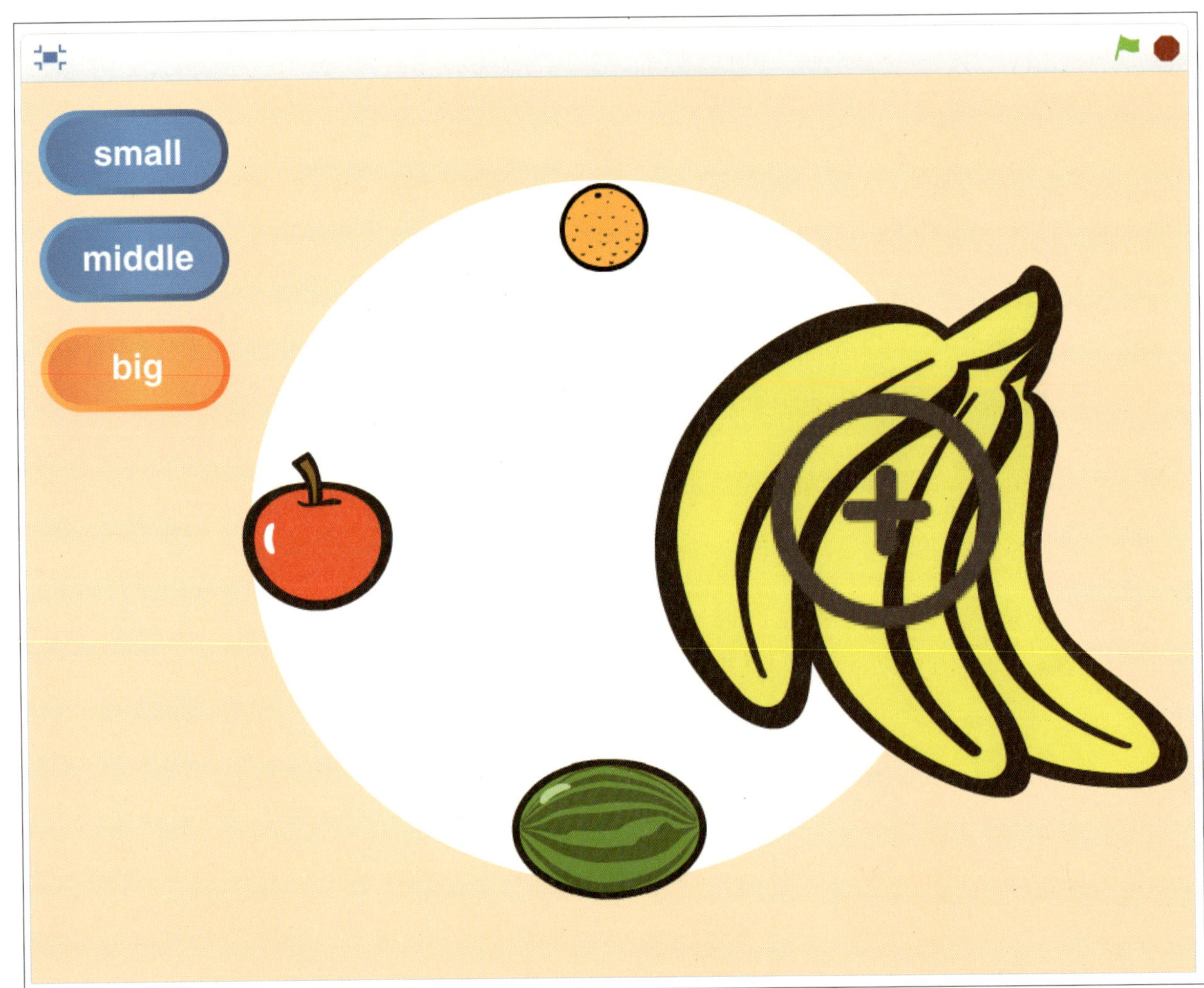

교과 내용 파악하기

1 | 교과 연계 : 6학년 과학 [렌즈의 이용]

2 | 교과 핵심 내용 : 볼록 렌즈의 특징을 알아봅니다.

(1) 오목 렌즈 : 가운데 부분이 가장자리 부분보다 얇은 모양의 렌즈

(2) 오목 렌즈를 이용한 안경

   근시경 : 멀리 있는 물체를 선명하게 보지 못한 경우에 사용

3 | 교과 핵심 확인 문제

원시와 근시 눈을 가진 사람에 대한 설명으로 바르지 않는 것은 무엇인가요? (   )

① 먼 곳은 잘 보이나 가까운 곳은 잘 보이지 않는 시력을 원시라고 한다.

② 가까운 곳은 잘 보이나 먼 곳은 잘 보이지 않는 시력을 근시라고 한다.

③ 원시 눈을 가진 사람은 오목 렌즈로 만든 원시경을 사용한다.

④ 근시 눈을 가진 사람은 오목 렌즈로 만든 근시경을 사용한다.

블록 이해하기

[연산] 팔레트는 숫자 계산이나 등호, 부등호, 문자열 결합 등의 기능을 하는 블록입니다.

❶ **[그리고]** : 양쪽 조건이 모두 '참'일 때 '참'이라는 논리 값을 나타냅니다.

❷ **[또는]** : 한쪽 조건만 '참'이어도 '참'이라는 논리 값을 나타냅니다.

❸ **[가(이) 아니다]** : 조건이 아닌 경우 '참'이라는 논리 값을 나타냅니다.

❹ **[hello 와 world 결합하기]** : 이 블록은 문자열을 결합해주는 블록입니다.

1 | 알고리즘

(1) [실행(🏳)] 버튼을 클릭하고, 'small' 스프라이트(small), 'middle' 스프라이트(middle), 'big' 스프라이트(big) 중 하나를 클릭한 후 '볼록 렌즈' 스프라이트(⊕)를 클릭합니다.

(2) '볼록 렌즈' 스프라이트(⊕)를 '사과' 스프라이트(🍎), '오렌지' 스프라이트(🍊), '바나나' 스프라이트(🍌), '수박' 스프라이트(🍉)로 가지고 가면 각 스프라이트가 확대됩니다.

2 | 순서도

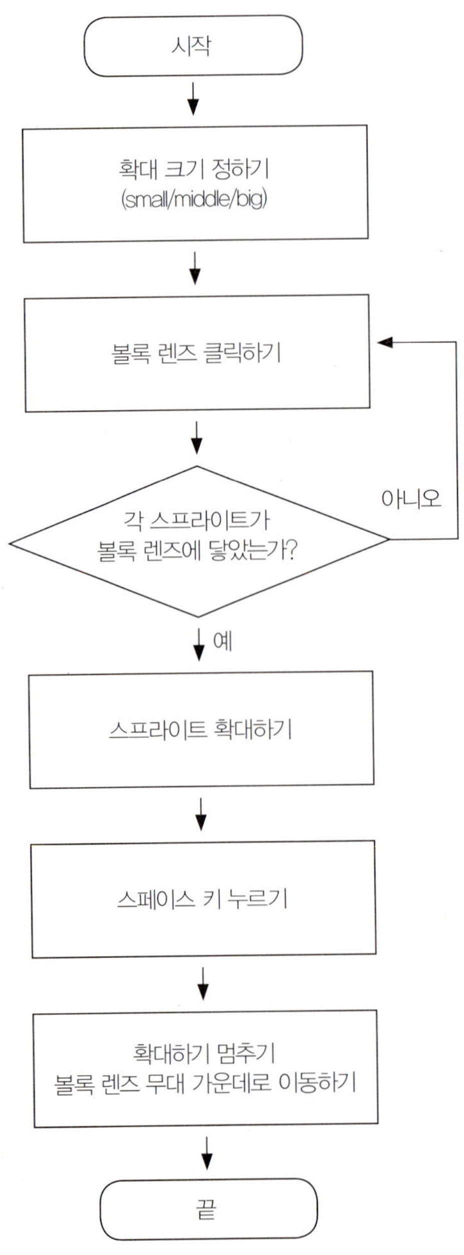

Point 04 프로젝트 시작하기

1 | 스프라이트 확대하기

(1) '24강-볼록 렌즈_예제.sb2' 파일을 엽니다. '사과' 스프라이트(🍎)를 선택한 후, 이벤트 팔레트의 클릭했을 때 블록을 드래그하고, 위치를 지정하기 위해 동작 팔레트의 x: 0 y: 0 로 이동하기 블록을 연결하고 'x'와 'y' 값을 (-) 블록과 변수를 사용하여 각각 'x: x-120', 'y: y'를 입력합니다.

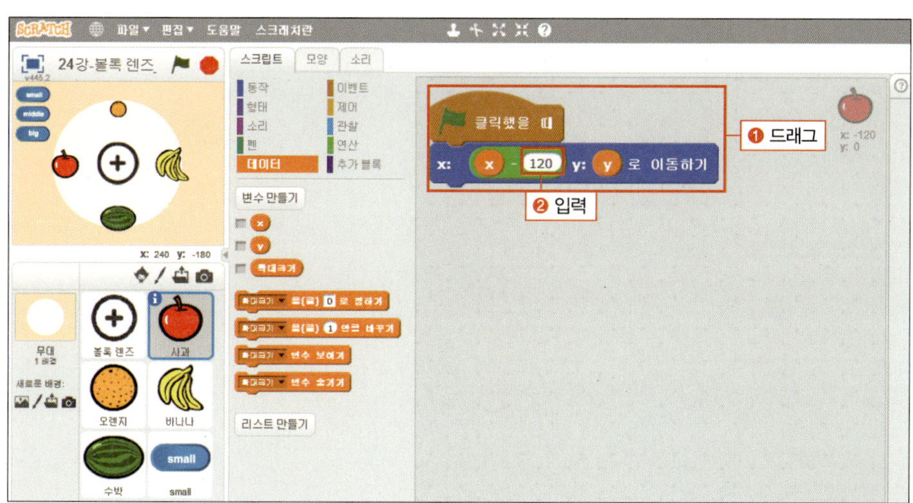

(2) 볼록 렌즈에 닿았는지 확인하기 위해 제어 팔레트의  블록을 

블록 안에 연결합니다. 관찰 팔레트의 ◢에 닿았는가? 블록을 연결하고, ▼를 클릭하여 [볼록 렌즈]로 선택하고 볼록 렌즈에 닿았으면 형태 팔레트의 크기를 100 % 로 정하기 블록을 연결합니다. 연산 팔레트의 (+) 블록을 연결한 다음 (-) 블록을 (+) 블록 오른쪽에 연결합니다.

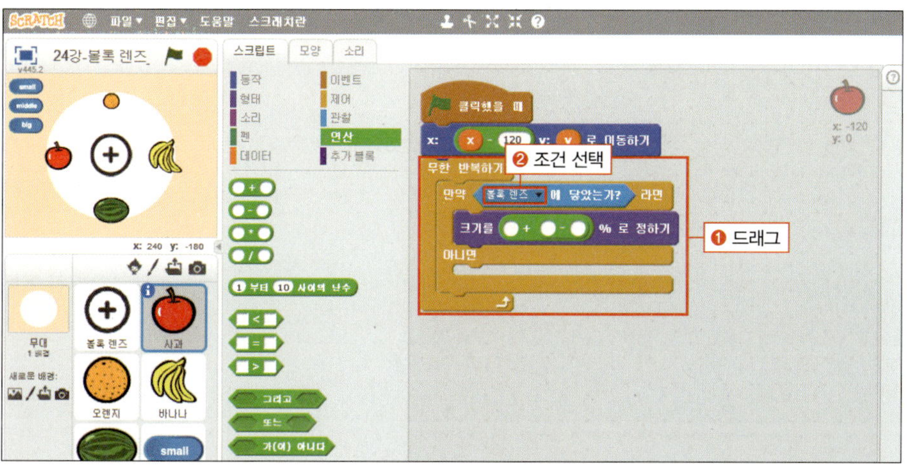

(3) `+` 블록 첫 번째 칸에 '100'을 입력하고, `-` 블록 첫 번째 칸에는 데이터 팔레트의 확대크기 를 연결하고 관찰 팔레트의 `+` 블록을 두 번째 칸에 연결한 다음 ▼를 클릭하여 [볼록 렌즈]를 선택합니다. 아니면 다음에는 형태 팔레트의 크기를 100 % 로 정하기 블록을 연결합니다.

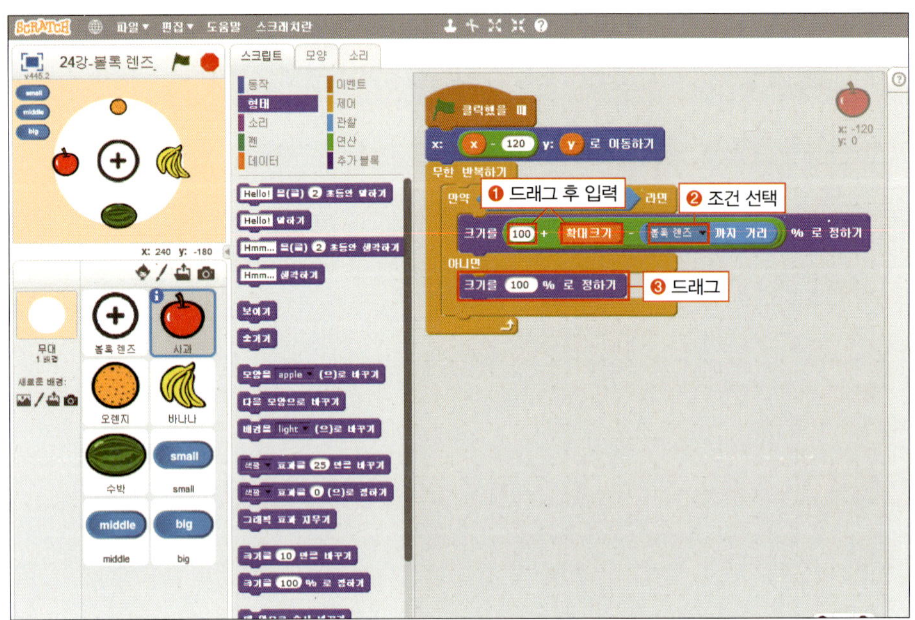

(4) '사과' 스프라이트( )의 모든 스크립트를 복사한 후 처음 위치만 변경합니다.

각 스프라이트의 위치는 다음과 같습니다.
- 오렌지 : 'x: x', 'y: y+120'
- 바나나 : 'x: x+120', 'y: y'
- 수박 : 'x: x', 'y: y-120'

2 | 확대 크기 정하기

(1) 'small' 스프라이트(small)를 선택한 후, 이벤트 팔레트의 클릭했을 때 블록을 드래그합니다.
형태 팔레트의 모양을 small-1 (으)로 바꾸기 블록을 연결한 후, ▼를 클릭하여 [small-1]을 선택
합니다. 데이터 팔레트의 확대크기 을(를) 0 로 정하기 블록을 연결하고 값을 '10'으로 변경합니다.
형태 팔레트의 다음 모양으로 바꾸기 블록을 연결하고 이벤트 팔레트의 메시지1 방송하기 블록을 연
결한 후, ▼를 클릭하여 [mb버튼 원래대로] 메시지를 만들고 선택합니다.

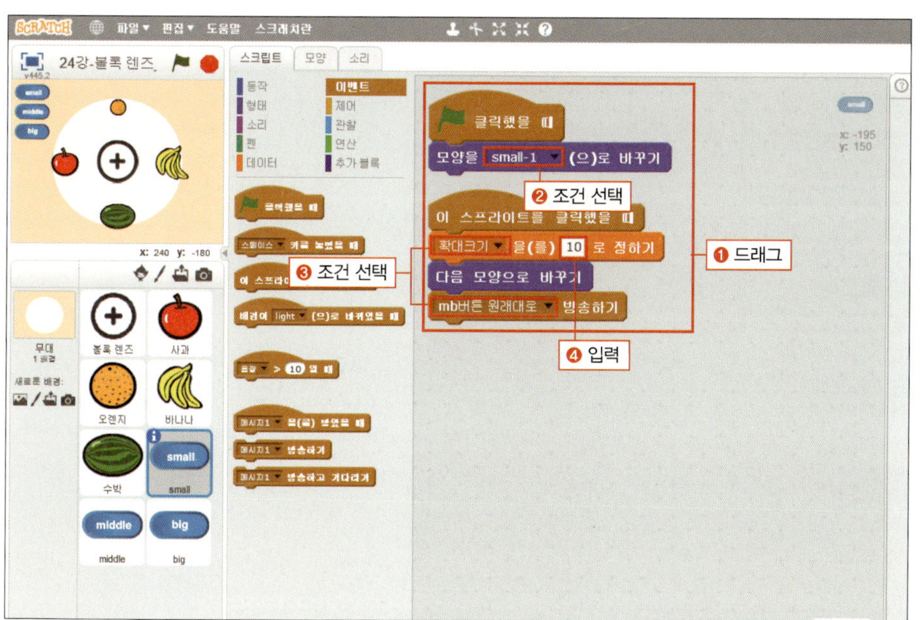

(2) 초기 모양으로 바꾸기 위해서 이벤트 팔레트의 sm버튼 원래대로 을(를) 받았을 때 블록을 드래그하고,
▼를 클릭하여 [sm버튼 원래대로]를 선택합니다. 형태 팔레트의 모양을 small-1 (으)로 바꾸기 블
록을 연결한 후, ▼를 클릭하여 [small-1]을 선택하고, [sb버튼 원래대로]를 받았을 때도 동
일하게 스크립트를 작성합니다.

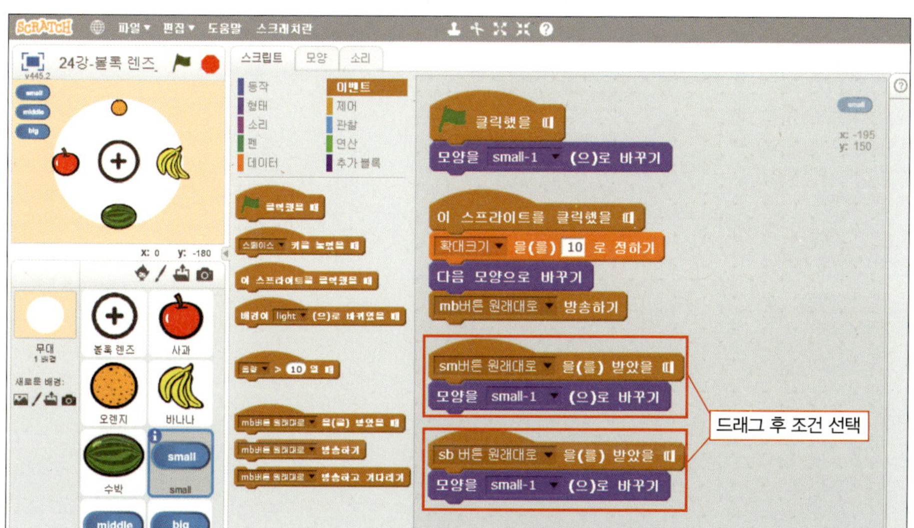

(3) 'middle' 스프라이트(middle)는 '확대크기'를 '확대크기+30'으로 변경하고 나머지는 'small' 스프라이트(small)와 동일한 방법으로 스크립트를 작성합니다.

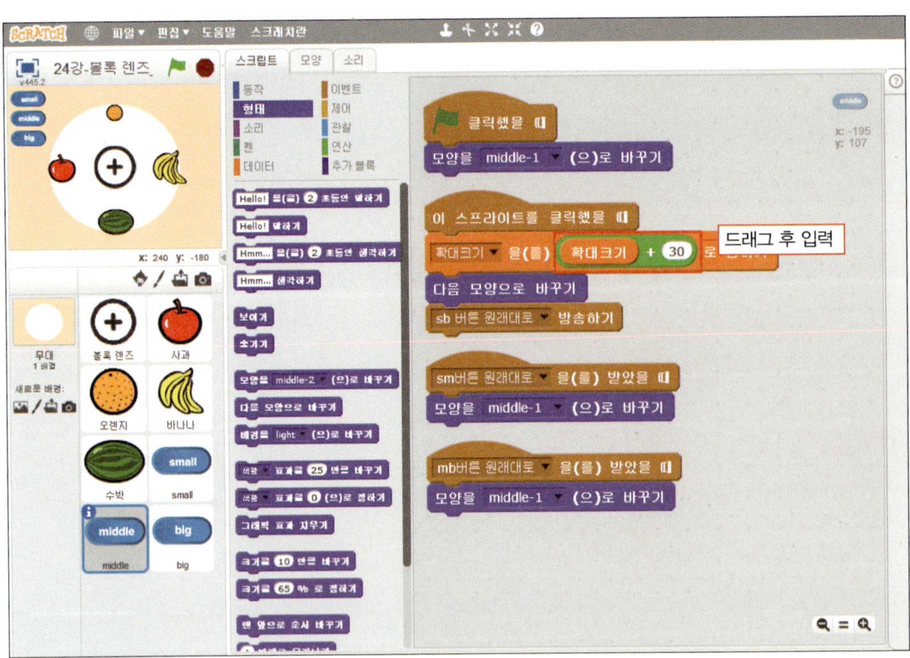

(4) 'big' 스프라이트(big)는 '확대크기'를 '확대크기+70'으로 변경하고 나머지는 'small' 스프라이트(small)와 동일한 방법으로 스크립트를 작성합니다.

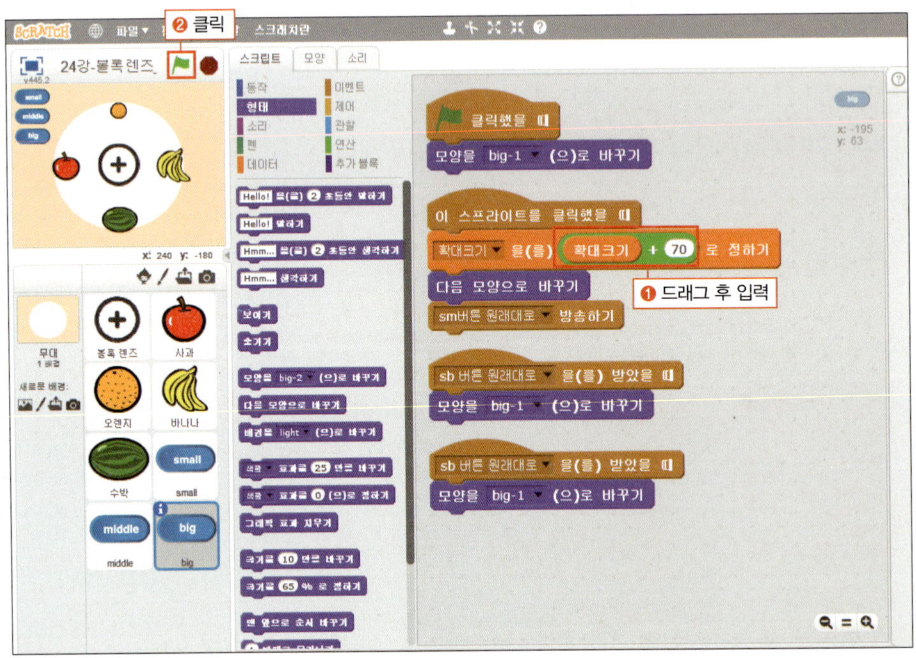

사고력 향상 문제

● 예제 파일 | 24강─블록 렌즈(2)_완성.sb2
● 완성 파일 | 24강─블록 렌즈(2)_사고력향상_완성.sb2

1 '오목 렌즈' 스프라이트(⊖)를 사용하여 과일의 크기가 축소되는 스크립트를 작성하세요.

2 오목 렌즈와 과일 스프라이트의 거리를 '30'으로 변경하고 과일의 크기를 더 작게 축소하는 스크립트를 작성하세요.

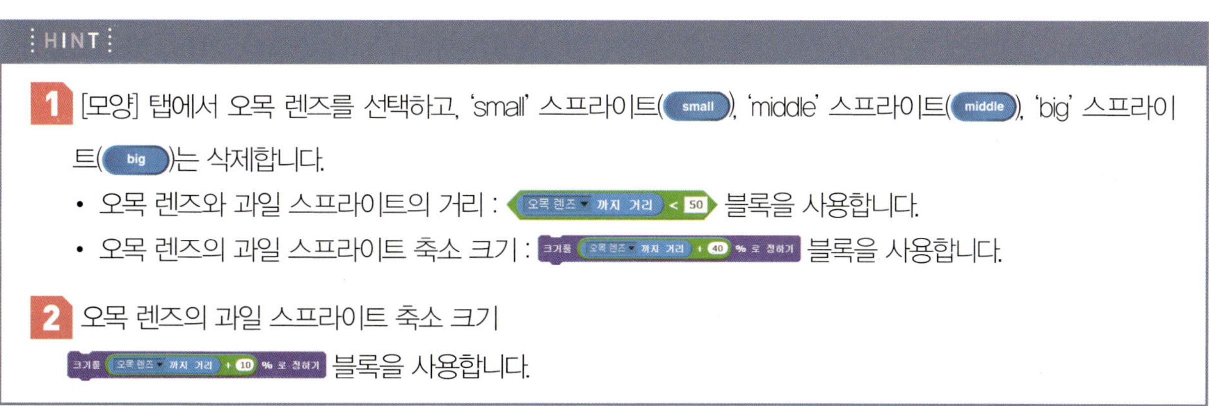

찾아 보기

스크래치야! 과학이랑 놀자 입문편

1판 1쇄 발행 2016년 9월 30일
1판 2쇄 발행 2017년 3월 31일

저　　자 | 김미의, 김현정, 이미향
발 행 인 | 김길수
발 행 처 | (주)영진닷컴
주　　소 | (우)08505 서울시 금천구 가산디지털2로 123 월드메르디앙
　　　　　 벤처센터 2차 10층 1016

출판등록 | 2007. 4. 27. 제16-4189호

ⓒ2016., 2017. (주)영진닷컴

ISBN | 978-89-314-5476-5

YoungJin.com Y.
영진닷컴